사 주 간 명 의 열 쇠

육 친 론

사주간명의 열쇠 육친론 - 사주간명의 자물통을 푸는 갑진의 육친 통변술

초판발행 2024년 07월 01일
초판인쇄 2024년 07월 01일
지은이 김 철 주
펴낸이 김 민 철

등록번호 제 4 -197호
등록일자 1992.12.05

펴낸곳 도서출판 문원북
주 소 서울시 마포구 토정로 222 한국출판콘텐츠센터 422
전 화 02-2634-9846
팩 스 02-2365-9846
메 일 wellpine@hanmail.net
카 페 cafe.daum.net/samjai
블로그 blog.naver.com/gold7265

ISBN 978-89-7461-508-6
규 격 152mmx225mm
책 값 25,000원

사 주 간 명 의   열 쇠

육 친 론

문원북
BOOK

들어가는 길

명리학(命理學)은 중국의 전통적인 운세와 운명 이론을 다루는 학문으로, 동양 문화권에서는 유교 사상과 더불어 중요한 영향력을 행사해왔습니다. 그런데 명리학에서 육친론(六親論)을 통해 혈연(血緣) 및 가계도를 이해하고 가족 간의 상호작용을 분석하는데 중요한 기술법으로 활용하고 있는 편입니다.

예를 들어, 육친으로 조부모(祖父母)와 부모(父母)의 가계도 작성을 통해 조부(祖父)의 성공(成功)과 부친(父親)의 성패(成敗)를 한 눈에 파악할 수 있습니다. 그래서 육친의 유전자(遺傳子) 분석을 통해 나의 적합한 미래의 배우자를 물색하는데 활용되기도 합니다. 또한 자녀의 육친성으로는 자녀가 유능한 재능(才能)이 있는지 혹은 성공(成功)할 것인지도 미리 파악할 수가 있는 기술적 학문의 토대가 되는 것이 육친법인 것입니다.

이러한 육친의 상호 성격 분석을 통해서도 각각의 가족 관계가 어떤 영향을 나의 운명에 미치는지를 판단하는데 활용될 수 있습니다.

예를 들어, 명리학에서는 아버지의 운이나 행운이 자녀에게 영향을 주고, 반대로 자녀의 운세가 아버지에게도 영향을 미친다고 믿습니다. 또한 명리학은 형제, 자매간의 관계, 부모와 자식 간의 관계, 그리고 배우자 간의 관계가 어떻게 서로 길한 영향을 주고받는지에 대해서도 이론화할 수 있습니다.

이와 같이 육친론은 주변의 사람들과의 관계를 통해 개인의 운세와 행운을 분석하고 예측하는 데 사용될 수 있습니다. 이는 사람들이 인간 관계를 통해 자신의 운세를 개선하거나 예측하는 데 도움을 주는 도구로 활용될 수 있다는 뜻이기도 합니다.

육친론은 명리학의 다양한 이론 중 하나이며, 용신론과 함께 가장 오래 된 명리학의 기술분야 중에 하나입니다. 그러므로 일찍이 선배들이 말하길 "사주학의 꽃은 육친론이다"라고 찬탄할 정도였습니다. 아무쪼록 오랜 기간 동안 연구해 온 저자의 육친 사례명조들의 분석을 통해 일취월장하는 여러분들이 되시기를 기원 드리며 감사함을 대신하고자 합니다.

甲辰年 丁卯月 甲午日

甲辰 拜上

목/차

1장 육친(六親)의 개념(槪念)과 적용(適用)

2장 육친(六親)의 동정론(動靜論)

3장 실전(實戰) 육친론(六親論)

1부 부모(父母)의 육친론(六親論)

2부 형제(兄弟)자매(姉妹)의 육친론(六親論)

3부 배우자(配偶者)의 육친론(六親論)

4부 자녀(子女)의 육친론(六親論)

5부 고부(姑婦)갈등(葛藤)

6부 조부(祖父)조모(祖母)의 육친론(六親論)

7부 십신의 직업을 추리(推理)한다

8부 기타(其他) 육친론(六親論)의 응용(應用)

육친(六親)의 개념(概念)과 적용(適用)

01 육친(六親)의 개념(槪念)

1) 육친(六親)의 정의(定義)

육친(六親)이란 부모형제처자(父母兄弟妻子)를 말하는데 사주학에서는 사용하는 육친(六親)은 일간(日干)을 위주로 본 각 간지(干支)와의 관계를 십신(十神)이라 분류하고 이것을 6개의 친족(親族)으로 비교한 것을 말합니다. 비견(比肩), 겁재(劫財), 식신(食神), 상관(傷官), 편재(偏財), 정재(正財), 편관(偏官), 정관(正官), 편인(偏印), 정인(正印)을 십신이라 하고 이러한 십신(十神)을 육친(六親)적으로 배치 설명한 것을 육신론(六神論)이라 합니다.

곧 육친의 "육(六)" 글자와 십신의 "신(神)" 글자를 따와 만든 합성어가 육신(六神)이라고 보면 될 것 같습니다. 그리하여 삼명통회 논육신편을 살펴보면 십신을 가지고 해당되는 육친을 설명하는 글이 보입니다. 예를 들어 "무릇 명에서 정인는 모친이고 재는 부친이다" 혹은 "무릇 재는 처실로 논 한다" 또한 "자식은 관살이고 생시를 말한다" 또 "처성이라 하는 것은 재성인 것이다", "처궁이라 하는 것은 일지인 것이다" 이와 같이 십신과의 배치 관계에 따라 그 육친을 비유하여 설명해 놓은 글이 "논육신(六神)편"이라 보면 이해가 빠를 것입니다.

또한 십신(十神)에서는 비견(比肩)과 겁재(劫財)를 묶어 비겁(比劫)이라 통칭을 하고 식신(食神)과 상관(傷官)을 묶어 식상(食傷)이라 하고 편재(偏財)와 정재(正財)를 묶어 재성(財星)이라 하고 편관(偏官)과 정관(正官)을 묶어 관성(官星)이라 부르며 편인(偏印)과 정인(正印)을 묶어 인성(印星)이라 통칭합니다. 아무쪼록 명리용어의 한 구절이라도 그 뜻을 알고 이해하면 그 본의를 깨닫기 쉬울 것입니다.

2) 육친성(六親星)에 관한 설명

일간(日干)이 월기(月氣)에 통하고 비견(比肩)이 왕(旺)하면 대다수의 경우 형제가 기러기 무리로 가정을 구성한다고 합니다. 이치가 비록 이와 같으나 역시 그 변화되어 통하는 바를 중요시해야 합니다. 일간이 근(根)이 많고 비견이 태왕(太旺)한 경우 관살을 기뻐하며 그래야 형제를 얻게 됩니다. 편재(偏財)는 아버지로 비겁이 중중(重重)하면 부친을 손상케 합니다. 정인(正印)은 어머니로 재성이 왕한 곳에 처하면 필시 어머니에게 손상이 있을 수 있습니다. 또한 남자는 관살로서 자식을 삼는데 상관과 식신이 많으면 자식에게 손상을 입히게 됩니다. 만약 관살이 태중한 경우에는 일간인 나를 극제하여 자신을 죽음에 이르게 하는데 어찌 자식을 낳을 수가 있겠습니까. 필히 식신이나 상관으로 태중한 관살을 제거해야 비로소 자식을 낳을 수 있는 것입니다. 만일 재관(財官)이 왕(旺)한데 일주가 약한 경우 부친(父親)의 집안은 흥성하고 모친(母親)의 외가(外家)는 멸(滅)함인데 대개 재관(財官)은 나의 처자가 되므로 바로 부친(父親)의 왕(旺)한 것을 나타내는 것이기 때문입니다.

그런데 재성은 능히 모친를 상하게 할 수 있고 관살은 능히 형제를 극할 수 있음이니 다수가 부모형제의 영락을 나타낸다고 볼 수 있습니다.

또 여명(女命)에 식신(食神) 상관(傷官)이 많은 경우 일간의 정(情)과 신(神)이 새어나가 손상됨으로 자식을 나을 수가 없음이니 이 경우는 인성으로 자식을 손상케 함을 기뻐하게 됩니다. 그런 후에 정(情)을 기른 후에야 자식을 낳을 수 있습니다. 만일 식신과 상관이 적다면 인성을 만나는 것을 싫어하는데 인성이 식신과 상관인 자식을 손상케 할 수 있기 때문입니다. 만약 진술축미의 4 글자가 전부 있다면 천지의 사방이 감옥이니, 어찌 자식을 낳을 수 있겠습니까. 사주에 2자만 분묘지에 해당된다면 역시 두려워할 것이 못되지만 만약 4글자가 고지로 구성이 되면 이 중에 관살과 식상의 분묘지를 만나게 되는 것이니 부성과 자녀성이 입묘되는 경우 역시 남편과 자식에게 해를 끼치게 되는 것입니다.

(1) 부모의 수명(壽命)과 질환(疾患)

재성(財星)은 부친(父親)을 뜻하는 별이므로 재성(財星)이 약(弱)하고 비겁(比劫)이 많으면 극부(剋父)하는 팔자가 되는 것이니 반드시 부친(父親)이 병약하거나 혹은 일찍 죽을 수 있습니다. 그러므로 재성에 대해 억부(抑扶)가 적절하면 부친(父親)이 장수(長壽)합니다. 천간의 재성이 장생(長生)의 12운성에 앉아 있어도 부친(父親)이 장수(長壽)합니다.

재성이 충을 당하면 부친 문제가 조기 발생하게 되고 또는 부친이 병약하여 일찍 죽을 수 있습니다. 재성이 비겁에 의해 극을 받는 사주로 군겁쟁재가 되면 부친이 모친보다 일찍 죽을 수 있습니다.

재성이 천간에 있는데 12운성으로 사절(死絶)에 해당하면 부친이 요절할 수 있습니다.

인성(印星)에 대한 억부(抑扶)가 적당하면 모친(母親)이 장수(長壽)하고 인성이 장생(長生)을 깔고 앉으면 모친(母親)이 장수(長壽)합니다.

즉 정인(印綬)가 재극인(財剋印) 혹은 분설(分洩)이나 탈인(奪印)이 되지 않으면 장수(長壽)할 수 있습니다. 곧 재성태과(財星太過)하면 정인(印綬)가 병약해지는데 만약 겁재(劫財)가 이를 구제(救濟)하게 되면 모친(母親)은 장수할 수 있습니다. 인성(印星)이 천간에 있고 약한데 사절(死絶)에 앉으면 모친이 일찍 죽을 수 있습니다. 인성은 모친의 별이므로 인성이 쇠약하고 재성이 왕하면 반드시 극모(剋母)하니 모친의 수명이 짧을 수 있습니다.

월지가 기신(忌神)이면 일찍 부모가 죽거나 부모가 잔병이 많습니다. 인성이 극을 받으면 모친은 병액으로 일찍 죽을 수 있습니다. 월주에 칠살 또는 양인, 겁재가 집결되고 있는데 인성(印星)이 없으면 부친은 있지만 모친이 없을 수 있습니다. 재성(財星)이 왕(旺)하고 인성(印星)이 없으면 모친이 먼저 죽고 이와 반대면 부친이 먼저 죽게 됩니다. 편재(偏財)가 대세운에서 절(絶)하면 부친이 죽고 정인이 대세운에서 절(絶)하면 모친이 죽을 수 있습니다.

(2) 형제자매(兄弟姉妹)의 길흉(吉凶)과 형제수(兄弟數)

① 형제(兄弟)의 숫자를 계산하는 방법

원칙적으로 일간(日干)이 월지(月支)에 통근(通根)하고 비겁(比劫)이 사주에 많다면 형제(兄弟)가 많다고 보면 됩니다. 또한 비겁(比劫)이 지지에 장생(長生), 녹(祿), 제왕(帝王)을 깔고 앉으면 형제는 더욱 많아집니다. 또한 형제의 숫자를 계산하는 법은 충극(沖剋)합이 되지 않는 조건에서 천간에 있는 비견(比肩)이나 겁재(劫財)는 지지에 뿌리가 있다면 2명으로 계산을 하고 지지의 경우에는 지장간 하나에 한 명씩으로 계산합니다. 예를 들어 월간에 비견(比肩)이고 월지에 통근이 되어 존재하면 "형제는 2명이상이다"라고 판단하는 겁니다. 그런데 지지의 장생(長生)과 녹왕(祿旺)은 뿌리가 튼튼한 것이고 묘고(墓庫)와 여기(餘氣)는 뿌리가 약한 것으로 보기 때문에 천간의 비겁(比劫) 형제수는 12운성의 위치에 따라 형제의 숫자가 가감(加減)이 됩니다.

예를 들어 천간에서 3개의 비견을 얻더라도 지지의 1개의 장생이나 록왕을 만나 사주보다 형제수가 적을 수가 있습니다. 즉 천간 비겁이 3개가 있으면 형제 수는 3명이 되지만, 만약 천간의 비견이 하나뿐이라 해도 장생을 만났다고 하면 형제수가 더 많을 수 있습니다. 무릇 비견과 겁재는 친구의 도움과 같고 통근한 것은 가족의 도움과 같으니 천간에 많은 것이 지지에서 뿌리가 깊은 것보다 못하다는 점입니다.

여기에다가 지지의 형충으로 형제수가 늘어나기도 하고 축소되기도 합니다. 즉 형충(刑沖)이 호충(好沖)이 되면 증가(增價)하고 흉충(凶沖)이면 사고로 형제를 잃을 수 있어서 형제 수는 감소(減少)하게 됩니다. 공망이 된 주에 비겁이 있다면 한 명을 빼고 계산합니다. 이렇게 하여 최종적으로 합한 숫자가 형제의 숫자가 됩니다. 만약 일간이 신약하고 비겁이 없으면 인성의 숫자로 형제를 계산할 수도 있습니다. 비겁이 있는데 억부가 적당하면 형제애(兄弟愛)가 좋습니다.

② 형제의 도움을 받지 못하는 팔자

비겁(比劫)이 기신(忌神)이면 형제 때문에 피해를 보는 것은 분명합니다. 사주(四柱) 중에서 재관(財官)이 약하고 비겁(比劫)이 강하면 형제끼리 불화하게 됩니다. 칠살(七殺)이 중(重)하고 일간이 약(弱)한데 칠살의 제화(制化)가 없으면 형제가 온전히 못하여 비극을 맞은 형제가 있을 수 있습니다. 월지에 관살(官殺)이 월주에 득령(得令)하면 형제궁에 놓인 비겁(比劫)을 극하므로 역시 형제가 온전하지 못하게 됩니다.

만약, 비겁이 형충(刑沖)을 심하게 받으면 형제가 사망하거나 병약(病弱)하므로 온전치 못할 수 있습니다. 또한 비겁(比劫)이 공망(空亡)이면 형제(兄弟), 자매(姉妹)가 없거나 형제의 도움을 받지 못해 원수(怨讐)간이 될 수도 있습니다. 비겁이 용신(用神)인데 극(剋)을 받으면 부친(父親)과 사별(死別)하여 집을 떠날 수 있으니 형제와 일찍 이별할 수 있습니다.

일간이 월지에서 쇠(衰), 사(死), 절(節), 태(胎), 병(病)의 12운성을 만나면 형제와 인연이 없다고 보면 됩니다. 비겁이 용신을 파괴하면 형제 친구로부터 피해를 당할 수 있습니다. 재성(財星)이 약하고 비겁(比劫)이 왕하면 겁탈(劫奪)로 인해 재성(財星)의 손상이 두려운 것인데 만약 인성(印星)이 있어서 식상(食傷)을 파괴하고 비겁(比劫)을 생하면 이것은 기신(忌神)을 돕는 것이므로 기신(忌神)인 형제 때문에 피해를 보게 됩니다. 제살태과(制殺太過)의 형국인데 비겁(比劫)이 오히려 식신(食神)을 생해 주면 비겁(比劫)으로 제살태과(制殺太過)가 더욱 심각해 지므로 이것은 형제, 친구 때문에 손해를 본다고 판단을 합니다. 월지(月支)와 일지(日支)가 형(刑)이 되면 처(妻)와 형제(兄弟)가 불화할 수 있습니다.

③ 형제, 자매, 친구의 도움을 받는 팔자

비겁(比劫)이 희(喜),용신(用神)이면 형제, 자매, 친구의 도움을 받습니다. 즉 재다신약(財多身弱)이 된 명조는 득비리재(得比理財)되는 운(運)에 형제, 친구의 도움으로 발전이 따르게 됩니다. 일간이 약(弱)한데 인성(印星)은 없고 비겁(比劫)으로 일간을 돕는 구조가 된다면 이것은 부모(父母)의 도움을 얻지 못해도 형제, 자매, 친구의 도움을 얻을 수 있습니다. 일간이 약하고 칠살이 왕성한데 겁재(劫財)가 있어서 칠살을 합살(合殺)한다면 칠살의 난동을 억제할 수 있으니 형제, 자매, 친구의 도움을 크게 받을 수 있습니다. 형제궁에 놓인 비겁(比劫)이 희신(喜神)인데 장생록(長生祿)에 해당하면 성공한 형제가 있을 수 있기 때문에 형제애(兄弟愛)가 있어서 형제의 도움이 분명합니다.

(3) 남편의 수명(壽命)과 질환(疾患)

남편의 질환과 수명을 보는 방법은 여자 팔자가 극부하는가를 판단하는 게 요지가 됩니다. 즉 여자 사주에서는 관살이 남편성이 되고 일지궁은 배우자 자리가 되므로 배우자 궁성을 충극하면 극부하는 팔자로 보는 것입니다. 또한 관살은 약한데 식신과 상관이 강하면 극부하는 팔자로 봅니다. 관살이 약하고 재성이 없고 인성이 중첩되면 극부하는 팔자로 봅니다. 관살이 약하고 사절지(死絶地)를 앉게 되면 남편이 병약(病弱)하다고 봅니다.

부성입묘(夫星入墓)가 되면 극부(剋父)하는 팔자로 봅니다. 관살(官殺) 또는 일지(日支)가 충(沖), 극(剋)을 받거나 관살(官殺)이 심하게 설기(泄氣) 당하면 남편의 병약(病弱)과 요절(夭折)을 생각해 볼 수 있습니다. 관살이 식상으로부터 심한 극을 받으면 반드시 극부(剋夫)하게 됩니다. 대운, 유년에서 관성을 충극하거나 일지를 충할 때도 극부하게 됩니다. 비겁이 많은데 관살이 하나이면 분관(分官)이 되므로 이를 극부(剋父)로 판단하고 이별수가 있다고 보는 겁니다. 사주에 정관(正官)이 두 개 이상이면 중관(重官)이고 정관(正官)과 칠살(七殺)이 혼재(婚材)하면 관살혼잡(官殺混雜)인데 이런 경우에는 최소한 한 번 이상의 이혼경험이 있다고 판단합니다.

(4) 처의 수명(壽命)과 질환

식상(食傷)이 있어서 겁재(劫財)를 인화(引化)하여 재성(財星)을 생조하는 사주에서는 처(妻)가 장수할 수 있습니다. 재성이 12운성의 장생(長生) 록왕(祿旺)이면서 형충(刑沖)이 없으면 처(妻)와 해로(偕老)할 수 있습니다. 나의 처(妻)가 질환(疾患)등으로 병사(病死) 혹은 이별(離別)할 수 있는가는 재성(財星)이 극재(剋財), 극처(剋妻)를 당하는가를 살펴보면 됩니다. 따라서 사주 중에서 비겁이 중중(重重)하면 극부팔자이므로 당연히 극처(剋妻)하게 됩니다.

또한 재성이 취약하고 비겁이 많은데 관살이나 식상이 없어 재성을 구제하지 못하면 극처(剋妻)하게 됩니다. 비겁이 중하고 재성이 경한데 정인가 있게 되면 중중한 비겁을 생조하여 비겁을 강하게 하고 정인는 식상을 극하여 식신생재하는 길을 차단하므로 역시 극재 극처하는 팔자가 됩니다. 일간이 약하고 재가 많으면서 재다신약에 해당하는데 이런 명조는 처덕이 없고 혹은 처가 잔병이 많고 심하면 일찍 사망하기도 합니다. 신강하고 일지에 양인이 있으면 양인은 극재하므로 처가 병이 많거나 요절 할 수 있습니다. 일지가 칠살이고 형충이 되면 처가 병이 많거나 악사한다고 합니다.

재성이 취약한데 재성의 사, 묘, 절에 앉아 있으면 극처하는 팔자가 됩니다 처성입고 사주는 대부분 처가 요절하거나 혹은 이별하므로 처운이 불리합니다.

(5) 자녀(子女)의 복덕(福德)

여자 사주 중에서 식상이 희용신(喜用神)이면 자녀가 효도하고 현명하며 만년이 안락하게 보낼 수 있습니다. 만약 식상이 희용신(喜用神)을 도우면 자식이 출세하여 부모에게 효도할 수 있습니다.

식상이 충극을 받지 않으면 자식이 현명하게 성장합니다. 식상(食傷)이 일간의 장생(長生), 제왕(帝王), 임관(臨官)에 해당되면 자식(子息)이 총명(聰明)하고 영화롭게 됩니다. 신강하고 식상이 있고 인성이 없으면 자식이 많을 수 있습니다. 희용신(喜用神)이 시주궁(時柱宮)에 있으면 자식덕이 있습니다. 칠살(七殺)이 용신(用神)인데 사주에 식상(食傷)이 있어 칠살(七殺)을 제복(制伏)하면 자식이 귀(貴)히 됩니다.

편인(偏印)이 효인(梟印)으로 작용하여 식신(食神)을 극하면 극자(剋子)하는 팔자가 됩니다. 신약(身弱)하고 식상(食傷)이 왕(旺)한데 도설(盜洩)이 되면 일간이 병약(病弱)해지므로 자녀들의 불효(不孝)가 있을 수 있습니다

(6) 육신(六神)의 대외적인 활동(活動)과 성과(成果)

원래 사주학은 재관(財官)을 위주로 간명(看命)한다고 말했는데 이것은 남녀(男女) 공히 재관(財官)을 중요하게 보았다는 사실입니다. 그래서 현대 직업에서도 재관(財官)을 위주로 하여 직업을 분별합니다. 그래서 사주에 관성의 길을 추구하여 직업을 갖는 직업인의 경우와 사주에 재성의 길을 추구하여 사업을 하는 사업가로 구분 할 수 있습니다.

① 관성(官星)과 인성(印星)

관성과 인성의 모양을 살펴보고 간섭하는 인자를 잘 관찰해 보면 직업의 모양을 알 수 있습니다. 곧 관인상생으로 유정하다면 대기업체 근무가 가

능합니다. 또한 년주에 정관 혹은 정인 식신 등의 길신이 놓이면 조상의 공덕이 이어진다고 보아 조기에 출세 할 수 있다고 보면 됩니다 따라서 공직자 대기업 공공학원 법인재단 종교재단에서 근무하면 성공할 수 있습니다.

② 식상(食傷)과 재성(財星)

식상(食傷)과 재성(財星)의 모양을 살펴보고 간섭 인자를 잘 관찰해보면 사업의 모양을 알 수 있습니다. 곧 식신생재(食神生財)의 구조가 되면 서비스를 생산하는 모습이므로 이 사람은 요식업(料食業), 음식점(飮食店), 제조업(製造業), 생산업(生産業), 교육(敎育) 양육업(養育業) ,자연식품(自然食品) 등과 관련한 직업에서 성공할 수 있습니다. 상관생재(傷官生財)가 되는 구조가 되면 특수한 기술력이 있으므로 이를 바탕으로 하는 업무가 적합합니다. 곧 종교인(宗敎人), 유명강사(有名講師), 언론(言論) 방송사(放送社), 유흥업(遊興業), 기호식품(술,커피,빵,과자 등)판매 등에서 성공할 수 있습니다.

특히 상관편재(傷官偏財)가 되는 구조에서는 넓은 시장이나 큰 재물이 유통(流通)이 되어 들어오고 나가는 것이 많은 무역업(貿易業), 해외(海外)개척(開拓), 선박업(船舶業) 호텔업 등 사업성이 강한 직업에서 성공할 수 있습니다.

식신정재(食神正財)가 있는 구조에서는 대체로 반듯한 직장인으로 활약하는데 보통 금융업, 은행가, 기업체 직원 혹은 개인적으로는 생필품 판매점, 편의점운영, 일반 의식주 매장, 가전대리점 등에서 실력을 발휘할 수 있습니다.

그런데 재성(財星)이 공망(空亡)이 되면 양지(陽地)가 아닌 음지(陰地)에서 돈을 번다고 보는 것이므로 뒷골목 장사로 번영합니다. 식상이 칠살을 만나형이 될 경우에는 의료, 기술, 약물, 약용식품 등이 좋습니다.

3) 육친궁(六親宮)에 관한 설명

년상(年上)의 재관(財官)은 조상의 입신출세를 나타내고 월상(月上)의 관살(官殺)은 형제의 영락(零落)을 나타냅니다. 그러므로 년상(年上)에 재관(財官)을 놓은 팔자는 일찍이 관직(官職)의 등용(登庸)됨이 일어나고 월상(月上)에 관살(官殺)이 놓이면 그 형제가 쇠잔(衰殘)하게 됩니다. 또 이르기를 년(年)은 조종(祖宗)의 흥성(興盛)과 쇠퇴(衰退)에 관한 일을 관장하고 월(月)은 부모(父母)의 흥망(興亡)을 추론한다고 합니다.

그러므로 년(年)은 조상궁(祖上宮)에 속하므로 재관(財官)이 임(臨)하고 록마(祿馬)로 앉아 있으면 그 영현(榮顯)함은 당연한 이치이고 비견, 겁재가 앉아 있고 재관(財官)의 바탕이 될 만한 그릇이 없다면 이는 조상의 쇠잔(衰殘)을 나타낸다고 보면 됩니다. 따라서 부모궁은 또 년(年)상의 조상궁에도 해당되는데 월(月)상의 형제궁과 서로 잘 빗대어 참고하여 보아야 합니다.

만약 년월(年月)에 재관(財官)이 없는 경우엔 모두 그 기본 뿌리가 천박(淺薄)함이고 맨손으로 자수성가(自手成家)함이 요구가 됩니다. 홀로 월령의 관살이 사령하는 경우에는 형제의 손상을 나타내는데 비록 형제가 있어도 많은 경우에는 형제간에 다툼이 있을 수 있습니다. 왜냐하면 비견 또는 형제의 성(星)은 관살을 보면 극을 당하게 되는 것이니 어찌 형제를 손상하지 않겠습니까. 그러므로 이르기를 년월(年月)의 관살(官殺)은 가문(家門)의 형제 장수(長壽)와 요절(夭折)을 나타내고 고로 월궁(月宮)은 이에 형제의 문호(門戶)가 되는 것입니다.

4) 육친성이 이루어지는 이론적 배경

정인(正印)은 내 몸을 생한 곳이므로 나를 낳은 모친이 됩니다. 편재(偏財)는 나의 극제(魁制)를 받는 것인데 어찌하여 나의 부친이 되는가?

모친성이 부친성과 합하는 까닭에 편재는 모친의 남편성이 되는 것입니다. 예를 들어 갑(甲)일간에서 계수는 모친성인데 무계합(戊癸合)이라면 무토(戊土)는 편재가 되고 부친과 합하는 계수(癸水)는 정인가 되는 것이므로 곧 편재는 부친에 해당하고 정인는 모친이 되는 까닭입니다. 또한 정재(正財)는 처(妻)가 되니 나의 극제를 받는 것입니다. 남편은 아내의 벼리가 되니 아내는 남편을 따르는 것이 도리입니다.

그런데 관살(官殺)은 나를 극제하는 것인데 어찌 나의 자녀가 되는가? 관성(官星)은 재성이 재생관(財生官)으로 생조하는 육친인데 아내가 생하는 육친이 관살(官殺)이 되므로 곧 관살(官殺)은 재성의 소생(所生)이 되는 것입니다. 비견(比肩)은 형제가 되는데 일간과 동일한 오행이므로 한 핏줄을 타고 났다고 하여 비견을 형제, 자매로 인식하는 것입니다. 그런데 어느 육친이 힘을 얻었는가 혹은 얻지 못했는가, 혹은 길한가, 아니면 흉한가는 모두 사주배치에 달려 있는 것이니 격국법으로 이것을 잘 가려서 용신의 희신(喜神)과 기신(忌神)을 구분할 수 있다면 간명(看命)의 기초는 거의 마무리가 된 것입니다.

고로 이 육친의 희기를 궁성법에 놓고 왕쇠를 판단하는데 길한 것을 생조하면 귀할 것이고 흉한 육친을 생한다면 흉할 것이니 년월일시(年月日時)의 어디에 재(財), 관(官), 상(傷), 인(刃) 등이 자리 잡고 있는지를 살핀 후에 육친을 용신에 배정하고 사주에서 희기를 가려서 참조하면 가히 그 사람의 운명을 일목요연(一目瞭然)하게 알 수 있는 것입니다.

5) 육친(六親)의 혈족도(血族圖)

(1) 육친 조견표

간지/일간	甲	乙	丙	丁	戊	己	庚	辛	壬	癸
甲寅	비견	겁재	편인	정인	편관	정관	편재	정재	식신	상관
乙卯	겁재	비견	정인	편인	정관	편관	정재	편재	상관	식신
丙巳	식신	상관	비견	겁재	편인	정인	편관	정관	편재	정재
丁午	상관	식신	겁재	비견	정인	편인	정관	편관	정재	편재
戊辰戌	편재	정재	식신	상관	비견	겁재	편인	정인	편관	정관
己丑未	정재	편재	상관	식신	겁재	비견	정인	편인	정관	편관
庚申	편관	정관	편재	정재	식신	상관	비견	겁재	편인	정인
辛酉	정관	편관	정재	편재	상관	식신	겁재	비견	정인	편인
壬亥	편인	정인	편관	정관	편재	정재	식신	상관	비견	겁재
癸子	정인	편인	정관	편관	정재	편재	상관	식신	겁재	비견

【예시1】 일간을 기준으로 도표를 보고 해당되는 육친을 찾는다.

```
時        日        月        年        곤명
                   편인       상관       六神
         乙        癸        丙        天干
                            寅        地支
                            겁재       六神
```

을목(乙木)일간이라면 월간(月干)의 계수(癸水)는 편인(偏印)에 해당하고 년간
(年干)의 병화(丙火)는 상관(傷官)이며 인목(寅木)은 겁재(劫財)에 해당한다.

(2) 12운성표

12운성	長生	沐浴	冠帶	建祿	帝王	衰	病	死	墓	絶	胎	養
甲	亥	子	丑	寅	卯	辰	巳	午	未	申	酉	戌
乙	午	巳	辰	卯	寅	丑	子	亥	戌	酉	申	未
丙戊	寅	卯	辰	巳	午	未	申	酉	戌	亥	子	丑
丁己	酉	申	未	午	巳	辰	卯	寅	丑	子	亥	戌
庚	巳	午	未	申	酉	戌	亥	子	丑	寅	卯	辰
辛	子	亥	戌	酉	申	未	午	巳	辰	卯	寅	丑
壬	申	酉	戌	亥	子	丑	寅	卯	辰	巳	午	未
癸	卯	寅	丑	子	亥	戌	酉	申	未	午	巳	辰

【예시2】 일간을 기준으로 도표를 보고 해당되는 12운성을 찾는다.

時	日	月	年	건명
				六神
甲				天干
戌	子	酉	辰	地支
편재	정인	정관	편재	六神
양지	목욕	태지	쇠지	12운성

갑(甲)일간이라면 진토(辰土)는 쇠지(衰地)에 해당하고 유금(酉金)은 태지(胎地)
이고 자수(子水)는 목욕(沐浴)이며 술토(戌土)는 양지(養地)에 해당한다.

(3) 육친성의 분류

육친성	남자	여자
비견(比肩)	나. 형제. 형	나. 언니. 자매
겁재(劫財)	형제. 동생. 이복동생	동생. 이복동생
식신(食神)	외조부	자식(아들)
상관(傷官)	조모, 장모	자색(딸).
편재(偏財)	아버지. 첩	아버지. 시어머니.
정재(正財)	숙부. 처(아내)	숙부
편관(偏官)	자식(아들)	애인. 남편형제. 시누이
정관(正官)	자식(딸)	남편.
편인(偏印)	이모 .양모. 조부	이모. 양모
정인(正印)	모 친.	모 친

(4) 사회적 구성원으로 보는 육신(六神) 관계

일반적으로 혈육(血肉)관계에 놓인 가족을 육친론(六親論)으로 보았는데 이것을 확장하여 대외적인 사회의 인맥(人脈)으로 육신(六神)을 활용하기도 합니다.

일간	아(我) 본인	비고
비겁	친구 동료 투자자 임원 관리자	
식상	후배 부하직원 학생 기술 서비스	
재성	자본금 급여 현금	
관성	단체 회사 부서 상사	
인성	선배 스승 자격증 문서 계약서	

식상(食傷)은 대외적인 사회 관계에서 보면 남녀(男女) 공통적으로 후배(後輩)나 부하(部下)직원(職員)에 해당합니다. 또는 내가 가르쳐야 하는 학생(學生)이 됩니다. 따라서 이러한 육친성이 귀인(貴人)을 만나거나 생(生)과 록(祿)을 받아 희신(喜神)이 되면 사회생활을 하는데 있어서 후배나 부하직원의 도움을 받을 수 있습니다.

【예시1】 식신태과는 내가 돌봐야 할 아랫사람이 많다는 사실이다.

時	日	月	年	곤명
비견		식신	편인	六神
壬	壬	乙	庚	天干
寅	寅	酉	申	地支
식신	식신	정인	편인	六神

▶ 사/주/분/석

이 명조는 식신(食神)이 태과(太過)합니다. 그런데 식신(食神)이 많다는 것은 돌보아야 하는 존재이며 여명(女命)에게는 자식이 되고 혹은 직장인에게는 가르칠 학생이 되거나 부하(部下) 직원이 될수도 있습니다. 그러므로 이 명조는 사회복지학(社會福祉學)을 전공하여 복지사(福祉師)로 근무를 하다가 3명의 자녀(子女)를 출산하고 양육에 전념하고 있습니다. 관성(官星)은 남녀(男女) 공통적으로 근무하는 직장(職場)에 해당합니다. 관성이 귀인(貴人)을 만나 암록(暗祿)이 성립되거나 희신의 장생(長生)을 만나게 되면 이것은 곧 조직의 도움을 받는다는 것인데 근무하는 단체에서 상사(上司)의 인정(認定)을 받아 성과를 올리거나 승진(昇進)을 하게 됩니다. 또한 관성은 명예(名譽)의 상징이 되기도 하는데 관성이 길한 사람은 주변 사람들로부터 인정을 받아 명예가 오르므로 회장에 소임을 맡기도 합니다. 그러므로 일찍이 박사가 되거나 혹은 상장(賞狀)을 수여받고 조직의 우두머리로 활약하는 사람들이 많습니다. [혜안명리]

【예시2】 식신이 편관을 만난 충이 되면 조직이 와해된다.

時	日	月	年	대운51	건명
식신		비견	식신	편관	六神
庚	戊	戊	庚	甲	天干
申	子	子	戌	午	地支
식신	정재	정재	비견	정인	六神

▶ 사/주/분/석

사화(巳火)대운에 사업체를 만들어 발복(發福)하다가 갑목(甲木)대운에 문을 닫았다고 합니다. 왜 갑목(甲木)운에 어려움을 당하는 것입니까.

이 명조는 월지가 자수(子水)이므로 재격(財格)에 해당하는데 식신(食神)이 투출하였은 즉, 재용식생(財用食生)이 됩니다. 그러므로 재용식생(財用食生)의 사주는 식신생재(食神生財)의 구조를 가지는 것이니 식신은 서비스를 일으켜 물건을 판매하는 구조이므로 생산업, 제조업 서비스 판매가 마땅합니다.

그런데 식신을 상신(相神)으로 하는 사주에서는 정관(正官)을 보면 안 좋은데 이유는 식신(食神) 을목(乙木)은 을경합거(乙庚合去)로 정관이 제거가 되고 갑목(甲木) 상관(傷官)은 경금(庚金)과 갑경충(甲庚沖)이 발생하기 때문입니다. 즉 갑오(甲午)대운에는 갑경충(甲庚沖)과 자오충(子午沖)이니 천극지충(天剋地沖)의 운을 만난 것입니다. 그러므로 나에게 있어서 관살(官殺)은 조직, 단체, 회사를 상징하기 때문에 을경합(乙庚合)과 갑경충(甲庚沖)운에는 당연히 조직이 무너진다고 보는 것입니다.

인성(印星)은 남녀(男女) 모두에게 문서(文書)와 자격증(資格證)이 되고 또한 밖에서는 나의 스승이 된다고 보는 것입니다. 그러므로 정인가 길한 사람은 자격증을 취득하여 활동하는 사람들이 많으며 고로 편인(偏印)이 귀(貴)한 자는 대학자(大學者)가 된다고 하였는데 이것은 좋은 스승을 만날 수 있기 때문입니다.

【예시3】 여동빈(呂洞賓)의 스승 종리권은 정인(印綬)이 된다.

時	日	月	年	건명
식신		식신	정관	六神
癸	**辛**	**癸**	**丙**	天干
巳	**巳**	**巳**	**子**	地支
정관	정관	정관	식신	六神

▶ 사/주/분/석

팔선(八仙)으로 불리우는 여동빈(呂洞賓)의 사주입니다. 이 팔자는 일체 재성(財星)이 무재(無財)하고 정관(正官)은 중관(重官)을 놓으니 재물에 연연하지 않고 청렴하다 할 만하나 중관(重官)을 범(犯)하였으니 조정(朝廷)에는 중용(重用)되지 못할 것입니다. 그러나 년간(年干)의 정관(正官) 병화(丙火)가 일간(日干)과 관합(官合)하니 벼슬에서 나오지 않은 또 다른 명예가 있을 수 있습니다. 계사(癸巳)가 동주(同住)하니 계수(癸水) 식신이 사중(巳中)의 무토(戊土)와 무계(戊癸)명암합(明暗合)으로 이 무토(戊土) 정인(印綬)는 나의 스승 종리권이 됩니다. 스승이 나의 언행을 종속(從屬)하였으니, 잘 따르면 나는 병화(丙火)라는 취선(就仙)의 명예를 얻을 수 있는 길이 열려 있습니다. 고로 이 병화(丙火) 정관(正官)은 세상에 놓인 벼슬이 아니므로 재물을 버린 후에 세인(世人)들로 받는 명성(名聲)에 해당이 됩니다.

[삼명통회] 재성(財星)은 밖에서는 내가 돈을 주고 그 댓가로 활용하는 대상이 되는 것이므로 편재(偏財)는 남녀 공통적으로 투기성(投機性), 도박(賭博)으로 인해 풍류(風流)라고 보았습니다. 그런데 경영주의 입장에서는 재성(財星)은 사업체의 자본금이 됩니다. 이러한 자본금을 벌게 해주는 인자(因子)는 식상(食傷)이 되므로 식상(食傷)이 직원이 됩니다. 그리고 비견(比肩)과 겁재(劫財)는 투자자 혹은 자본주이며 혹은 임원(任員) 등의 관리자가 됩니다.

【예시4】 재성(財星)은 내가 경영하는 자본금이 된다

時	日	月	年	곤명
상관		정재	상관	六神
辛	戊	癸	辛	天干
酉	辰	巳	丑	地支
상관	비견	편인	겁재	六神
庚辛	乙癸戊	戊庚丙	癸辛己	지장간

▶ 사/주/분/석

이 명조는 식당(食堂)을 운영하는 여사장님 입니다. 그런데 계수(癸水)는 정재(正財)이니 나의 자본금(資本金)인 재물(財物)이 됩니다. 또한 계수(癸水)는 무토(戊土) 일간과 사(巳)중의 무토(戊土) 비견(比肩)과는 쟁합(爭合)이 된 구조입니다. 즉 이것은 숨은 비견(比肩)이니 나의 경쟁 상대자들이므로 내 자본금인 계수(癸水)를 두고 쟁탈전이 벌어지는 것을 뜻합니다. 고로 계수(癸水) 정재(正財)를 놓고 다투는 상(像)이므로 이건 돈을 지불하는 일과 관련성이 있다고 보는 겁니다.

그런데 군겁쟁재(群劫爭財)가 되면 손해보는 일이므로 비견(比肩)은 채권자가 됩니다만 쟁합(爭合)에서는 협력자로 나타날 수 있습니다. 곧 비견은 돈을 나누는 상(像)에 더 근접하게 됩니다. 그런데 암장(暗藏)이 된 비견이 돈을 챙겨가는 사람이니까 나와 동등한 입장은 아니고 눈치를 보는 사람입니다.

그러므로 나는 드러난 사람이고 저들은 숨어 있는 사람들이니 나는 사장(社長)이고 저들은 종업원(從業員)이 되는 것입니다.

6) 야자시(夜子時)에 관한 이야기

우리가 육친법(六親法)을 연구하기 전에 야자시(夜子時) 문제를 분명하게 짚고 넘어 가야 할 것 같습니다. 야자시(夜子時)로 일진(日辰)이 된 명조를 가지고 육친분석을 해야 틀리지 않기 때문이죠. 잘못하면 남의 사주를 가지고 간명하는 실수를 저지르게 됩니다. 그런데 정자시를 주장하시는 분들도 상당히 많은데 그건 잘못된 겁니다. 왜냐하면 이것을 확인하는 방법은 예외로 단순하면서 확실한 근거 자료들이 넘쳐 나니까요. 즉 역사 기록물에는 만세력으로 일진(日辰)을 반드시 기록하게 되어 있었는데 야자시(夜子時)와 조자시(朝子時)의 구분 사용이 명확하게 기록이 되어 있기 때문입니다.

이 기록물들을 확인해 보면 야자시(夜子時)가 당일 일진(日辰)으로 표기가 되어 있음을 확인 할 수 있습니다.
조선왕조실록은 정사(正史)이며 문헌 중에서 가장 신뢰할만한 기록물입니다. 여기에 날짜를 기록하는 방식으로 일진(日辰)을 야자시로 기록했습니다. 다음은 야자시로 표기가 된 조선왕조실록입니다.

영조 즉위년(1724년) "황해감사가 장계하기를....., 11월 22일 야자시에 뇌성이 크게 울렸다."
(黃海監司狀啓... 十一月二十二日, 夜子時, 雷聲大作)

본문 글 황해감사의 야자시와 관련이 된 글의 일진(日辰)을 보면, 1724년 11월 22일 야자시는 임술(壬戌)일 입니다. 그리고 1724년 11월 23일은 계해(癸亥)일입니다. 그런데 11월 22일의 야자시이므로 23시에서 24시까지를 말합니다. 곧 1724년 11월 22일의 23시에서 24시 전(前)까지의 일진(日辰)을 뽑아 보면 그 시간대의 일진이 어디에 소속이 되어 있는지 확인이 가능한 겁니다.

즉 정자시를 사용했다면 23시부터는 그 다음 일진인 계해(癸亥) 일진이 나와야 하고 만약 야자시를 사용했다면 당일(當日)에 해당하므로 임술 일진이 나와야 정상인 것입니다.

그런데 조선왕조실록에서는 실제로 11월 22일 야자시를 임술(壬戌)일로 기록했습니다. 즉 야자시를 사용한 것입니다.

그래서 실제로 만세력에서 1724년 11월 22일 야자시(23시에서 24시)를 뽑아 보면 다음 아래와 같습니다. [도사폰 만세력 참고]

일진이 임술이 나옵니다.

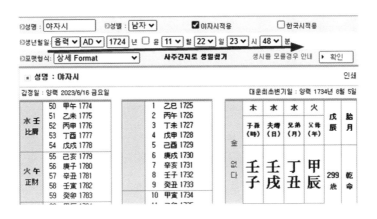

이러한 기록은 실록을 찾아보면 확인 할 수 있습니다.

그 다음 일진인 계해일(癸亥日)로 바뀌지 않았습니다. 이것은 정자시를 사용하지 않았다는 반증이 되는 셈입니다. 만약 정자시로 뽑게 되면 다음 아래와 같습니다.

만세력으로 11월 22일 야자시(23시에서 24시)를 정자시로 바꾸어서 뽑아 보면 계해일로 나오게 됩니다. 곧 정자시에서는 23시부터 그 다음 일주로 넘어간다고 주장하는 이론이므로 임술일(壬戌日)이 아니라 그 다음 일인 계해일(癸亥日)이 나와야 하는 것입니다.

다음 아래 자료 참고하세요.

그러므로 11월 22일 야자시(夜子時)는 임술(壬戌)일이지 계해(癸亥)일이 아닌 것이 확인이 되었습니다. 따라서 이 기록에 의하면 조선 관료들은 일상적으로 23시에서 24시 전까지를 야자시(夜子時)로 사용했다는 증거가 됩니다. 그렇게 되면 조선왕조실록에서는 11월 22일 야자시를 임술일로 기록이 분명한데 정자시로 뽑은 계해일이 되면 조선왕조실록과 날짜가 완전히 틀려지므로 거짓된 자료가 됩니다. 조선의 역법은 중국 역법을 토대로 제작이 된 것이므로 중국의 역사서도 역시 야자시로 기록이 되어 있음은 분명한 사실인 것입니다.

02 육친(六親)의 적용(適用)

1) 궁성법(宮星法)의 활용(活用)

궁성법(宮星法)이라 하는 것은 년월일시(年月日時)의 궁(宮)에 용신(用神)과 육친(六親)을 배합하여 간명(看命)하는 법을 말합니다. 곧 궁(宮)이란 년월일시(年月日時)의 지지를 말함인데 년월일시(年月日時)의 지지를 년에서부터 순서대로 조상궁(祖上宮), 부모형제궁(父母兄弟宮), 처궁(妻宮), 자녀궁(子女宮)으로 배정(配定)하는 것입니다.

또한 사람에게는 육친(六親)이 있는데 이것도 팔자에 정해진 것입니다.

그 궁성(宮星)과 육친(六親)의 배합(配合)이 적당하면 좋으며 이는 불변(不變)의 이치(理致)가 됩니다.

육친성(六親星)은 사길신(四吉神)과 사흉신(四凶神)의 제복(制伏)여부를 살펴야 합니다. 또한 육친궁(六親宮)은 오행의 왕상휴수(旺相休囚)를 근거로 하는데 다만 육친법(六親法)에서는 오행으로 구성이 된 양간(陽干)만 보는 것이 아니라 음양(陰陽)의 세밀한 부분도 되짚어 봐야 합니다. 따라서 년주궁(年柱宮)에 사길신(四吉神)이 존재하면 해당 육친의 덕(德)이 있다고 판단하면 됩니다.

또한 사길신(四吉神)이 월지로부터 생왕(生旺)을 받으면 반드시 유복(裕福)한 가정에 태어나 성장하는데 사길신(四吉神)을 생조하여 돕거나 혹은 방해하는 간지(干支) 글자가 없다면 귀(貴)하나 만약 사길신(四吉神)을 훼방하는 글자가 있거나 사절지(死絶地)가 된다면 그 귀(貴)가 반감(半減)한다고 파악하면 됩니다.

【예시1】 월지를 기준으로 육친의 12운성을 살핀다.

時	日	月	年	명조
			식신	六神
	甲		丙	天干
		寅		地支
			장생	12운성

▶ 사/주/분/석

년간 조상궁의 병화(丙火)는 식신(食神)에 해당하므로 외조부(外祖父)인데 월지 인목(寅木)에서 보면 장생(長生)이다. 그러므로 이 사람은 외조부가 재산가인데 물질적인 도움을 많이 받았다.

【예시2】 정재는 건록에 놓이고 나와 합재(合財)를 하니 처복이 많다.

時	日	月	年	명조
			정재	六神
	丙		辛	天干
		酉		地支
			건록	12운성

▶ 사/주/분/석

년간의 신금(辛金) 정재(正財)는 나의 아내가 된다. 그런데 신금(辛金)은 유금(酉金)이 정재(正財)의 건록(建祿)처에 해당이 된다. 왕성한 신금(辛金) 재성이 나와 합재(合財)하는 구조이므로 재물복과 처복이 있었다.

【예시3】 절지와 입고처에 처한 처성은 나와 인연이 없다.

時	日	月	年	명조
			정재	六神
	丙		**辛**	天干
		卯	**丑**	地支
		절지	양지	12운성

▶ 사/주/분/석

년간(年干)의 신금(辛金)은 나의 처(妻)가 된다. 그런데 신금을 기준으로 살펴
보면 월지(月支)의 묘목(卯木)은 절지(絶地)에 해당하고 년지(年支)의 축토(丑土)
는 신금(辛金)의 입고처(入庫處)가 된다. 그러므로 이 사람의 아내는 병약(病
弱)하던 중에 사망하게 되었다.

2) 근묘화실(根苗花實)에 의해 육친궁을 분류하는 법

時	日	月	年
실(열매)	화(꽃)	묘(싹)	근(뿌리)
자녀궁	부부궁	부모형제궁	조상궁
노년운	중년운	청년운	초년운
45~60세	30~45세	15~30세	1~15세
자손	부부	가정 직업	국가 사회

사주를 간명할 적에 살펴보는 근묘화실(根苗花實)에서는 시공간(時空間)의 환경이 전부 표기(表記)가 되어 있습니다. 즉 시간적(時間的)인 개념으로써 근묘화실(根苗花實)에는 초년(初年)운부터 성장(成長)하여 청년(靑年), 중년(中年)이 되고 나이가 들어 노년(老年)으로 늙어 죽는 것 등의 생로병사(生老病死)를 모두 함축(含蓄)하고 있지만 공간학(空間學)적으로도 알 수 있는 내용들이 숨어 있습니다.

즉 년주(年柱)는 공간상(空間上)에서는 조상궁(祖上宮)이므로 국가(國家), 사회(社會), 어른, 선배(先輩)가 되는데 나의 시간상(時間上)의 초년운(初年運)과는 정반대로 작용하는 것이 됩니다. 따라서 초년운(初年運)을 보듯이 조상궁(祖上宮)을 판독해서는 안 되는데, 각 궁성(宮星)에는 공간(空間)상의 육친궁(六親宮)이 정위치(正位置)로 자리 잡고 있기 때문에 공간적인 궁성에 맞춰서 시간상의 육친성을 살피는 것입니다. 즉 근묘화실(根苗花實)에서는 두 가지 기법(技法)이 작용하고 있습니다. 하나는 시간상의 흐름이고 두 번째로는 공간상의 위치가 됩니다.

그러므로 이 둘은 존재하는 형태가 다른 물건이므로 시간과 공간의 제약을 받는 것이므로 잘 살펴 간명해야 합니다. 예를 들어 조상궁(祖上宮)에서는 공간(空間)상으로는 어른, 선배, 조부, 백부등의 서열(序列)이 존재하지만 시간상으로 조상궁은 초년운의 상징이 되어 다만 어릴 적의 운(運)을 간명하는 자리가 되는 것입니다. 그러므로 육친의 안위(安位)와 유무(有無)를 살필 때는 육친궁(六親宮)과 육친성(六親星)을 조율(調律)하여 살펴본다고 말하는 것입니다. 이것이 육친법의 근간(根幹)이 됩니다. 따라서 시간상의 움직임에 의지하는 육친성은 시간적인 흐름이 경과하면서 육친의 변동이 심하게 나타날 수 있겠지만 공간상에 뿌리를 내린 궁성(宮星)은 변함이 없는 것입니다.

예를 들어 정관(正官)은 사회, 어른, 선배, 조직이 되므로 년주(年柱)에 정위치(正位值)로 있게 되면 가장 바람직스러운 것이므로 조상을 빛내고 가업을 승계할 수 있다고 말했던 것이고 상관(傷官)은 시주(時柱)에 정위치(正位值)가 되면 가장 바람직스러운 것으로 자녀, 후배가 되어 귀염둥이로 사랑을 받을 수가 있게 됩니다.

그러나 상관(傷官)과 정관(正官)이 궁성(宮星)의 위치가 뒤바뀌게 된다면 서로 갈등 관계로 태어난 사람이라 불협화음(不協和音)이 많다고 간명(看命)하는 것입니다. 즉 년주(年柱)에 상관이 놓이게 되면 상관(傷官)은 아랫사람 또는 후배 혹은 어린 사람이라 성격이 불규칙하고 위 아래를 살피지 못하는 경향이 많은데 만약 상관이 조상궁에 놓이게 되면 그 조상을 거역하여 하극상(下剋上)을 하게 되므로 조상을 욕되게 하고 그 결과 가업(家業)을 이어가지 못한다고 간명하는 것입니다.

3)육친(六親)의 기질 분석

년주(年柱)에 정관(正官)이 놓이게 되면 조직(組織), 단체(單體), 사회(事會), 국가(國家)등을 떠올려야 하는데 조상궁(祖上宮)에 정관(正官)이 정위치하게 되면 가업(家業)을 계승하고, 국가기관의 록봉(祿俸)을 받는 사람들로 많이 나타나게 됩니다. 재성(財星)이 조상궁(祖上宮)에 놓이게 되면 재물(財物), 자산(資産) 등의 가치 있는 현금 등을 떠올려야 하고 그 결과 조상궁에 놓인 재성은 유복(裕福)한 가정 출신으로 당대(當代)의 조상 혹은 부친이 부자임을 파악할 수 있게 해줍니다. 또 인수(印綬)가 조상궁에 놓이게 되면 자격증, 저작권 등을 떠올려야 하고 이것은 학자, 연구원, 교육자 등의 길로 갈 수 있다고 파악하는 것입니다.

또한 상관, 식신이 조상궁에 놓여 있다면 이 사람은 기술자, 서비스업으로 갈 수 있는 특성이 있기 때문에 당연히 기술계통의 직업을 권장해야 하는 것입니다. 또한 비견이 조상궁에 존재한다면 이것은 형제, 사람, 협조자 등이 될 수 있는 것이므로 어려서는 형제, 자매가 되고 성장해서는 동료, 친구 등이 될 수 있습니다.

(1) 조상궁(祖上宮)을 보는 법

년주(年柱)를 조상궁(祖上宮)이라 말하였는데 고전에서 말하기를 "무릇 년주(年柱)에 희용신(喜用神)을 만나면 조상이 부귀(富貴)하고 재관인식(財官印食)을 만나면 좋다고 하였으며 년주(年柱)가 기신(忌神)이면 조상이 곤궁(困窮)하거나 피폐(疲弊)한 집안이며 상관(傷官), 겁재(劫財), 편인(偏印)과 양인(陽刃)에 해당되어도 그러하다"라고 하였습니다. 또한 대체로 조상이 부귀영화를 누린 가문은 반드시 "년주(年柱)에 재관(財官)이 왕(旺)하며 또 일간(日干)의 희용신(喜用神)이 된다"라고 하였습니다. 따라서 조상이 망하여 유산을 물려주지 못함은 "년주(年柱)에 겁재(劫財), 양인(陽刃), 편인(偏印), 상관(傷官) 등이 있기 때문이고 또 기신(忌神)이 되어 희용신(喜用神)을 극(剋)하기 때문이다"라고 하였습니다.

【예시1】년주의 정관격인데 식신이 투간하니 몰락한 가문이다.

時	日	月	年
정재		식신	정관
壬	**己**	**辛**	**甲**
申	**巳**	**未**	**寅**
상관	인수	비견	정관

▶ 사/주/분/석

이 명조는 잡기 정관격이다. 그런데 정관은 생왕해야 좋고 극충을 받으면 나쁘다 말했는데 지지가 인미(寅未)귀문관살이요. 인사형(寅巳刑)이고 또한 천간은 식신이 투출해 옆에서 정관을 극하니 천지(天地)가 정관(正官)을 형충(刑沖)한다. 궁성법(宮星法)으로 풀어보자면 조부궁에 갑인(甲寅)정관(正官)이라 조부(祖父)의 명망(名望)이 두터울찌라도 월주궁에 식신이 정관을 극하고 인미(寅未)귀문(鬼門)에 월지 미토(未土)는 목(木)의 고장지(庫藏地)이니 가문(家門)이 부모시절에 몰락(沒落)하였다

【예시2】 년간의 식신은 수생목하는 외조부로 종재(從財)한 거부이다.

時	日	月	年	건명
정재		편재	식신	六神
甲	**辛**	**乙**	**癸**	天干
午	**卯**	**卯**	**卯**	地支
편관	편재	편재	편재	六神

▶ 사/주/분/석

이 사람은 외가(外家)가 거부(巨富)이다.

신묘(辛卯)일주는 년월일(年月日)의 묘목(卯木)의 3자리가 모두 절각(折脚)인데 갑을목(甲乙木)이 투간하였다. 고로 재성에 종(從)하였은 즉, 재기통문(財氣通門)한 사람이니 큰 부자로 나갈 수 있다.

그런데 년간의 계수(癸水) 식신(食神)은 외조부에 해당한다. 곧 이 사람의 재기통문(財氣通門)은 년간의 계수(癸水)가 물을 뿌려주는 환경이므로 외조부(外祖父)가 지원하는 재산가임을 알 수가 있다.

① 조상궁(祖上宮)에 대한 해석

조상궁(祖上宮)은 조상의 영락(榮落)이 담긴 궁처(宮處)이므로 그 자리에 재관(財官)이 놓이게 되면 그 사람은 가업을 승계한다고 보았다. 즉 조상으로부터 내려오는 기운을 승계 받는 사람이니 장자(長子)라고 말한다. 고로 조기(早期)에 출세를 할 수 있고 봉록(俸祿)을 물려받으니 국가기관에서 근무하는 공직자가 많다.

반대로 년주궁(年柱宮)에 상관(傷官), 양인(陽刃) 등의 흉신(凶神)이 놓이게 되면 이것은 조상들의 쇠락(衰落)을 반영(反影)한다고 보았다. 그러므로 그런 사람은 가문(家門)이 멸망한 집안 출생으로 보잘 것이 없거나, 가업을 이어가지 못하니 고향을 떠나 자수성가(自手成家)해야만 하는 고통이 있을 수 있게 된다.

【예시3】 년주궁에 상관이 강하면 조상궁을 범(犯)하였다고 말한다.

時	日	月	年
			상관
癸			甲
			寅
			상관

▶ 사/주/분/석

년주(年柱)에 갑인(甲寅) 상관(傷官)이 강하면 정관(正官)을 극하므로 가업(家業)을 이어가기 어려우니 스스로 자수성가(自手成家)할 팔자다.

이것은 실제로 년주에 정관(正官)이 존재하던지 혹은 존재하지 않더라도 실효적이다. 이것은 허자(虛字)라도 정관은 상관이 있는 자리에는 들어서기 힘들다는 것을 뜻한다. 그런데 만약 월지에 재성(財星)이 존재하여 상관생재(傷官生財)하는 구조가 되었다면 어느 정도는 그 갈등의 폭이 해소가 될 수 있겠지만 근본적으로 상관성(傷官星)이 조상궁을 침범(侵犯)하고 있기 때문에 조상의 도움을 받기 어려운 것으로 보인다.

그래서 옛날부터 이런 사람은 스스로 집을 떠나 자수성가(自手成家)하는 팔자라고 본 것이다.

【예시4】 년지와 월지의 충에서는 고향을 떠나 자수성가해야 한다.

時	日	月	年
인수		정관	인수
戊	辛	丙	戊
子	丑	辰	戌
식신	편인	인수	인수

▶ 사/주/분/석

이 사주는 우장춘(禹長春, 1898~1959) 박사이다.

그의 부친은 6세에 돌아가시고 고향을 일찍 떠났는데 일본에서 연구 활동을 하였다. 이것은 년지(年支)와 월지(月支)가 서로 충(沖)하는 관계에서는 고향을 등지고 떠나니 타향에서 성공하는 팔자라고 보았다. 곧 나의 가정궁과 조상궁이 서로 충극(沖剋)하는 자리이니 내가 그 불화(不和)에 살아 날 수가 없다는 뜻을 암시하는 것이다. 그 결과 조상 때부터 내려오던 부모의 가업을 승계받기 어렵다고 보았던 것이다.

【예시5】 암중의 정관이 극충을 받으면 정관을 바르게 사용하지 못한다.

時	日	月	年
			상관
	辛		壬
	丑		寅
	편인		정재

▶ **사/주/분/석**

신금(辛金)일간에게는 인중(寅中)의 병화(丙火)가 정관(正官)이다.

그런데 천간의 임수(壬水) 상관(傷官)이 병화(丙火)와 병임충거(丙壬沖去)하여 정관(正官)을 암중(暗中)에 억누르고 있으니 정관이 탁(濁)하다.

따라서 년지(年支)의 정관(正官)이 암중(暗中)에서 맑지 못하므로 이 사람은 공공기관의 종사가가 되기 어렵고 불법적인 채권 사업을 운영을 하였다.

【예시6】 조상궁에 정관이 놓이면 국가기관에 종사할 수 있다.

時	日	月	年
		인수	정관
甲	**癸**	**辛**	**辛**
			酉
			정관

▶ 사/주/분/석

년주궁(年柱宮)에 정관(正官)이 존재하면 조상궁에 관록(官祿)이 걸려 있어 대대로 조상이 높은 관직을 제수(除授)받았거나, 그 결과로 아직도 후손들에게는 재산(財産)과 인맥(人脈)이 남아 있다고 판단하는 것이다. 그래서 월간에 인수가 있게 되면 자연히 관생인(官生印)으로 흘러가는 인생이 되어 인성의 도움을 직접적으로 받을 수 있게 되는데 그 결과 조부궁(祖父宮)의 환경을 그대로 이어 받을 수 있다.

그러므로 일간(日干)은 조부(祖父) 및 외가(外家)의 권세에 힘을 입고 추천 받아 관직에 오를 수도 있다. 반대로 조상궁에 상관이 존재하면 정관을 충극하는 것이라 당대의 조상들이 멸문지화(滅門之禍)를 당하여 가문(家門)이 초라하다고 보는 것이다

【예시7】 년주궁의 사흉신(四凶神)은 제복(制伏)여부를 살펴야 한다.

時	日	月	年
		상관	편관
甲	**丁**	**庚**	

▶ **사/주/분/석**

년주궁(年柱宮)에 편관(編官)이 존재하면 역시 관성(官星)의 기질(氣質)로 인해 공공기관 또는 국가기관에서 종사할 수 있다고 판단하면 된다. 다만 사흉신(四凶神)은 반드시 제압(制壓) 여부를 살펴봐야 하는 것이다. 그런 즉, 월주에 식상(食傷)이 존재해서 제복(制伏)이 된 칠살(七殺)이라면 반드시 국가기관(國家機關) 혹은 공공기관(公共機關) 출신자가 될 수가 있는 것이다.

따라서 이 명조는 상관제살(傷官制殺)로 칠살이 제복이 되어 있는 것이니 편관(編官)으로 보아 국가기관 종사하는 공직자라 말할 수 있다.

년주궁(年柱宮)의 관성(官星)은 거류서배(去留舒配)가 잘되면 최소한 대기업 혹은 국가공무원이 많다.

【예시8】 년주의 관성이 월간으로 향하여 살인상생으로 흐른다.

時	日	月	年	곤명
겁재		편인	편관	六神
壬	癸	辛	己	天干
戌	巳	未	巳	地支
정관	정재	편관	정재	六神

▶ 사/주/분/석

년주궁(年柱宮)에 위치한 칠살(七殺)인데 월간에 편인(偏印)을 만나 살인상생(殺印相生)하고 있으니 관공서(官公署)에서 근무를 한다.

년주궁은 조상궁이니 정관(正官)이 정위치(正位値)를 하여 길하게 작용하면 그 사람의 조상은 문신(文臣)의 적통자(嫡統者)이고 칠살(七殺)이면 무관(無官) 출신이 된다. 그러므로 이 사람은 체육학과를 졸업하고 보건소(保健所)에 근무 중이다.

【예시9】 년주궁에 상관이 놓여 강하면 정관이 들어 설 자리가 없다.

時	日	月	年	건명
비견		식신	상관	六神
辛	辛	癸	壬	天干
卯	亥	丑	寅	地支
편재	상관	편인	정재	六神

▶ 사/주/분/석

이 사람은 채권(債券) 추심(推尋) 대행업(代行業)을 하고 있는 사람인데 얼굴 모양새가 조폭의 중간 보스처럼 생겼다고 말한다. 이혼(離婚)을 4번 했고 5번 째 결혼(結婚)을 준비한다고 하였다.

이 명조는 축(丑)중에서 년간(年干)에 임수(壬水) 상관(傷官)이 투간(透干)하였는데 일지(日支)와 월간(月干)의 식상관(食傷官)이 붙어 있으므로 년주궁 상관(傷官)의 기운이 무척 강한 사주가 되었다. 비록 년지(年支) 재성(財星)을 만나 상관생재(傷官生財)로 진행하니 현금(現金)의 유동성(流動性)은 좋아 보이지만 인(寅)중의 병화(丙火) 정관(正官)을 년간의 임수(壬水) 상관(傷官)이 병임충(丙壬沖)으로 정관을 억누르고 있는데 또한 월지 축(丑)중의 신금(辛金)도 년지(年支)의 인중(寅中) 병화(丙火)와 병신(丙辛)암합(暗合)이라 병화(丙火)가 일어설 자리가 없다.

따라서 상관생재(傷官生財)로 돈을 잘 벌 수 있는 구조이지만 정관(正官)이 탁(濁)하여 올바르지 못한 직업으로 불법적 채권(債券) 추심업(推尋業)을 하고 있다.

(2) 부모형제궁(父母兄弟宮)을 보는 법

월주(月柱)를 부모형제궁(父母兄弟宮)이라 말하였는데 희용신(喜用神)이 월주(月柱)에 모여 있고 충극(沖剋)이나 극제(剋制)가 없으며 합화(合化)하여 기신(忌神)으로 변하지 않으면 대운(大運)이 월주(月柱)부터 시작하는 고로 이 사람은 반드시 유년(幼年)기에는 조상의 음덕(陰德)과 부모의 사랑을 받고 성장한다고 말을 하였습니다. 또한 부모(父母)의 흥쇠(興衰)는 인수(印綬)와 관계가 되며 또 생월(生月)에 관계가 있다고 말하였는데 아울러 유년(幼年)의 운(運)을 참고하여 보아야 한다라고 하였습니다. 따라서 인성(印星)이 생월(生月)에 용신(用神)이 되면 대운(大運)에서 용신(用神)과 극(剋)이 되지 않는다면 부모(父母)의 총애(寵愛)를 받고 자라며 조상의 음덕(蔭德)이 후덕(厚德)하다라고 합니다. 다시 재성(財星)이 월령(月令)에서 관성(官星)을 생(生)하고 인성(印星)을 극(剋)하지 않으면 부친은 반드시 부귀(富貴)하며 모친은 현숙(賢淑)하고 장수(長壽)를 하게 된다라고 하였습니다.

반대로 월주(月柱)에 기신(忌神)이 모여 있다면 사주(四柱)에서 기신(忌神)을 충극(沖剋)하거나 합화(合化)하여 길신(喜神)이 되지 않으면 반드시 월지(月支)부터 대운(大運)이 시작되니 초운이 쇠패(衰敗)지로 행하여 조상의 음덕(蔭德)과 총애(寵愛)를 받지 못하니 그런 까닭으로 고설(古說)에 이르되 년주(年柱)는 조상의 흥폐사(興廢事)요, 월주(月柱)는 부모(父母)의 유무(有無)를 본다고 한 것입니다.

또한 형제운(兄弟運)을 살피는 방법으로는 서자평(徐子平)이 말하기를 비겁(比劫)은 형제자매(兄弟姉妹)가 되고 월령(月令)이 형제자매를 보는 문호(門戶)라고 말하였습니다. 만육오(萬育吾)가 이르기를 비겁(比劫)을 형제로 보는데 비겁(比劫)이 득시득령(得時得令)하였고 12운성(十二運星)의 장생(長生)이나 임관(臨官), 건록(建祿), 제왕(帝旺)에 앉았다면 형제가 부귀하고 영화를 누린다고 하였으며 이와 반대로 비겁(比劫)이 실령(失令)하고 충극(沖剋)을 받고 12운성(十二運星)이 사절지(死絶地)라면 형제가 힘을 얻지 못한다하여 비겁(比劫)

이 형충파해(刑沖破害)가 되면 비록 형제가 있으나 원수처럼 지내게 된다고 말을 하였습니다.

일간과 재관(財官)이 고르고 월지에 겁재(劫財)나 양인(陽刃)이라도 희신(喜神)이 되면 형제가 많고 부귀할 수 있습니다. 만약 제살태과(制殺太過)한 자가 되면 칠살을 도와야 하는데 오히려 비겁이 식상을 키우면 제살이 태과되는 것이니 곧 형제가 누를 끼치며 비겁이 용신이 되면 재다신약(財多身弱)을 말함인데 반드시 형제의 도움을 받는다고 하였습니다. 반대로 비겁이 기신(忌神)이 되면 형제로 인하여 피해를 입게 되는데 비겁이 많으면 형제가 많고 비겁이 적으면 대부분 형제가 적습니다.

① 월주궁(月柱宮)에 대한 해석

월주(月柱)는 육친편으로 살펴보면 부모(父母) 형제궁(兄弟宮)에 해당하는데 보통 이를 통칭하여 말할 적에는 가정궁(家庭宮)이라고 말합니다. 그래서 년주(年柱)는 조상궁(祖上宮)이 되면 월주(月柱)는 가정궁(家庭宮)으로 보고 간명하면 됩니다. 따라서 가정궁에 사길신(四吉神)이 놓이면 길(吉)한 사주가 되는 것은 말할 필요가 없는 것이지만 만약 년주에서 길신(吉神)을 충극(沖剋)하면 도리어 운이 반감(半減)하거나 혹은 팔자가 흉해질 수도 있다는 점을 명심해야 합니다

【예시1】임술운 계사년(癸巳年)에 이혼을 하였다.

時	日	月	年
비견		정관	상관
庚	庚	丁	癸
辰	戌	巳	卯
편인	편인	편관	정재

▶ 사/주/분/석

월주궁에 정사(丁巳)는 정관격이다.

정관은 나의 남편으로 가정궁에 위치하므로 존귀(尊貴)한 것인데 정계충(丁 癸沖)은 매우 안 좋은 현상이다. 그런데 나의 정관을 공격하는 상관(傷官)은 조상궁에 놓인 것이므로 조상(祖上), 친지(親知)들이 훼방하여 돕지를 않는 것이다. 부부궁에도 사술(巳戌)원진(元嗔)이 걸려 있으므로 곧 이혼을 한 경우이다.

【예시2】모친은 약사(藥師)로 모친복이 많았다

時	日	月	年	건명
편재		편인	편관	六神
戊	甲	壬	庚	天干
辰	申	午	戌	地支
편재	편관	상관	편재	六神

▶ 사/주/분/석

월지가 오화(午火) 상관(傷官)이니 상관격(傷官格)인데 오술합(午戌合)으로 상관이 국(局)을 이루어 강성(剛性)하다.

그런데 상관(傷官)은 흉신(凶神)이므로 제복(制伏)해야 하는데 월간의 임수(壬水)편인(偏印)이 있어 개두(蓋頭)의 상(像)으로 상관을 제복(制伏)하니 호상(好像)이 되어 있다.

고로 이 사주의 주인은 모친이 약사(藥師)로 모친의 복이 많았고 부친은 공무원인데 대지 40평 정도의 5층 건물을 소유하고 있는 부자이다.

(3) 처궁(妻宮)을 보는 법

일지(日支)에 재관(財官)이 있으면 처(妻)가 당연히 현숙하고 고귀해야 할 것이지만 일지가 재관(財官)인데도 처덕(妻德)이 없는 경우가 있고 일지(日支)가 상관(傷官)과 양인(陽刃)인데도 오히려 처덕(妻德)이 있은 경우가 있는데 무슨 까닭인가요?

이것은 월령의 용신을 기준으로 희신(喜神)과 기신(忌神)을 가린 후에 길흉(吉凶)을 판단하여야 하는 것입니다. 예를 들어 일지에 재성(財星)이 있으면 좋지만 월령이 인수격(印綬格)이라면 재극인(財剋印)이 되어 오히려 불미(不美)스러운 것입니다. 또한 처궁(妻宮)에 정관이 있으면 길하지만 월지가 상관격(傷官格)이라면 상관견관(傷官見官)이 되어 좋을 리가 없는 것입니다. 만약 처궁(妻宮)에 상관이 있으면 흉한 것이 원칙이지만 월지가 재격(財格)인 경우에는 재(財)를 생하므로 상관이 오히려 좋은 것이고 만약 일지가 상관인데 칠살격이라면 상관제살(傷官制殺)하는 작용을 하므로 도리어 처(妻)의 내조가 있게 됩니다. 처궁(妻宮)에 양인이 있으면 흉하지만 재격(財格), 정관격(正官格), 칠살격(七殺格), 상관격(傷官格) 등의 격국에서는 일주가 무기(無氣)하다면 오로지 일지(日支)의 양인(陽刃)이 방신(幫身)함에 의지하는 것이므로 처가 반드시 남편을 보필할 수 있는 것입니다.

또한 처궁(妻宮)을 본 후에는 처성(妻星)을 봅니다. 처성(妻星)이란 재성을 말하는데 처성(妻星)이 투출하고 국(局)을 이루는 경우가 있습니다. 예를 들어 정관격(正官格)에 재성(財星)이 투출하여 재생관(財生官)의 구조가 되거나 혹은 인성(印星)이 많은 사주에 재성(財星)을 만나 인수용재(印綬用財)가 이루어지거나 또는 식상격(食傷格)에 재성(財星)이 투출하여 식신생재(食神生財)로 재성이 용신이 되었다면 이런 경우에는 비록 일지에 용신이 없다고 해도 역시 내조(內助)의 공을 얻을 수가 있습니다. 이와는 반대로 처성(妻星)이 투출하여 파격(破格)이 되는 경우도 있습니다.

예를 들어 인성이 경미(輕微)한데 재성이 투출하여 탐재괴인(貪財壞印)이 되거나 혹은 식상이 있어 상관제살(傷官制殺)하는 사주에서 재성(財星)도 재차 투출하여 제살(制殺)을 훼방하는 경우가 되면 비록 일지에 용신이 있다고 해도 역시 처복(妻福)이 없다고 말할 수 있는 것입니다. 또는 처성(妻星)이 투출하여 성격(成格)이 되었고 처궁(妻宮)에 용신이 있지만 일지가 형충(刑沖)이 된 경우가 있습니다. 이렇게 되면 좋은 처를 얻지만 해로(偕老)하지는 못합니다. 부부궁(夫婦宮)을 충하므로 이별이 생겨날 수 있기 때문입니다.

또는 처성(妻星)이 두 개 이상 투출하고 정재(正財)와 편재(偏財)가 섞여 있으면 남편 하나에 아내가 여럿인 형상이니 역시 재성(財星)이위(二位)라 이별이 발생할 수 있는 것입니다. 만약 비겁(比劫)이 많고 재성이 약하면 재다신약(財多身弱)인데 구해주는 오행이 없으면 반드시 아내를 극하고 경(輕)하면 한두번 극하고 중(重)하면 너댓번 극하게 됩니다.

① 배우자궁(配偶者宮)에 대한 해석

일간(日干)은 내 자신이 되고 일지(日支)는 배우자가 됩니다.

그래서 만약 일간(日干)이 남편(나)에 해당되면 일지(日支)는 아내가 되는 것이므로 일주(日柱)를 가리켜 보통 부부궁(夫婦宮)이라 말합니다.

월주를 가정궁(家庭宮)이라 말하고, 년주를 조상궁(祖上宮)이라 말하였다면, 일주는 부부궁(夫婦宮)에 해당하는 것입니다.

【예시1】 용신을 생조하는 재성은 희신(喜神)이 된다.

時	日	月	年
	己		
	亥	寅	
	정재	정관	

▶ **사/주/분/석**

월지(月支)가 정관(正官)인데 일지궁에 해수(亥水)는 정재(正財)가 된다. 그런데 재성(財星)이 정관(正官)을 생조하여 정관을 강하게 하니 관록(官祿)이 높았다. 고로 처궁(妻宮)에 앉은 재성(財星)은 희신(喜神)이니 아내는 현명하고 재능이 뛰어났는데 고로 그는 처복(妻福)이 있었다.

【예시2】 용신을 극하는 식신은 기신(忌神)이 된다.

時	日	月	年
	己		
	酉	寅	
	식신	정관	

▶ **사/주/분/석**

월지가 정관(正官)인데 처궁(妻宮)에 앉은 유금(酉金)은 식신(食神)이 된다. 정관(正官)을 극하는 식신(食神)의 출현은 불리하므로 식신(食神)은 기신(忌神)이 되었다. 고로 그의 아내는 현명하지 못하고 원진(元嗔)으로 인한 부부 갈등의 싸움이 많았다. 처궁(妻宮)에 앉은 식신이지만 처성(妻星)의 기질을 알 수가 있는 것이다.

【예시3】 재성이 통관신이 되면 부부가 화목(和睦)하다.

時	日	月	年
		정재	
己	壬		
酉	寅		
식신	정관		

▶ **사/주/분/석**

이런 경우에는 처복(妻福)이 없다고 단정하면 안 된다. 왜냐하면 처궁에 월지의 정관을 극하는 식신인 기신(忌神)이 놓여 있어도 월간의 임수(壬水) 처성(妻星)이 투간한 것이니 식신생재(食神生財)하고 다시 재생관(財生官)하여 관록(官祿)의 손상을 반감(半減)시키기 때문이다. 고로 부인은 식신생재(食神生財)하는 상(像)이라 재물을 일으켜 남편을 재정적(財政的)으로 지원을 아끼지 않는다.

【예시4】 탐재괴인(貪財壞印)이 되면 처복(妻福)이 없다.

時	日	月	年
	乙		
	未	子	
	편재	편인	

▶ **사/주/분/석**

처궁(妻宮)에 재성(財星)이면 좋게 보았는데 월지(月支)가 자수(子水)인수(印綬)이면 자미원진(子未元嗔)이니 탐재괴인(貪財壞印)의 화(禍)를 불어 오게 된다. 고로 이 사람은 처와 재물이 화근(禍根)이 되었다.

(4) 자녀궁(子女宮)을 보는 법

자녀(子女)를 볼 때도 자녀궁(子女宮)을 보고 투출한 자녀성(子女星)이 존재하면 희신(喜神)인지 기신(忌神)인지를 분별하여야 합니다. 보는 방법은 처(妻)를 보는 원리와 같습니다.

팔자를 입수하여 자녀를 볼 때는 먼저 시지(時支)를 살펴야 합니다.

예를 들면, 갑을(甲乙) 일간이면 경금(庚金)이 관성(官星)이므로 자녀성(子女星)에 해당하므로 경금(庚金)이 시지(時支)에서 어떤지를 살펴봐야 합니다. 곧 자녀성인 경금(庚金)이 생왕(生旺)한지 아니면 사절(死絶)했는지를 보고 그 많고 적음을 분별하여야 합니다. 그런 연후에 시간(時干)과 자녀의 별을 봅니다.

예를 들면, 재격(財格)인데 시간(時干)에 식신이 투출했거나 정관격인데 시간(時干)에 재(財)가 투출했다면 시간에 상신(相神)이 있게 되니 이럴 때는 설사 시지(時支)에서 관살의 오행이 사절(死絶)한다고 해도 역시 자녀가 귀하게 될 수 있습니다. 하지만 관살이 사절지(死絶地)이므로 자녀의 수가 많지는 않을 것이라고 추측할 수 있습니다.

만약, 시간(時干)에 상신이 있는데 시지(時支)에서 관살이 생왕(生旺)하다면 자녀가 슬하에 많을 것입니다. 반대로 시간에 좋지 못한 기신(忌神)이 있거나 자녀성이 투출하여 파국(破局)이 되었다면 비록 시지(時支)에서 관살이 생왕(生旺)한다고 해도 자녀를 두기 힘들 것이고 시지에서 사절(死絶)까지 되었다면 자녀를 기대하지 말아야 할 것입니다.

① 자녀궁(子女宮)에 대한 해석

아래는 경우 자식이 없거나 불효(不孝)한 경우를 말한다.
- 사주가 신약하고 관성이 많은데 일간을 돕는 인비(印比)가 없는 경우
- 인성이 약한데 인성을 극하는 재성이 있으면 재파인(財破印)하여 자식이 불효(不孝)한다.
- 관성이 용신이 되나 식상이 태과(太過)할 때 자식이 불초(不肖)하다.

- 칠살은 왕(旺)하고 인성이 경(輕)하면 자식이 없을 수 있다
- 사주가 지나치게 건조(乾燥)하거나 음습(淫習)하고 혹은 오행이 편고 (偏枯)되면 자식이 없다.
- 생시(生時)에 편인(偏印)이 거주하는데 기신(忌神)에 해당하며 구해 주지 못하면 자식이 없다.

【예시1】살왕(殺旺)을 통제 못하면 자식을 두기 어렵다.

時	日	月	年	대운
편관		정재	인수	비견
壬	丙	庚	乙	丙
辰	申	辰	亥	子
식신	편재	식신	편관	정관

▶ 사/주/분/석

병화(丙火)일주가 진월(辰月)에 생하고 습토(濕土)가 금(金)을 생하고 금(金)이 다시 임수(壬水) 칠살을 생조하니 재생살(財生殺)의 구조를 이룬다. 따라서 재성(財星) 처(妻)는 왕한 칠살을 더욱 거세게 하는 작용을 하는 바, 재성 처(妻)는 질투심이 많았고 성격도 무척 사나웠다고 한다. 다행인 점은 을경합 거(乙庚合去)로 재성 처(妻)가 제거가 된 점이다. 그러나 화살(化殺)하는 을목(乙木) 인수도 함께 제거가 되어 사주가 무척 어려워지게 되었다.

그러던 중에 자수(子水)대운을 만나 신자진(申子辰) 수국(水局)을 결성하면서 살왕(殺旺)을 통제하기 힘들어 일간을 힘들게 하더니 자식도 없이 세상을 떠났다고 한다.

【예시2】 수(水)가 태강한데 지살중중하면 병화의 자식은 물에 휘쓸려 간다.

時	日	月	年	곤명
정재		식신	식신	六神
己	甲	丙	丙	天干
巳	申	申	子	地支
식신	편관	편관	인수	六神
겁살	지살	지살		신살

▶ 사/주/분/석

이 명조는 갑목(甲木)일간이 신금(申金)이라는 두 곳의 절처(絕處)에 놓여 있는데 신자합수(申子合水)하고 사신형합(巳申刑合)하여 수기(水氣)가 태왕(太旺)한 모습을 하고 있다.

그런데 병화(丙火)와 사화(巳火)는 식신(食神)이므로 그녀의 자녀성이 되고 자녀궁 자리에 놓인 사화(巳火)는 사신형(巳申刑)이 구성되면서 사신합수(巳申合水)한다. 고로 병화(丙火)가 앉은 자리도 신자합수(申子合水)가 되었다.

다량의 많은 물들이 생겨나는데 지살(地殺)의 힘에 의해 쓸려 가는 모습이므로 그녀의 자식들은 태어나면 모두 황천길로 갔다고 한다. [사주첩경]

② 다음 사례는 도식(倒食)을 하는 효신(梟神)이 합거(合去)로 제거가 되는 경우입니다.

여자의 명조에서 식신(食神)은 자녀성(子女星)이 되는데 만약 사주(四柱)중에서 식신(食神)이 효신(梟神)을 만나게 되면 자식(子息)을 극하는 도식(倒食)팔자(八字)가 구성이 되어 자식(子息)을 유산(流産)하거나 혹은 병고(病苦), 사고(事故)로 자식을 잃을 수도 있다고 합니다. 그러나 다음과 같은 구조가 되면 식신의 자녀성이 구제(救濟)받는 것이므로 무탈(無ㄷ)하다고 간명하면 됩니다

【예시1】 생시의 편인이 년간(年干)의 식신을 도식(倒食)하면 탄(ㄷ)이라고 하는데 이러하면 자식을 극하게 된다. 월간에 을(乙)목이 존재한다면 을경(乙庚)합으로 구제받을 수 있다.

時	日	月	年	곤명
편인			식신	六神
庚	壬		甲	天干
				地支
				六神

【예시2】 식신(食神)은 효신(梟神)을 기피하지만 역시 두려워하지 않는 경우도 있다. 기해(己亥)는 정(丁)의 도식을 두려워하지 않는데 정(丁)이 임(壬)과 합하여 정임합목(丁壬合木)이 되었기 때문이다.

時	日	月	年	곤명
식신		편인	정재	六神
辛	己	丁	壬	天干
	亥			地支
	정재			六神

【예시3】 병오(丙午)는 갑(甲)의 도식(倒食)을 두려워하지 않는데 갑(甲)과 기(己)가 합하여 무토 식신을 극하기 어렵기 때문이다.

時	日	月	年	곤명
상관		편인	식신	六神
己	丙	甲	戊	天干
午				地支
겁재				六神

【예시4】 을사(乙巳)는 계(癸)의 도식(倒食)을 두려워하지 않는다.
무와 계가 합하여 무계합거가 되었고 사(巳) 역시 화(火)이기 때문이다.

時	日	月	年	곤명
식신		편인	정재	六神
丁	乙	癸	戊	天干
	巳			地支
	상관			六神

【예시5】 계사(癸巳)는 신(辛)의 도식(倒食)을 두려워하지 않는데 병과 신이 합하여 병신합수(丙辛合水)가 되고 계의 귀인이 사가되기 때문이다.

時	日	月	年	곤명
식신		편인	정재	六神
乙	癸	辛	丙	天干
	巳			地支
	정재			六神

③ 자녀가 태어나는 날을 말하다

팔자 중에서 자식이 태어나는 것을 살펴보는 것은 관살이 중(重)하면 관살을 억누르는 상관(傷官)과 식신(食神)년에 자식을 얻을 수 있습니다. 만약 관살이 경(輕)하면 관살을 생조하는 재성(財星)년이나 관살(官殺)년에 태어난다고 예측하면 됩니다. 또한 관살(官殺)이 경(輕)하고 식상(食傷)이 중(重)하다면 식상을 억제하는 정인(正印)이나 편인(偏印)년에 자식을 얻을 수가 있게 됩니다. 관살(官殺)이 중(重)하고 재(財)가 많으면 재성(財星)을 억제하는 비겁(比劫)이나 양인(陽刃)년에 자식을 얻을 수 있습니다.

④ 아들딸 구별법

이 자녀(子女) 추명법(推命法)은 【삼명통회】에 나온 학설입니다.

만약 나의 자녀를 잉태할 당시에 자녀 부친의 나이가 홀수이면 양효(陽爻), 짝수이면 음효(陰爻)를 위에 그립니다. 만약 나의 자녀를 잉태할 당시에 모친의 나이가 홀수이면 양효(陽爻), 짝수이면 음효(陰爻)를 아래에 그리게 됩니다. 또한 잉태월이 홀수이면 양효(陽爻), 짝수이면 음효(陰爻)를 중간에 그려줍니다.

이렇게 되면 팔괘(八卦) 소성괘 하나가 형성이 됩니다. 건(乾), 진(震), 감(坎), 간(艮) 괘이면 아들이고, 태(兌), 리(離), 손(巽), 곤(坤) 괘이면 딸이 됩니다.

예를 들어 부친이 45세에 자녀를 부인이 잉태하였다고 하면 홀수이므로 위에 양효(陽爻)를 그려줍니다. 모친이 40세에 자녀를 잉태하였다고 하면 음수이므로 음효(陰爻)를 아래에 그려줍니다. 잉태월이 8월이라면 짝수이므로 음효(陰爻)를 중간에 그리면 됩니다. 소성괘 하나가 완성이 되는데 간괘(艮卦)이니 아들이라고 추명하는 것입니다.

4) 수명(壽命)의 길고 짧음을 보는 법

고가(古歌)에서 말하기를 수명(壽命)을 아는 자(者)는 드물다고 합니다. 이처럼 수명(壽命)을 아는 것은 천기(天氣)를 설(說)하는 것이니 팔격(八格)에서 꺼리고 혐오하는 것이 있는데 태세(太歲)와 대운(大運)에서 이것을 보게 되면 명(命)이 짧아지게 됩니다. 자평선생은 인수를 보면 천수(天壽)를 누리고 팔자가 균형을 이루면 역시 천수를 누린다고 하였고, 반면에 격(格)에서 꺼리고 혐오(嫌惡)하는 것을 보면 천수를 누리지 못한다 하였습니다.

천수(天壽)가 얼마나 되는지를 알아야 하는데 오행이 생왕(生旺)하면 최고로 강하고 귀(鬼)가 왕(旺)한데 일신(日身)을 극하면 단명(短命)이 되고 록(祿)과 재(財)의 기(氣)가 없으면 역시 재앙이 따르게 됩니다.

식신(食神)은 수명을 관장하는 것으로서 편인(偏印)을 보면 안 되는데 편재(偏財)가 와서 구조를 하지 않으면 가을 초목이 서리를 맞은 것과 같다고 했습니다.

수명(壽命)의 길고 짧음을 볼 때 대체로 일간이 생왕(生旺)하면 길고 사절(死絶)이 되면 요절(夭折)한다고 합니다. 비유하자면 나무의 뿌리가 깊으면 꽃받침이 튼튼한 것과 같고 수원(水原)이 깊으면 물줄기가 길게 멀리 가는 것과 같습니다. 수명(壽命)의 길고 짧음은 이처럼 자연의 이치와 같습니다. 무릇 수명(壽命)은 월상(月上)과 일상(日上)에 생왕(生旺)을 만나면 시상(時上)의 비록 사절(死絶)의 기(氣)가 있더라고 무방(無妨)합니다. 월상(月上)에는 사절(死絶)이고 일시(日時)에 비록 생왕(生旺)하면 기(氣)는 깊지 않습니다. 아마도 이는 생사(生死)의 고비를 넘기는 것과 같습니다.

월(月)과 일(日)에서 생왕(生旺)하고 시상(時上)에서 사절(死絶)이 되면 수명(壽命)은 45세에 지나지 않습니다. 월일(月日)에서 사절(死絶)이 되고 시상(時上)에서 생왕(生旺)하면 사망은 30세 전까지입니다. 특히 흉살(凶殺)이 추가(追加)되거나 혹은 오행(五行)이 팔자를 능욕(凌辱)하여 범(犯)하게 되면 필히 자식(子息)이 일찍 죽기도 합니다. 일반적으로 년(年)월(月)은 1세부터 30세 까지를 관장하고 일(日)은 31세부터 45세 까지를 담당하며 시(時)는 45세부터 100세 까지를 담당합니다. 혹 생왕(生旺)하거나 혹 사절(死絶)이 되는가를 자세히 살펴야 합니다. 대개 사람의 기(氣)가 모이면 살고 기(氣)가 흩어지면 죽습니다. 만약 기(氣)가 이운(二運)과 태세(太歲)에서 자식성(子息星)이 사절(死絶)과 쇠지(衰地)에 이르러 합(合)을 하거나 또한 태세(太歲)가 형극(刑剋)을 당하면 재앙(災殃)이 맞물리므로 사망하게 됩니다. 그것은 일신(日身)이 월일시(月日時)에서 기(氣)가 없는 경우에 해당이 됩니다.

무릇 명(命)중에서 생왕이 많고 또 살을 범하지 않으면 이에 응하여 질병이 적으며 또한 나중에는 편안히 죽음을 맞이하는데 짧은 시간에 죽음을 맞이하게 됩니다. 만약 사절이 많고 형(刑)과 살(煞)이 모여 중(重)하면 그 주인은 오랜 세월 불치의 병으로 초췌하며 고초로 인해 재앙이 있습니다. 무릇 왕성한 운에서 갑자기 사망하거나 혹은 록이 일어나는 중에 죽을 수 있습니다. 이러한 죽음을 중졸(中卒)이라 칭하는데, 대체로 노인이 행년에서 생왕하면 오랫동안 질환 등으로 고생을 많이 하다가 죽을 때 고생하면서 죽게됩니다. 그리고 행년에서 생왕하지 않고 기(氣)가 적으면 죽을 적에 질환이 없이 편하게 죽을 수 있습니다.

명에서 망신살과 대모살이 중첩하면 죽어서도 무덤이 파헤쳐진다고 합니다. 천간의 패지(敗地)와 사지(死地)가 서로 도적(盜賊)으로 연결이 되었다면 요절(夭折)할 운명이고 천간이 생왕지(生旺地)에 놓여 있다고 해도 파극(破剋)을 당하면 역시 요절(夭折)할 수 있는 팔자가 됩니다.

03 십신(十神)의 조합물(組合物)

십신끼리 모이면 특징적인 방향을 가리키는 조합들이 있습니다.

예를 들어 재성(財星)과 인성(印星)이 모이면 부동산(不動産) 구매력(購買力)이 일어나고 식상(食傷)과 인성(印星)이 모이면 기술(技術)협약(協約)이 일어나며 식상(食傷)과 관살(官殺)이 모이면 기술집약(技術集約)을 만들어내고 관살(官殺)과 비겁(比劫)이 모이면 군인(軍人), 운동선수 등의 단체(團體) 결성(結成)이 생겨납니다.

1) 재성(財星)은 목돈을 말하는 것이므로 그 해에 인성(印星)을 만나게 되면, 목돈을 주고 문서를 받는 상황이 발생하게 됩니다.

그러므로 이러한 양태(樣態)는 목돈과 문서를 주고받으므로 부동산거래 로 나타나게 됩니다.

그래서 인성(印星)과 재성(財星)의 합은 부동산 구매가 됩니다.

【예시1】편재를 주고 인수문서를 얻었으니 그 해에 땅을 구입했다.

時	日	月	年	세운	명조
		편인		편재	六神
庚	戊			甲	天干
	辰				地支
	편인				六神

【예시2】 갑진년에 부동산 매매에 성공할 수 있겠습니까?

時	日	月	年	세운	곤명
정재		겁재	편관	인수	六神
庚	丁	丙	癸	甲	天干
戌	亥	辰	卯	辰	地支
상관	정관	상관	편인	상관	六神

▶ 사/주/분/석

2024년 갑진년(甲辰年)은 정화(丁火) 일간(日干)에게는 인수(印綬)운(運)이 등장하는 것이니 올해 문서 사건으로 찾아 온 것입니다.

그런데 사주를 펼쳐 살펴보니 시간(時干)의 경금(庚金) 정재(正財)가 놓여 있는데 갑경충거(甲庚沖去) 보입니다. 이것을 해석하여 보니 갑경충(甲庚沖)이 되면 경금(庚金)은 동(動)하고 갑목(甲木)은 날아가는 상(像)이므로 문서는 남에게 건너가고 내 손에는 목돈이 들어온다는 상(像)으로 해석이 됩니다. 고로 올해 전반기 지나 후반기 들면서 매도(賣渡)에 성공할 것이니 문서 준비하라고 하였다고 합니다.

【예시3】 20억 부동산의 매도에 성공할 수 있을까요?

時	日	月	年	세운	건명
		인수	정관	편관	六神
戊	丙	乙		甲	天干
申	戌	巳		辰	地支
식신	겁재	편인		비견	六神
				乙癸戊	支裝干

▶ 사/주/분/석

갑진년(甲辰年)에는 진술충(辰戌沖)이 일어나는데 술토(戌土)에 병화(丙火)가 입고 될 수 있습니다. 그러면 문서 입고를 당하게 됩니다.

이게 무슨 사건으로 나타날 것인가?

이 팔자 주인공에게는 문서(文書)입고를 당하는 사건이 발생하는 것이니 내 문서가 없어지는 해가 될 것입니다. 만약 소송(訴訟)이라면 패소(敗訴)를 당하는 것이고 부동산매매라면 문서가 없어지는 물상이니 문서매도가 이루어진 겁니다.

진술충(辰戌沖)을 분석해보면 진술충이 되면서 병화(丙火) 문서(文書)는 입고되어 사라지고 진중(辰中) 계수(癸水)는 충출(沖出)됩니다. 그러면 진중(辰中)의 계수(癸水) 목돈은 일간과 무계합(戊癸合)으로 합재(合財)가 됩니다. 즉 나는 목돈을 챙기고 문서(文書)는 건네주는 사건이 진월(辰月)에 발생할 겁니다. 이것이 진술충(辰戌沖)의 풀이입니다.

2) 식상(食傷)은 나의 기술력 혹은 행태(行態)이므로 이것은 특정한 기술 서비스로 나타나게 됩니다. 그런데 인성운(印星運)을 만나게 되는 해에는 그런 나의 기술력을 알아주는 회사와 단독 계약서를 체결할 수 있게 됩니다. 그래서 인성(印星)과 식상(食傷)의 합(合)은 기술(技術)계약서(契約書)가 됩니다.

【예시4】 내 상관 기술력을 회사가 독점 계약하였으니 근로계약서이다.

時	日	月	年	세운	명조
		상관		편인	六神
庚		癸		戊	天干
					地支
					六神

3) 식상(食傷)은 나의 기술인데 관성(官星)의 해를 만나게 되면 나의 기술이 그 조직에서 쓰임을 받는다는 것이므로 기술집약(技術集約)의 형태가 됩니다.

【예시5】 칠살을 식신이 제살(制殺)하므로 화학공업회사에 근무한다.

時	日	月	年	명조
	식신		칠살	六神
丙	戊		壬	天干
				地支
				六神

4) 비겁(比劫)이 많은 사주는 경쟁자가 많다는 뜻인데 관살(官殺)의 해를 만나게 되면 어느 특정된 조직에 모든 경쟁자들이 집결(集結)한다고 보는 것이므로 이러한 형태는 경찰학교 혹은 운동선수들에게서 많이 나타나게 됩니다.

【예시6】 천간에 비겁이 태과한데 관격이니 검사출신이다.

時	日	月	年	명조
	비견	겁재		六神
庚	庚	辛		天干
	午			地支
	정관			六神

5) 인성(印星)과 편관(編官)의 조합은 임대(賃貸)계약서(契約書)가 됩니다. 즉 인성(印星)은 문서(文書)인데 편관(編官)은 가게 건물로 보는 것입니다. 그러므로 임대하려는 건물에 등기를 하는 모습이므로 임대계약서가 되는 것입니다.

【예시7】 편인이 편관과 합하니 그 해에 임대계약서를 작성하였다.

時	日	月	年	세운	명조
					六神
	癸				天干
			丑	酉	地支
			편관	편인	六神

04 삼명통회(三命通會)에서 논(論)하는 육친론(六親論)

1) 처(妻)

정재는 처(妻)이고, 편재는 첩(妾)에 해당합니다.

예를 들어 갑(甲)일생은 기(己)가 정재로서 처(妻)이며 무(戊)는 편재로서 첩(妾)이 된다고 하였습니다. 따라서 갑(甲)일간이 건왕(建旺)하면서 사주에 기(己)를 보면 정처(正妻)가 되며 기(己)토 정재가 계절의 령(令)를 얻거나 대운에서 왕(旺)함을 만나고 관성이 있으면 처(妻)는 현명하고 재주와 용모를 겸하고 있으며 또 처로 인해 귀(貴)해지는 것입니다.

시(時)와 년(年)에 인수가 있으면 처가 재력가의 후손으로 재물을 가지고 시집을 오거나 나중에 집안을 일으킨다고 생각했습니다. 만약 정재(正財)가 쇠약(衰弱)하고 편재(偏財)가 왕(旺)하고 현출(現出)하다면 이를 편처(偏妻)라고 부르는데 편재가 정처의 행세를 하게 되므로 정처(正妻)인 본가를 누르고 편재가 편처로 자리 잡는 것을 말합니다. 이로 인해 정처(正妻)는 첩과 록을 나누게 됩니다.

처(妻)가 왕하고 그 중 인은 쇠약(衰弱)하여 혹 사묘지(死墓地)에 거하게 되면 주인은 평생 힘든 삶을 산다고 하였는데 왜냐하면 재다신약(財多身弱)명이 되므로 처가 주를 기만하거나 혹은 처(妻)와 이혼하여 처(妻)가 타인에게 재가(再嫁)를 한다고 본 것입니다. 갑신(甲申) 갑술(甲戌)일생이 갑인(甲寅) 혹은 을묘(乙卯)월이면 팔자의 주인은 태왕한데 비록 처가 있어도 비견으로 인해 분탈을 하게 됩니다. 고로 이 사람은 그의 처가 타인에게 시집을 가지 않을까 혹 타인이 엿보지 않을까 혹은 처가 남다른 외부의 정이 있지 않을까 전전긍긍한다고 합니다.

2) 부모(父母)

부친은 편재이고 모친은 정인이 되는데 이것이 상해를 받지 않으면 소년시절에 부모로 인해 곤란한 것이 없습니다. 가령 경일(庚日)이면 갑(甲)이 편재로 부친이 되는데 주중에서 다시 경(庚)을 보거나 사유축(巳酉丑)으로 국(局)을 이루어 태과하면 이것은 곧 부친을 상하는 것입니다. 그러나 칠살이 있어서 설기하게 된다면 부친이 상하지 않게 됩니다. 일간이 건왕한 것이 있는데 가령 갑(甲)이 해묘미(亥卯未)인이 있거나 혹은 겨울생이면 부모(父母)가 화순(和順)하다. 혹은 부친이 나라의 봉록을 받는 사람이라고 판단합니다. 대체로 이렇게 추론하면 됩니다.

무(戊)일생은 정화(丁火)가 모친(母親)이 되는데 정재(正財)가 태중(太重)한 것을 꺼려합니다. 이것은 재가 인수를 극하면 탐재괴인이 되기 때문입니다. 원래 천간과 지지의 재성이 있는데 운이 재향(財鄉)으로 흐르면 인수를 극하여 일찍이 모친을 손상(損傷)하게 합니다. 그러나 지지에만 재가 있는데 운이 재향(財鄉)으로 흐르지 않는다면 모친을 극하는 것이 늦게 나타날 수 있습니다. 또한 사주에 정관이 하나 정도 있으면 태과한 재성이라도 설기하는공이 있으므로 그 모친을 극하지 않는다고 보았습니다.

무(戊)일생이 사주에 두 개의 이임(二壬)이 있으면서 이것이 득지하면 이것은 편재(偏財) 이위(二位)이므로 두 부친(父親)을 말하는 바, 그의 모친(母親)은 두 분의 남편을 가진다고 판단합니다. 또 정인(正印)은 모친(母親)이 되고 편인(偏印)은 계모(繼母)가 됩니다. 부모를 잃지 않고 모두 무사하다면 본인은 평생 조업으로 록(祿)을 이루고 우환(憂患)이 없다고 보면 됩니다.

3) 자식(子息)

자식은 관성입니다. 곧 관성이 득령하고 팔자에서 상관이 없어 충극을 하지 않고 더불어 일주(日主)가 스스로 건왕하다면 반드시 자식이 효도하고 후대에 영화롭고 번창 한다고 합니다. 가령 갑을(甲乙)일은 금이 자식인데 금이 왕(旺)하면 자식이 4명 이상이라고 합니다.

만약, 일(日)이 유약하고 살(煞)위에 앉아 있거나 혹 관성이 왕한 지지에 앉아 있으면서 또 삼형과 육해, 격각이 교차함을 당하거나 혹은 살(煞)이 국(局)을 이루면 자식은 많아도 모두 불효를 하고 자신은 자식과 헤어져서 타향으로 떨어져서 홀로 생활하게 됩니다.

일주가 태왕하나 공망 궁(宮)에 앉아 있거나 상관이 있어 자식을 극하거나 재가 욕지에 앉아 있으며 관성이 무기(無氣)하면 일생고독하게 되어 자식이 없이 말년을 보낸다고 합니다. 이런 사람은 편방(偏房)의 서출(庶出)이라도 두기 어렵다고 합니다.

또한, 시(時)에서 칠살이 태왕하거나 혹 칠살이 과다(過多)하게 제복이 되면 제살태과자리므로 남아(男兒)를 보기 어렵다고 합니다. 관살혼잡하거나 거류서배하여 청하지 않으면 양반의 자식이라도 투살자는 반드시 먼저 여아를 낳으며 칠살은 양자이거나 여아가 됩니다. 사대부명에서 아들이 있다고 한다면 관은 정출이고 살은 서출이 됩니다. 칠살이 중하면 여아이고 관성이 중하면 남아입니다. 간지로 남아 여아를 분간하는데 간지를 중첩해서 보면 남아 여아가 다 많다고 보는 것입니다.

시(時)가 공망이고 관살이면 자녀는 이삼(二三)명은 있습니다. 상관과 정관이 없으면서 재와 인이 있는 것은 별도로 보는데 인수는 여아이고 재성은 남아입니다. 만약, 상관으로서 성격이 되는 것으로 만약, 사주에 관살이 있으면 역시 아들이 있습니다.

그러나 공망이면 아들이 없을 수 있습니다. 만약, 상관이 칠살에 앉아 있는 경우 가령 병일(丙日) 기해시(己亥時)이면 역시 아들이 있습니다. 단, 아들과는 화순(和順)하지 못하다고 보면 됩니다. 자식이 태어나는 것은 관살이 중하면 상관식신년에 태어나고 관살이 경하면 재년이나 관살년에 태어난다고 보면 됩니다. 관살이 경하고 식상이 중하면 정인이나 편인년에 태어나고 관살이 중하고 재가 많으면 비겁이나 양인년에 태어난다고 보면 됩니다.

4) 형제(兄弟)

형제는 겁재(劫財)과 비견(比肩)이 되는데 갑(甲)이 을(乙)을 보고 을(乙)이 갑(甲)을 보는 종류입니다.

만약, 경일(庚日)이 인오술(寅午戌)에 앉아 있거나 사지(死地)나 묘지(墓地)에 임할 때 신유(辛酉)가 있으면 스스로 자왕(自旺)한 동생이 되며 일간은 허약한 것이므로 이때 재(財)가 득시(得時)하면 동생은 스스로 뛰어난 것인데 형은 동생보다 복이 모자란다고 평가를 합니다.

형제가 서로 화애(和愛)한가를 살피는 방법은 비겁의 강약(强弱)을 분별할 수 있으면 알 수가 있습니다. 예를 들어 형제끼리 불화(不和)하는 사주를 보면 사주에 경(庚)정(丁)과 병(丙)과 신(辛)이 함께 있는 유형이 많습니다. 곧 형의 관성이 동생의 본신을 극하는 경우입니다. 그렇게 되면 오행은 자연히 불화(不和)하게 되는 것입니다.

05 신봉통고(神峰通考)에서 논(論)하는 육친론(六親論)

1) 조상궁(祖上宮)

년상(年上)의 재관(財官)이 놓이게 되면 이것은 조종(祖宗)의 입신출세를 나타내므로 일찍 입신출세함을 알게 해주는 것입니다. 또한, 월상(月上)의 관살(官殺)이 놓이게 되면 이것은 그의 형제(兄弟)의 영락(凋零)을 나타냅니다. 또, 이르기를 년(年)은 조종(祖宗)의 흥폐(興廢)에 관한 일을 관장하고 월(月)은 부모(父母)의 머무름과 존속을 추론한다고 하였습니다. 그러므로 년(年)은 조상궁(祖上宮)에 속하므로 재관(財官)이 임하고 록마(祿馬)에 앉아 있으면 그 영현(榮顯)함은 당연한 이치라고 설명을 합니다.

반대로 조상궁에 비견(比肩) 겁재(劫財)가 앉아 있고 재관(財官)의 바탕이 될 만함이 없으면 이는 조상의 쇠락(衰落)을 나타낸다고 하였습니다. 그러므로 부모의 궁은 또 년상의 조상궁에도 해당되는데 월상(月上)의 형제 양궁과 서로 잘 빗대어 참고하여 보아야 합니다. 만약 년월(年月)에 재관(財官)이 없는 경우엔 모두 그 기본 뿌리가 천박함이고 그 고향을 떠나서 맨손으로 성가(成家)함을 말하는 것입니다.

2) 부모.형제궁(父母.兄弟宮)

월령의 관살이 사령하는 경우에는 이것은 형제의 손상을 나타내는데 비록 형제가 있어도 많은 경우에는 반드시 형제간에 다툼이 있다고 합니다 왜냐하면 비견 또는 형제의 성은 관살을 보면 극을 당하게 되는 것이니 형제의 손상은 당연한 것이기 때문입니다. 그러므로 이르기를 관살이 형제궁에 사령하여 배열한 것을 보고 형제의 장수(長壽)와 요절(夭折)을 파악하고 고로 월은 이에 문호가 된다고 하였던 것입니다. 또는 일간이 월(月)에 통기(通氣)하고 비견이 왕하면 대다수의 경우 형제가 기러기 떼처럼 왕성하게 일어난다고 하였는데 이치가 비록 이와 같으나 역시 그 변화되어 통하는 바를 중요시해야 합니다. 일간이 근이 많고 비견이 태왕한 경우 역시 잘 대조해보고 형제가 많은 인연으로 겁재신(劫財神)이 온 경우에는 이 또한 비견태과를 억제할 수 있는 관살을 기뻐하며 그래야 형제를 얻게 됩니다.

3) 부모성(父母星)

편재(偏財)는 아버지로 비겁(比劫)이 중중(重重)하면 부친(父親)을 손상케 합니다. 정인(正印)은 어머니로 재성(財星)이 왕한 곳에 놓이면 필시 어머니에게 손상이 있습니다.

4) 자식성(子息星)

관살(官殺)로서 자식을 삼는데 상관과 식신이 많으면 관성을 극하므로 반드시 자식에게 손상을 입히게 됩니다. 만약 관살이 태중(太重)한 경우에는 일간인 주인을 극제하여 자기 자신을 죽음에서 벗어나기도 힘든 것이니 어찌 또 자식을 낳을 생각을 할 수 있겠습니까.

그러므로 이런 경우는 필히 식신이나 상관으로 관살(官殺)을 제어(制御)해야 비로소 자식을 낳을 수 있는 것입니다. 만일, 재관(財官)이 왕(旺)한데 일주가 약한 경우가 있는데 이런 경우는 부친(父親)의 가문(家門)은 흥(興)하고 모친(母親)의 집안은 쇠퇴함이 분명합니다.

왜냐하면 대개 재관(財官)은 부친(父親)의 집안을 말하므로 재관(財官)이 왕한 즉 인수(印綬)를 극하므로 부친(父親)가문(家門)은 흥성(興盛)하고 모친(母親) 가문(家門)은 쇠(衰)하다고 본 것입니다.

그런데 재는 능히 모친을 상하게 할 수 있고 관살은 능히 형제를 극할 수 있음이니 다수가 부모형제의 영락을 나타낸다고 보면 됩니다. 또 여명에 식신과 상관이 많은 경우 정(精)과 신(神)이 새어나가 손상됨으로 자식을 낳을 수가 없다고 하며 이런 경우는 반드시 인성으로 그 자식을 손상케 함을 기뻐합니다. 곧 그 흩어진 정기를 다시 회복한 후에야 비로서 자식을 나을 수 있는 것입니다.

만일 여자 사주에서 식신과 상관이 적다면 인성을 싫어하는데 그 식신 상관인 자식을 손상케 할 수 있기 때문입니다. 만약 진술축미의 4자가 전부 있다면 천지의 4감옥에 앉아 있는 것이니 어찌 자식을 쉽게 낳을 수 있겠습니까. 만일 진술축미 중에 2자만 있게 된다면 역시 두려워할 것은 없습니다.

5) 처성(妻星)

여자 명조에서 부성(夫星)과 자성(子星)이 입묘(入墓)되는 경우에는 역시 이런 묘고(墓庫)가 많은 경우에 해당하므로 그의 남편과 자식을 어렵게 합니다. 이것은 남녀가 모두 해당됩니다. 고로 처성(妻星)과 부성(夫星) 혹은 자녀성(子女星)이 이런 묘고(墓庫)를 범함을 꺼립니다.

이것에 대해 논한다면 남녀 모두 팔자에 병이 있다고 판단하는 것인데 혹 그 병을 제거할 수 있다면 그 사람은 처(妻)와 남편과 자녀가 해로(偕老)할 수 있다고 보면 됩니다.

06 육친(六親) 잡론(雜論) 살펴보기

1) 남편에 해당하는 육친론

(1) 두개의 관성(官星)은 관성이위(官星二位)로 보는 것인데 고로 하나로 쓸 수 없으며 관성입묘(官星入墓)는 상부지상(喪夫之象)이요. 재성입묘(財星入墓)는 상처지상(喪妻之象)이다

(2) 신왕(身旺)하고 운(運)도 강(强)하면 일찍이 남편(男便)을 형상(刑傷)하고 합(合)이 많고 관(官)이 중복(重複)되면 창기(娼妓)의 명(命)이 된다.

(3) 가을의 수(水)가 통원(通源)하면 절개가 있으므로 눈동자를 깎아 수절(守節)을 지키고 겨울 금(金)이 수국(水局)을 이루면 청춘(靑春)에 과부(寡婦)가 된다.

(4) 지지(地支)에서 칠살(七殺)이 지장간에 숨겨지면 지아비가 편방(偏房)이 아니면 곧 본인은 과부(寡婦)이고 여인(女人)이 칠살(七殺) 양인(陽刃)을 만나면 간교(奸巧)하고 독(毒)하며 부귀(富貴)가 장구(長久)하지 않다

(5) 관(官)의 입고처가 있으면 지아비를 상(喪)하고 식신의 입고처가 있으면 자녀를 손상하게 된다. 관살(官殺)이 공망(空亡)이 되고 생조(生助)가 없으면 남편이 있어도 없는 것과 같고 일지(日支)가 관살(官殺)의 사묘절(死墓絶)이 되면 남편을 극한다.

(6) 화개(華蓋)가 관성에 임하면 승도(僧道)에 뜻을 두고 중관(重官)과 중인(重印)은 젊은 청춘(靑春)으로 지아비를 극(剋)하니 과부의 상이다.

(7) 원합(遠合)으로 일간이 두 관성(官星)에 정(情)을 두게 되면 지아비를 등지는 것이니 다른 남자를 찾으며 상관(傷官)으로 관성이 많거나 편인(偏印)으로 식신(食神)을 파(破)하면 자식을 버리고 남을 쫓아간다.

⑻ 관살(官殺)이 형충(刑沖)과 공망(空亡)을 만나면 시집가지 아니하고 부부(夫婦)가 되더라도 나뉘어 이별(離別)한다.

⑼ 인왕(印旺)하고 관성이 약하면 좌당(坐堂)에서 남편(男便)을 부르나 재다(財多)하고 신약(身弱)하면 고향(故鄕)을 떠나 남편(男便)을 구(求)하여야 한다.

⑽ 상관(傷官)이 일지 혹은 시(時)에 있으면 첫 배우자(配偶者)가 불미(不美)하고 나쁜 칠살(七殺)이 정관과 혼잡(混雜)하면 청춘(靑春)에 남편을 극(剋)할 수 있다. 남편(男便)을 공경(恭敬)치 않음은 모두가 관(官)이 약(弱)하고 신강(身强)하기 때문이다.

⑾ 관(官)이 있고 살(殺)이 투출(透出)하면 관살혼잡이니 원래 남편을 극(剋)하는데, 이별(離別)하거나, 혹은 첩(妾)이 된다. 또는 칠살(七殺)이 남편성(夫星)이면, 관운(官運)에 이르러 지아비를 형(刑)하고 정관(正官)이 부성(夫星)이면 살운(殺運)에 불화(不和)하고 혹은 밖에서 애인을 만나기도 한다.

2) 아내에 해당하는 육친론

(1) 시(日時)에 처자(妻子)가 많으면 처자(妻子)에 결함(缺陷)이 있고 일월(日月)이 충(沖)하면 역마가 되는데 조기(早期)에 집을 떠나 타향(他鄕)에서 성공한다.

(2) 관봉관운(官逢官運)에 경파분(鏡破分)이니 관(官)이 또 관운(官運)을 중관(重官)하여 만나면 부부이별이 있다.

(3) 정재(正財)가 약(弱)하고 숨어 있는데 편재(偏財)가 왕(旺)하게 투출(透出)하면 첩(妾)이 처권(妻權)을 빼앗고 또는 재성(財星)에 칠살(七殺)을 띠면 처(妻)가 사자(獅子)같이 사납고 혹 칠살(七殺)이 일지(日支)에 임하면 남편은 처(妻)를 두려워한다.

(4) 일지(日支)에 양인(陽刃) 편인(偏印) 칠살(七殺) 괴강(魁罡) 화개(華蓋)가 있으면 처(妻)의 성질(性質)이 보잘 것 없고 강직(强直)하나 신약(身弱)하여 양인(陽刃)에 의지(依支)하면 처(妻)로 인하여 힘을 얻는다.

(5) 금(金),목(木)이나 수(水),화(火)가 간지(干支)에서 상극(相剋)하면 부부(夫婦)가 심히 대립(對立)하고 2무(二戊)가 1계(一癸)를 합(合)하면 반드시 나이 차이가 나는 재혼녀(再婚女)를 취한다.

(6) 정재(正財)가 문창(文昌)이면 처(妻)가 학식(學識)과 정숙(貞淑)함이 있고 재성(財星)이 귀인(貴人)을 만나면 처가(妻家)가 반드시 귀(貴)하다

(7) 재성(財星)이 월령(月令)에 통문(通門)하면 재기통문(財氣通門)이라 하니 처가(妻家)가 필히 부자(富者)이고 재성(財星)이 곤지(困地)에 임하면 처(妻)의 병(病)으로 근심이 많다.

(8) 신왕(身旺)하고 시(時)에 겁재(劫財)가 많으면 여러 여자(女子)를 얻어도 모두 어질지 못하며 시간(時干)에 비겁(比劫)이 투출(透出)하여 정재(正財)가 상(傷)하면 처(妻)를 상(傷)하게 한다.

(9) 일지(日支)가 인(寅)신(申)사(巳)해(亥)로 많으면 극처(克妻)하나 재취(再娶)는 좋은 인연(因緣)이 되며 신약(身弱)하고 재왕(財旺)하면 처(妻)가 현명(顯名)하지 못하다.

(10) 일지(日支) 시지(時支)가 형(刑), 도화(桃花)이면 처(妻)의 인연(因緣)은 외부(外部)에서 만나게 되고 재성(財星)이 건록(建祿) 도화(桃花)이면 부부(夫婦) 금슬(琴瑟)이 좋다.

(11) 탐재괴인(貪財壞印)하면 처(妻)로 인하여 가정(家庭)이 깨지고 신약(身弱)하고 재생살왕(財生殺旺)하면 색정(色情)으로 몸을 망(亡)치게 된다.

(12) 재성(財星)의 입고처(入庫處)가 있으면 처(妻)를 이별(離別)하고 관(官)의 입고처(入庫處)가 있으면 자녀(子女)가 산망(散亡)한다.

(13) 재다신약(財多身弱)하면 돈이 없어 죽을 상(像)이요. 편재(偏財)가 많고 도화(桃花)를 두르면 처첩(妻妾)이 반드시 많다.

(14) 재(財)가 경(輕)한데 겁재를 만나면 사망(死亡)하고 양인이 중(重)한 가운데에 재(財)를 만나면 망(亡)한다.

(15) 양인(陽刃)이 충하면 성질(性質)이 악(惡)하고 화합(和合)함이 적으며 처(妻)를 취(取)하여도 손상(損傷)한다.

(16) 신약(身弱)하고 재다(財多)하면 공처가가 많고 관(官)이 적고 신약(身弱)하면 자녀를 잃는 슬픔이 있다.

(17) 함지(咸池)가 일궁(日宮)에 회합(會合)하면 처(妻)로 인(因)하여 부(富)를 일지(日支) 상관(傷官)은 남편(男便)을 무시(無視)하며 조석(朝夕)으로 바가지가 그치지 않는다.

(18) 비견(比肩)이 왕(旺)하여 겁탈(劫奪)하면 처(妻)가 어질지 못하고 도화(桃花)가 쟁재(爭財)하면 음란(淫亂)하여 탁(濁)하며 일지(日支)가 악신(惡神)을 생조(生助)하면 반드시 재혼녀(再婚女)를 처(妻)로 삼는다.

3) 자녀(子女)에 해당하는 육친론

(1) 정관(正官)이 장생(長生)에 들면 별방(別房)에서 첩의 자식(子息)을 두고 칠살(七殺)이 입묘(入墓)되면 자식(子息)을 조모(祖母)가 양육한다.

(2) 신왕(身旺)하고 시간(時干)의 상관(時傷官)을 놓으면 자식(子息)이 많고 신약(身弱)하고 시간의 상관(時傷官)을 두면 자식(子息)이 드물다. 상관(傷官)과 편인(偏印)이 모두 구비(具備)되어 있으면 서로 극하므로 자녀가 나약(娜弱)하고 처(妻)가 우매(愚昧)하며 자녀를 타향(他鄕)에서 상(喪)하게 한다.

(3) 재관(財官)이 사절(死絶)되면 양자(養子)를 들여야 하고, 여러 개의 관성을 보거나 식신을 파괴하면 극부극자(尅夫尅子) 한다

(4) 편인(偏印)이 일지(日支)의 식신(食神)을 탈식(奪食)하면 도식(倒食)이니 자녀를 해롭게 하므로 사산(死産)하게 되고 신약(身弱)하고 식신(食神)이 왕(旺)하면 자주 유산(流産)이 된다. 정인(正印)을 용(用)하는 사람이 편인(偏印)을 만나면 식신을 극하므로 자식궁(子息宮)이 불리(不利)하게 된다. 편인(偏印)이 식신(食神)을 만나면 자식(子息)이 적은 것은 의심(疑心)이 없다.

(5) 시(時)의 관성(官星)이 입묘(入墓)하면 임종시(臨終時)에 자식(子息)이 없고 관성(官星)이 삼합(三合)되어 왕(旺)하면 칠(七), 팔(八), 구(九)명의 자식(子息)이 있고 신왕(身旺) 살왕(殺旺)하고 식신(食神)을 보면 다섯명의 아들을 보고 한개의 식신(食神)이 청고(淸高)하면 3명의 아들을 둔다.

(6) 관살(官殺)이 진(辰),술(戌),축(丑),미(未)에 숨으면 외지에서 편방(偏房)을 취하여야 자식(子息)이 있고 식신(食神)이 없고 상관(傷官)만 왕(旺)하면 반드시 양자(養子)를 들여야 한다.

(7) 상관(傷官)이 많은데 칠살(七殺)을 만나면 자식(子息)이 있어도 불구(不拘)가 되고 신왕(身旺)하고 살인(殺印)이 시(時)에서 암합(暗合)하면 높이 될 자식(子息)을 낳는다. 시(時)에 상관(傷官) 기신(忌神)을 만나면 처(妻)가 난산(難産)으로 사망(死亡)하고 년에 칠살(七殺)을 만나고 월(月)에도 상관(傷官)을 만나면 형제(兄弟)가 갇히는 신세(身世)가 된다.

(8) 시상(時上) 일위편관(一位偏官)은 만년(晚年)에 일자(一子)를 얻고 상관견관(傷官見官)은 만년(晚年)에 성가(成家)한 자식(子息)을 잃을 수 있다. 건록(建祿)에 도화(桃花)가 있으면 양귀비의 미모(美貌)를 갖추지만 삼형(三刑)이 칠살(七殺)을 두르면 시종일관 자식(子息)을 극(剋)하고 남편을 상하게 한다.

(9) 남녀(男女) 모두 편인(偏印)이 중첩(重疊)하면 여자는 식신을 극하고 혹은 남자는 관성을 탈관(脫官)하므로 극자(克子)하기 쉬우며 자식(子息)이 있어도 고집(固執)이 세다.

(10) 시(時)의 관성(官星)이 입묘(入墓)하면 끝내 자식(子息)이 없고 관(官)이 삼합(三合)으로 유기(有氣)하면 칠(七) 팔(八) 구(九)명의 자식(子息)을 자랑한다. 관(官)이 상관(傷官)을 만나면 자녀가 각각(各各) 고향(故鄕)을 떠나 이별(離別)하고 관(官)이 약(弱)함에 상관(傷官)을 보면 자녀가 정상적으로 성장하기 어렵고 관(官)이 입고(入庫)에 임하면 자식(子息)이 흩어지고 재(財)가 입고에 임하면 처(妻)를 이별(離別)하게 된다.

(11) 일시(日時)의 간지(干支)에 살인(殺印)이 상생(相生)하면 자식(子息)에게 반드시 귀(貴)함이 있고 금수관살(金水官殺)인데 시(時)에 도화(桃花)를 띠면 자식(子息)을 낳고 화류계(花柳界)에서 생활(生活)한다

(12) 관살이 4고(四庫)에 숨겨지면 외부에서 편방(偏房)을 취하여야 자녀가 있고 상관이 왕하고 식신이 투출하지 않으면 반드시 양자(養子)를 기르게 된다.

(13) 상관(傷官)이 많은데 살(殺)을 만나면 자녀의 육근(六根)에 불완전(不完全)함이 있고 신왕(身旺)하고 살인(殺印)이 시(時)에 만나거나 암합(暗合)하면 임금의 자식(子息)을 생산(生產)한다.

(14) 남녀간(男女間)에 효인(梟印)이 중첩(重疊)하면 식신을 극하거나 관성을 탈관하므로 자식(子息)를 극(剋)할까 두려우며 자식(子息)이 있으면 고집(固執)이 너무 강(强)하다.

(15) 여자(女子)가 진(辰)술(戌)축(丑)미(未)가 전부 있으면 생자(生子)가 불능(不能)하고 관살(官殺)과 식상(食傷)이 묘고(墓庫)에 들어가도 또한 지아비와

자녀의 존립(存立)이 어렵다.

(16) 식신(食神)이 생왕(生旺)하면 사(四) 오(五) 육(六)명의 자녀 출산을 할 수 있고 관(官)이 많은데 인수가 화관(化官)하면 칠(七) 팔(八) 구(九)명의 자녀를 얻을 수 있다.

(17) 살(殺)이 양두(兩頭)에 만나면 늙음에 이르러도 마침내 후사(後事)가 없고 만년(晩年)의 칠살(七殺)은 주로 자식(子息) 때문에 곡(哭)하며 시(時)에 칠살(七殺)을 만나면 일찍 자식을 보기 어려우므로 늙어서 자식을 얻게 된다.

(18) 살(殺)이 중(重)하고 겁재가 많으면 지아비가 외지에서 사망(死亡)하고 상관(傷官)과 효신(梟神)이 둘 다 갖추었으면 자녀를 타향(他鄉)에서 잃는다. 상관(傷官)이 많아 칠살을 두르면 자녀가 절름발이가 아니면 곧 소경인 것이다

(19) 칠살(七殺)이 사(死)하는데 관(官)이 입묘(入墓)하는 운지(運地)를 만나면 자식(子息)을 극(剋)하고 관살(官殺)이 고지(庫地)에 숨겨지면 자식(子息)이 있되 편방(偏房)을 취해야 한다.

(20) 칠살(七殺)을 제살(制殺) 혹은 화살(化殺)함이 있으면 훌륭한 자식(子息)을 출산(出産)하고 식신(食神)이 많고 살(殺)이 약하고 일신이 유약(柔弱)하면 자식(子息)이 적거나 나약(懦弱)하며 발달(發達)이 없다.

4) 부모(父母)에 해당하는 육친론

(1) 부모(父母)가 재혼(再婚)함은 재성(財星) 이위(二位)로 인성(印星)에 임(臨)한 것이요. 양자(養子)가 되는 것은 재성(財星)이 장생지(長生地)와 묘고(墓庫)에 임(臨)하고 생궁(生宮)을 파(破)한 연고(緣故)이다.

(2) 인성(印星)이 재성(財星)과 암합(暗合)하면 모친(母親)이 부정(不貞)하고 중첩(重疊)된 인성(印星)이 도화(桃花)를 띠면 다른 모친(母親)이 있으며 중첩(重疊)된 상관(傷官)이 목욕(沐浴)과 합(合)되면 조모(祖母)가 2명이다.

(3) 정인(正印)을 쓰는데 편인(偏印)을 만나면 봄에 잎이 떨어짐과 같고 편인(偏印)을 만나고 정인(正印)을 만나면 나무가 봄의 영화(榮華)를 만난 것이다.

(4) 겁재(劫財)가 월간의 부궁(父宮)에 임하면 부친(父親)이 반드시 휩쓸려 넘어지고 월지의 상관을 두면 상관(傷官)이 모위(母位)에 승(昇)하므로 모친(母親) 역시 다병(多病)하다.

(5) 월간(月干) 겁재(劫財)이고 월지(月支) 편재(偏財)면 부친(父親)이 빈곤(貧困)하고 일월(日月)이 형충(刑沖)되면 모자(母子)가 불화(不和)하며 년월(年月)이 겁재가 많으면 부모(父母)가 불화(不和)가 많다.

(6) 정인(正印) 편인(偏印)이 이위(二位)인데 모두 왕(旺)하면 형제(兄弟)가 많아도 모친(母親)이 같지 않고 화격(化格)은 모두 형제(兄弟)가 시들고 쓸쓸하다.

(7) 편인(偏印)이 많고 목욕(沐浴)이 있으면 서모(庶母)의 인연(因緣)이 많고 재다신약(財多身弱)하면 여자(女子)는 또한 방탕하고 음란하다

(8) 인성(印星)이 겹치고 재성(財星)이 파겁(破劫)이 되면 엄(嚴)한 모친(母親)이 있다.

(9) 부(父)를 버리고 모(母)를 따르는 것은 편재(偏財)가 공망(空亡)이고 인수(印綬)가 왕(旺)한 까닭이다

(10) 어려서 부(父)가 사망(死亡)함은 편재(偏財)가 사절(死絶)함이고, 어려서 모(母)를 이별함은 재(財)가 많고 인(印)이 사(死)한 까닭이다.

(11) 편재(偏財)의 귀록(歸祿)은 부친이 반드시 재능(才能)과 품격(品格)이 두드러진다.

(12) 편재(偏財) 도화(桃花)는 부친이 바람을 피었거나 혹은 본인에게 처첩(妻妾)이 많고 편인(偏印) 도화(桃花)는 서모(庶母)가 많다.

(13) 비겁(比劫)이 거듭 재성(財星)을 암합하면 집사람이 안에서 난잡(亂雜)하고 인성(印星)이 암합(暗合)하면 모친의 마음이 부친에게 등을 돌려 간사(奸邪)할 것이다.

(14) 시모(媤母)에게 불효(不孝)함은 다만 편재가 약(弱)하고 비겁(比劫)이 중첩(重疊)됨이다.

5) 형제(兄弟) 자매(姉妹)에 해당하는 육친론

(1) 재성(財星)이 약(弱)하고 겁재(劫財)에게 피상(彼傷)을 당하면 형제가 가산(家産)을 패(敗)하고 양인(陽刃)이 많으면 망(亡)하는 형제가 많다.

(2) 관살(官殺)이 월령(月令)에 있으면 형제궁을 공격하기 때문에 형제(兄弟)의 수명(壽命)이 짧고 형제(兄弟)가 서로 다툼은 모두 재성이 약한 이유이고 겁재가 중(重)함에 원인(原因)이 있다.

(3) 여자(女子)가 신약(身弱)한데 재관(財官)이 왕(旺)하면 남편(男便)집은 흥(興)하나 모가(母家)는 쇠멸(衰滅)한다

(4) 관살(官殺)이 형제궁에 등을 돌리면 형제의 수명(壽命)이 요절하고 재관(財官)이 왕(旺)하고 일주(日主)가 약(弱)하면 부가(夫家)는 흥(興)하나 모가(母家)는 멸(滅)한다

(5) 관살(官殺)이 혼잡(混雜)하면 형제간(兄弟間)이 드물거나 적고 관살(官殺)이 혼잡(混雜)하고 재(財)가 많으면 여자(女子)는 주로 음탕하다.

(6) 월지(月支)가 절(絶)이 되면 형제(兄弟)가 없다.

6) 일간(日干)에 관한 육친론

(1) 일지(日支) 역마(驛馬)가 충(沖)되면 타향(他鄕)을 떠다니고 수(水)가 많아도 부목(浮木)이면 의지(依支)가 없으니 외방(外方)으로 떠다니며 목(木)이 화(火)에 종(從)하여도 타국(他國)과 인연(因緣)이 많다

(2) 술해(戌亥) 천문(天文)은 신(神)을 공경(恭敬)하고 정신(精神)을 연마(練磨)하며 화개(華蓋)가 공망(空亡)이면 승도(僧道)에 인연이 많다. 또한 자(子),오(午), 묘(卯),유(酉)가 희신(喜神)이면 학문(學問)과 재주(財主)가 풍족(豊足)하다.

(3) 양인(陽刃)이 가살(假殺)되어 맑으면 유력(有力)하여 고관(高官)이 되며 청(淸)하나 약(弱)하면 의사(醫師) 계통에서 성공하고 탁(濁)하나 유력(有力)하면 공과(工科)를 전공(專攻)하고 탁(濁)하고 무력(無力)하면 기예(技藝)의 종류(種類)가 된다.

(4) 정관(正官)이 패인(佩印)하고 재성(財星)을 올라타면 고위(高位)로 승진(昇進)하며 인격(印格)에 재(財)를 만나면 탐재괴인이 되어 직업(職業)을 파(破)한다. 재격(財格)에 인(印)을 만나면 문서이동이 발생하니 직장(職場)을 이동(移動)한다. 년월(年月)의 관성(官星)은 조년(早年)에 벼슬에 나가고 일시(日時)의 정귀(正貴)는 만세(晩歲)의 명성(名聲)을 이룬다.

(5) 정임합(丁壬合)에 도화살인 묘(卯)와 유(酉)를 보면 음란(淫亂)한 소생(所生)이요 정임합(丁壬合)이 태과(太過)하고 도화지합(桃花之合)이 구성이 되면 음란(淫亂)하게 된다.

(6) 왕자(王者)가 입묘(入墓)되면 흉(凶)하고 쇠자(衰者)가 입묘(入墓)되면 길(吉)하다. 사주에 진술충(沖)이 다시 충(沖)을 보면 형벌을 받는다.

(7) 운(運)에서 원진(元辰)을 만나면 모름지기 요절(夭折)을 당(當)할 수 있으며 병자(丙子), 신묘(辛卯)가 상형(相刑)하면 곤랑도화(滾浪桃花) 이니 황음(荒淫)하여 주색(酒色)에 빠지게 된다.

(8) 관성이 묘지(墓地)에 들어가는 사람은 파극(破剋)을 당하면 재물을 퇴거(退去)당하고 식신(食神)이 효신(梟神)을 만나면 가업(家業)이 망하지만 정

인(正印)이면 가산(家産)을 증진(增進)한다. 빈천(貧賤)한 자(者)는 모두 관성(官星)이 상(傷)한 까닭이요 고빈(孤寡)한 자(者)는 다만 재신(財神)이 겁탈(劫奪) 당한 때문이니라. 재(財)가 왕지(旺地)를 만나면 사람이 복(福)됨이 많고 관(官)이 장생(長生)을 만나면 명(命)이 반드시 영화(榮華)로우니라.

(9) 인수(印綬)가 손상을 당하면 조업(祖業)을 지키기 어렵고 재(財)가 경(輕)한데 겁재가 손상을 입히면 풍류낭탕(風流浪蕩)의 사람이 된다.

(10) 신왕(身旺)한 사주가 상관(傷官)이 있고 재(財)를 만나면 몸이 귀해져 봉황대(鳳凰臺)에 오르고 상관(傷官)과 양인(陽刃)이 모두 칠살(殺)을 제(制)하면 등청(登廳)하게 된다.

(11) 상관(傷官)이 재성을 만나면 부귀(富貴)가 자연히 찾아오고 상관(傷官)이 상관(傷官)을 중첩하여 만나면 만경(晚境)이 처량(凄凉)하며 상관(傷官)이 관도(官途)에 들어가면 군자(君子)가 파직당한다.

(12) 식신(食神)이 수(水) 편인에 들어가면 몸을 파도(波濤)에 던지고 식신(食神)이 효신(梟神)을 만나면 도로(道路)에서 객사(客死)한다.

(13) 비겁(比劫)이 중중(重重)하면 말에 밟히거나 바위에서 손상(損傷)되고 재(財)와 인(印)이 교차(交叉)되어 만나면 파도(波濤) 속에서 사망하며 중살(衆殺)이 거듭되면 강물에 투신하거나 자살하게 된다.

(14) 괴강(魁罡)에 칠살(七殺)은 성격(性格)이 오만(傲慢)하고 강강(强剛)하며 살(殺)이 중(重)하고 양인(陽刃)이 약하면 강도(强盜)하기를 좋아한다.

(15) 재성이 절(絶)하고 관성이 휴수(休囚)하면 출가하여 승도로 나가고 관(官)이 쇠(衰)하고 일주가 왕(旺)해도 고향을 떠나 참선(參禪)을 한다.

(16) 관(官)이 약(弱)하고 재(財)가 강(强)하면 먼저 첩(妾)을 들이고 후(後)에 처(妻)로 한다. 관(官)이 왕(旺)하지만 재(財)가 절(絶)하면 귀(貴)하여도 종내(終乃) 현영(顯榮)치 못하고 관성(官星)이 충파(沖破)되면 또한 형관(刑官)으로 귀(貴)하되 오래가지는 못하며 재관(財官)이 모두 공망(空亡)이면 중도(中途)에서 처자(妻子)를 손상(喪傷)하고 상관(傷官)과 양인(陽刃)이 월시(月時)에 있으면 장성한 자식의 탄식(嘆)이 있다.

(17) 심안(心眼)으로 만권(萬卷)을 통달(通達)한 자(者)는 모두 일주(日主)와 관(官)이 모두 왕(旺)하기 때문이요. 서시(西施)와 같이 미모(美貌)인 것은 금백수청(金白水淸)하기 때문이다. 학문을 하여 성공(成功)이 있는 것은 시(時)가 장생(長生)을 만남이요 학문(學問)을 많이 하고도 성공(成功)이 적음은 일간(日干)이 절(絶)을 만남 까닭이다.

(18) 효신(梟神)과 칠살(七殺)이 양투(兩透)하면 겉으로는 유화(柔和)하여도 내심(內心)으로는 표독하며 상관(傷官)과 칠살(七殺)이 양투(兩透)하면 부모(父母)를 만나도 또한 정(情)을 느끼지 못한다.

(19) 순음(純陰)으로 효신(梟神)과 식신(食神)이 투출(透出)하면 마음은 독(毒)하나 말은 달콤할 것이요. 신약(身弱)하고 인성(印星)이 없는데 충을 만나면 조금도 주체성(主體性)이 없다.

(20) 천간(天干)에 살(殺)이 나타나 제(制)함이 없는 자(者)는 천(賤)하고 지지(地支)에 재(財)가 복장(伏藏)되어 암생(暗生)하는 자(者)는 기특(奇特)하며 천간(天干)의 비겁(比劫)은 주(主)로 처(妻)를 극(剋)하고 시위(時位)의 양인(陽刃)은 주로 자식(子息)을 극(剋)한다.

07 육친(六親) 통변 사례

【예시1】비겁이 고중(庫中)에 있고 충파(沖波)되면 형제가 요절한다.

時	日	月	年	건명
편인		정재	장재	六神
庚	壬	丁	丁	天干
戌	辰	未	酉	地支
편관	편관	정관	인수	六神
관	묘	양	욕	12운성

▶ 사/주/분/석

이 명조는 본인 출생(出生) 전(前)에 형(兄)이 요절(夭折)했다고 합니다. 사주에 관고(官庫)를 가지거나 인수고(印綬庫) 혹은 재고(財庫)를 가진 팔자(八字)는 반드시 육친(六親)의 문제점을 짚을 줄 알아야 합니다.

만약 관고(官庫)를 가진 여자는 부성입묘(夫星入墓)에 해당하는가를 살펴야 하고 남편의 움직임을 요주의 관찰해야 합니다. 만약 인수고(印綬庫)를 가진 팔자는 모친(母親)의 변고(變故)를 관찰해야 하고 재고(財庫)를 가진 남자는 처성(妻星)의 문제가 일어나는가, 살펴봐야 하는 것입니다. 또한 비견(比肩)의 고(庫)를 가진 팔자는 그의 형제 사망도 확인해 봐야 합니다.

고로 이 명조는 임진(壬辰)은 동주고(同柱庫)이므로 진술충(辰戌沖)이 되면 수시(隨時)입고처(入庫處)에 해당합니다. 이것은 고지(庫地)가 개방(開放)이 된 것으로 판단하지만 다만 년지(年支) 유금(酉金)에 의해 진유합(辰酉合)으로 되면 고문(庫門)이 어느 정도 닫히게 되어 안전 할 수입니다. 다만 진술충(辰戌沖)이 대세운에서 작용(作用)하면 일간(日干)의 고는 언제든지 개방(開放)이 되므로 일간(日干) 혹은 비견(比肩)이 입고(入庫)되는 상황에 처해질 수 있습니다. 본인 입고이면 사고, 사망일 수 있지만 다른 비견 육친성의 변고(變故)로 대체가 될 수 있습니다.

이것은 일간의 왕쇠(旺衰)를 판단하여 근본이 튼튼하다면 비견이 대신 입고가 될 수 있다는 말입니다. 그런데 만약 년간(年干)의 비견(比肩)의 존재가 있었다면 내가 태어난 후에 같이 성장하다가 형이 사망했다는 말이고 비견이 일체 없다면 출생 전(前)에 사망했다고 보는 것입니다. 따라서 이로 인해 일간이 겪는 고충으로 대변될 수 있습니다.

【예시2】 배우자궁(宮)과 성(星)이 절지가 되고 충거로 밀어내니 만혼(晩婚)이 되기 쉽다.

時	日	月	年	곤명
편인		인수	겁재	六神
己	辛	戊	庚	天干
丑	亥	寅	申	地支
편인	상관	정재	겁재	六神
		역마		신살

▶ 사/주/분/석

이 명조는 인중(寅中)의 병화(丙火)가 정관(正官)으로 남편성이 됩니다. 그런데 일간과 병신합(丙辛合)하는 상(像)이므로 유정(有情)하니 귀(貴)하게 볼 수 있습니다. 다만 일지(日支)의 해수(亥水)가 문제였는데 인중(寅中)의 병화(丙火)는 배우자궁에 놓인 해수(亥水)가 절지(絶地)에 해당하고 해중(亥中)의 임수(壬水)가 인중(寅中)의 병화(丙火)를 병임충거(丙壬沖去)하여 밀어내는 상(像)이라 결혼이 늦거나 결혼 성사여부가 불투명하게 되었습니다. 그러므로 현재 45세인데 오랫동안 사귀는 남자는 있었지만 현재까지도 결혼을 하지 못하였습니다.

【예시3】년 월 일(年 月 日)이 충파(沖波)하면 어려서 집을 떠나 양자(養子)로 입양(入養)될 수 있다.

時	日	月	年	건명
인수		비견	식신	六神
丙	己	己	辛	天干
寅	未	丑	丑	地支
정관	비견	비견	비견	六神
死	墓	墓	墓	12운성

▶ 사/주/분/석

이 사람은 어릴 적에 타인의 집에 양자(養子)로 들어갔다고 합니다.

사주(四柱)를 분석해 보면 다토(多土)하여 비견(比肩)이 태왕(太旺)한 중에 년간(年干)의 식신(食神) 신금(辛金)의 투출은 곧 매금(埋金)의 현상이 보이게 됩니다. 그런데 년간(年干)의 놓인 식신(食神)은 외조부(外祖父)에 해당하므로 외조부(外祖父)의 몰락(沒落)을 의미할 수 있는데 또한 년월(年月)과 일지(日支)가 축미충(丑未沖)을 하면 그의 조상의 기운이 단절(斷切)이 된 것임을 알 수 있겠습니다.

이것은 외가(外家)와 친가(親家)의 가업(家業)을 승계(承繼)하기 어려운 것으로 외톨이임을 분명히 말해주고 있습니다. 또한 일간 기토(己土)는 년월일(年月日)이 모두 묘지(墓地)에 처(處)한 상황이라 일가(一家)에 의지할 구조가 안 되는 것입니다. 그래서 이런 구조는 남의 집에 입양이 되거나 혹은 어려서 고향(故鄕)을 떠나 타향(他鄕)에서 성가(成家)해야 할 팔자라고 말했던 것입니다.

【예시4】 년지에 양인이나 기신이 있으면 조부 때에 말아 먹었거나 형상(刑傷)이나 악질(惡疾)로 제 명(命)에 죽지 못했다.

時	日	月	年	건명
상관		편관	편인	六神
己	丙	壬	甲	天干
亥	子	午	午	地支
편관	정관	겁재	겁재	六神
絶	胎	刃	刃	12운성

▶ 사/주/분/석

이 명조는 오월(午月)의 병화(丙火) 일간이므로 양인격(陽刃格)에 해당하는데 년지(年支)와 월지(月支)에 두 개의 양인(陽刃)이 형살(刑殺)을 놓고 있습니다. 곧 오오(午午)가 형(刑)하는데 일지(日支) 자수(子水)도 자오충(子午沖)을 하므로 양인(陽刃)의 형살(刑殺)을 충동(衝動)하는 구조가 되어 있습니다.

이런 경우는 년지(年支), 월지(月支)에 해당하는 시기에 양인(陽刃)의 준동(蠢動)이 발생할 소지(素地)가 매우 크다고 보면 됩니다. 그러므로 이 남자는 년주(年柱)에 양인(陽刃)이 있는데다 형충(刑沖)을 만났으므로 그의 조부(祖父)가 폭력배인데 맞아 죽었다고 합니다. 왜 본인(本人)이 아니고 조부(祖父)가 죽어야 하는가 하면 년간(年干)의 갑목(甲木) 편인(偏印)은 조부성(祖父星)에 해당하는데 갑오(甲午)가 사지(死地)에 자리잡은 가운데 오오형(午午刑)하기 때문입니다.

【예시5】배우자궁에 양인이 있으면 배우자를 극하니 그의 남편은 다사다난 (多事多難)하다.

時	日	月	年	곤명
인수		정관	정관	六神
辛	壬	己	己	天干
亥	子	巳	亥	地支
비견	겁재	편재	비견	六神
	刃			신살

▶ 사/주/분/석

임자(壬子)일주는 일인(日刃)인데 배우자궁에 양인(陽刃)이 놓이면 그 부궁(夫宮)을 공격하므로 해당 육친은 곤경(困境)에 처해질 수 있습니다. 그런데 년월간(年月干)에 투간(透干)한 기토(己土)는 정관(正官)이므로 나의 남편성이 맞습니다. 그러나 중관(重官)의 구성이고 일지궁(日支宮)에 12운성을 조율(調律)해보면 기토(己土)는 자수(子水)가 절지(絶地)에 놓인 것을 알 수 있습니다.

그런데 년지(年支)와 월지(月支)가 사해충(巳亥沖)으로 크게 흔들리므로 정관(正官)이 의지할 데가 없는 것입니다. 고로 이 사람은 남편과의 인연이 박(薄)하여 남편이 집을 나가버렸고 다시 남자를 사귀었는데 남자가 몸이 약하여 혼인이 깨졌다고 합니다.

【예시6】 정관을 원진(元嗔)하면 이별수가 있다.

時	日	月	年	곤명
인수		식신	겁재	六神
庚	**癸**	**乙**	**壬**	天干
申	**巳**	**巳**	**戌**	地支
인수	정재	정재	정관	六神

▶ 사/주/분/석

이 명조에서 년지(年支)의 정관(正官)은 내 남편성(男便星)에 해당 됩니다. 그런데 일지(日支)와 월지(月支)에서 출궁(出宮)한 사화(巳火) 2개가 정관을 쌍(雙)원진(元嗔)이 된 경우입니다. 그러므로 남편과는 의기투합이 잘 안되고 하는 일마다 성격 차이로 갈등 하다, 이혼하게 되었습니다.

【예시7】 상관이 먼저 나오고 후에 식신이 보이면 첫 득남을 한다.

時	日	月	年	곤명
편인		식신	상관	六神
甲	**丙**	**戊**	**己**	天干
午	**子**	**辰**	**丑**	地支
겁재	정관	식신	상관	六神

▶ 사/주/분/석

상관(傷官)과 식신(食神)이 투간하였는데 식상관(食傷官)의 태과(太過)로 자식을 두기 어렵다고 보았는데 자진(子辰) 합수(合水)하여 진토(辰土)를 물로 변하게 하고, 시(時)의 갑목(甲木) 편인(偏印)으로 태과한 식상을 소토(燒土)하게 된 형국으로 득남(得男)에 성공하였는데 그 까닭은 년주(年柱)의 기축(己丑)상관의 기운은 아들이 되기 때문입니다.

【예시8】겁재가 태왕(太旺)한데 재성 처(妻)가 개두(蓋頭)가 되면 처(妻)가
　　　　질환으로 고생을 한다.

時	日	月	年	건명
편관		겁재	상관	六神
丙	**庚**	**辛**	**癸**	天干
戌	**寅**	**酉**	**巳**	地支
편인	편재	겁재	편관	六神

▶ 사/주/분/석

이 명조는 경인(庚寅)일주가 개두(蓋頭)가 된 상황입니다. 인목(寅木)이 개두
(蓋頭)가 되었다는 것은 부부궁(夫婦宮)에 놓인 재성(財星) 처(妻)의 상태가 무
척 답답하다는 증거가 되는데 월지(月支)는 양인(陽刃)으로 사유합금(巳酉合
金)을 이루어 아내를 극하는 기세(氣勢)가 더욱 거칠어 진 것입니다.

그렇다면 개두(蓋頭)로 짓누르는 경금(庚金)의 무게감은 더욱 늘어날 것이므
로 실제로 이 아내가 정상적인 생활이 불가능할 것임도 알 수가 있을 것입
니다. 그러므로 이 남자는 그 처(妻)의 신체가 몹시 허약하여 항상 병환(病
患)에 시달리고 있다고 말을 하였습니다.

【예시9】 자식궁에 자식성이 없고 형충극파되면 생식기에 병이 있다.

時	日	月	年	곤명
편인		식신	인수	六神
丙	**戊**	**庚**	**丁**	天干
辰	**戌**	**戌**	**卯**	地支
비견	비견	비견	정관	六神

▶ 사/주/분/석

이 명조는 자식궁에 편인(偏印)이 놓여 있어서 월간의 식신(食神)을 극하므로 탄(呑)을 구성하니 자식이 들어오기 힘들게 되어 있습니다. 더구나 일시(日時)의 진술충(辰戌沖)은 자식궁의 자리가 무척 흔들리고 있는 것입니다.

그런데 월간(月干)의 경금(庚金) 자녀성은 년간(年干)의 인수(印綬)로부터 극을 받는 동시에 시간(時干)의 편인(偏印)으로부터 극을 당하므로 편인도식(偏印倒食)의 운명에 처해 집니다. 고로 이 여자는 생식계통에 이상이 있어서 무자(無子) 팔자라고 합니다.

【예시10】 시상(時上)에 제화가 된 칠살이 놓이면 자식으로 인해서 부친이
　　　　 귀(貴)를 얻는다.

時	日	月	年	건명
편관		정재	편재	六神
辛	乙	戊	己	天干
巳	亥	辰	丑	地支
상관	인수	정재	편재	六神

▶ 사/주/분/석

이 명조는 시상(時上)의 편관(編官)이 일위(一位)로 사중(巳中)의 병화(丙火)와
병신(丙辛)암합이 되어 있습니다.

제화(制化)가 된 칠살(七殺)이 시상(時上)에 놓이면 시상일위편관(時上一位編官)
이라 하여 만년(晩年)에 본인이 귀(貴)하게 되거나 혹은 자식이 귀하게 됩니
다. 그 아들이 총명하고 현재 미국의 컴퓨터회사에 근무하고 앞길이 유망하
다고 합니다.

【예시11】 지전삼물을 훼손하는 편인 정화는 기신이니 제거하는 운에 대발한다

時	日	月	年	대운39	건명
정관		편인	식신	편재	六神
甲	己	丁	辛	癸	天干
子	丑	酉	巳	巳	地支
편재	비견	식신	인수	인수	六神

▶ **사/주/분/석**

이 명조는 사유축(巳酉丑) 삼합이니 전왕(全旺)해지므로 이런 경우는 순국(順局)사주가 됩니다. 고로 지전삼물(地全三物)이 되면 마땅히 천복지재(天覆地載)로 흘러가야 대길(大吉)한 겁니다.

그러하니 정화(丁火) 인수(印綬)는 기신(忌神)이 되는 겁니다. 고로 계수(癸水) 대운에 정계충거(丁癸沖去)로 기신(忌神)을 제거하면서 발복(發福)하는 겁니다. 이 사람은 30대는 고생했으나 40대부터 큰 부자가 됐다고 합니다.

육친(六親)의 동정론(動靜論)

1. 십이운성법(十二運星法)으로 육친의 왕쇠(旺衰)를 추리한다.

2. 십성(十成)으로 초년운과 말년운을 보는 방법.

3. 생극(生剋)의 선후에 따라 길흉이 달라진다.

4. 육친의 성공여부는 격국법을 따른다.

5. 지장간의 숨은 육친을 찾아내자.

6. 물상대체(物像代替)로 일어나는 육친 사건을 찾아내자.

7. 형충회합(刑沖會合)으로 변하는 육친을 읽어낼 줄 알아야 한다.

01 십이운성법(十二運星法)으로 육친의 왕쇠(旺衰)를 추리한다.

1) 12운성(運星)의 개요(概要)

12운성(運星)을 잘 운용하면 천간과 지지의 관계 분석이나 육친의 상태를 정확히 파악할 수 있습니다. 특히 세운에 적용하면 적중률이 매우 높아지며 12운성으로 성격, 체질, 직업 등을 판단하는 것이 가능합니다. 12운성은 일간에 적용하는 것이 있고 또 다른 천간의 육친을 월지에 놓고 비교하는 방식이 있습니다. 다만 일간을 기준으로 월지에 12운성을 보는 방식은 일간의 강약(强弱)을 보는 것이고 각 천간의 육친성을 지지의 대운과 세운에 적용하는 방식은 해당 되는 육친의 강약을 파악하기 위함입니다.

고로 12운성법은 그 효용성이 매우 높은데 재성은 육친으로는 아내 혹은 재물운에 해당하므로 12운성에 대입하여 관찰하면 그 육친의 기운이나 운동 방향을 분석, 파악하는데 대단히 유용(有用)하게 활용할 수 있습니다.

【12운성 표】아래는 12운성을 도표화 한 것입니다.

12운성	長生	沐浴	冠帶	建祿	帝王	衰	病	死	墓	絶	胎	養
甲	亥	子	丑	寅	卯	辰	巳	午	未	申	酉	戌
乙	午	巳	辰	卯	寅	丑	子	亥	戌	酉	申	未
丙戊	寅	卯	辰	巳	午	未	申	酉	戌	亥	子	丑
丁己	酉	申	未	午	巳	辰	卯	寅	丑	子	亥	戌
庚	巳	午	未	申	酉	戌	亥	子	丑	寅	卯	辰
辛	子	亥	戌	酉	申	未	午	巳	辰	卯	寅	丑
壬	申	酉	戌	亥	子	丑	寅	卯	辰	巳	午	未
癸	卯	寅	丑	子	亥	戌	酉	申	未	午	巳	辰

육친(六親)의 왕쇠(旺衰)를 판단하는 길은 12운성을 보고 판독해야 합니다. 예를 들어 일간 갑목(甲木)이 있다면 병화(丙火)는 식신(食神)에 해당하는데 이 병화(丙火)의 상태를 알기 위해서는 12운성으로 지지의 역량을 읽어내야 합니다. 그래서 오화(午火)는 제왕지이므로 이 병화(丙火) 식신(食神)의 육친은 건재(健在)하다고 보는 것입니다. 반대로 병화(丙火)가 묘지(墓地)에 놓이게 되면 육친의 힘이 약하다고 보고 인연이 깊지 않다고 평가하는 것입니다.

【예시1】병화(丙火)는 오화(午火)가 제왕(帝王)지이므로 건재하다.

時	日	月	年	명조
		식신		六神
	甲	丙		天干
		午		地支
		상관		六神
		제왕		12운성

【예시2】병화(丙火)는 술토(戌土)가 묘지이므로 인연이 깊지않다.

時	日	月	年	명조
		식신		六神
	甲	丙		天干
		戌		地支
		편재		六神
		묘지		12운성

【예시3】 정관과 인수가 년주의 건록, 장생이면 국가기관에 종사한다.

時	日	月	年	건명
비견		인수	정관	六神
己	己	丙	甲	天干
巳	酉	子	寅	地支
인수	식신	편재	정관	六神

▶ 사/주/분/석

년주(年柱)는 조상궁(祖上宮)으로 조상(祖上)의 영락(榮樂)을 보는 자리입니다. 그런데 그런 자리에 정관(正官)이 놓이게 되면 선대(先代)의 조상들이 높은 벼슬을 했다고 짐작할 수 있습니다.

그러므로 그런 자리라면 마땅히 선대(先代)의 영광(榮光)이 나에게 전해 내려오므로 가업(家業)을 승계(承繼)한다고 믿었던 것입니다. 고로 현대에 와서도 년주에 정관(正官), 인수(印綬), 식신(食神), 재성(財星)등의 4길신(吉神)이 존재하면 그런 팔자는 태어날 때부터 유복(裕福)했다고 추측(推測)을 할 수 있는 것이죠. 또한 월간(月干)의 병화(丙火) 인수(印綬)가 있으므로 병화(丙火)는 년지(年支) 인목(寅木)의 장생지(長生地)가 되므로 조상(祖上)의 후원(後援)을 크게 받는다고 이해하면 됩니다. 즉 이런 경우는 선조(先祖) 조상들의 가호(加護)가 있을 수 있고 또는 명성(名聲)이 있는 가문(家門)의 후손(後孫)임을 알 수가 있습니다.

그러므로 이 사람은 【적천수천미】에 소개가 된 명조인데 초년에 과거급제에 합격하여 어린 나이에 한림원에 들어갔는데 이름을 널리 알렸다고 합니다.

2) 12운성으로 재물운을 보는 방법

팔자에 정재(正財)와 편재(偏財)를 가지고 재물운을 파악합니다. 그래서 정재와 편재를 12운성으로 대운의 흐름에 맞추어 변화를 읽어내는 것이 요지(要旨)가 됩니다. 곧 사주팔자에 있는 정재(正財)가 록왕지(祿旺地)로 흐르면 재물운이 강한 것이며 반대로 사주팔자에 있는 정재(正財)가 병사지(病死地)로 흐르면 재물운이 약하다고 평가하는 것입니다.

【예시4】편재가 록왕지(祿旺地)로 흐르므로 돈을 벌수 있다.

時	日	月	年	곤명
편인		상관	편재	六神
甲	**丙**	**己**	**庚**	天干
午	**辰**	**丑**	**戌**	地支
겁재	식신	상관	식신	六神

78	68	58	48	38	28	18	8	
辛	壬	癸	甲	乙	丙	丁	戊	**大運**
巳	午	未	申	酉	戌	亥	子	

▶ 사/주/분/석

1년 전 학원을 인수 받아 경영하는데 현재 힘들다고 한다. 앞으로 괜찮아진다고 하는데 무엇을 보고 그렇게 말할 수 있을까.

이 명조는 상관(傷官)이 강하여 상관생재(傷官生財)하므로 말로 하는 사업이 좋다. 그런데 년간의 경금(庚金)이 편재(偏財)인데 이것을 12운성에 비교해 보면 앞으로 대운이 신유술(申酉戌)로 재성(財星)의 록왕지(祿旺地)로 흐르고 있다. 이것은 장래에 재물운이 늘어난다고 평가할 수 있으니 학원 사업이 수월하게 될 것이라고 말해줄 수 있다.

【예시5】 계사년(癸巳年)은 경금의 장생지이므로 협력 후원이 따른다.

時	日	月	年	세운	곤명
			편재	정관	六神
丙		庚		癸	天干
				巳	地支
				비견	六神

▶ 사/주/분/석

경금(庚金)을 재성으로 사용하는 사람이 계사년(癸巳年)의 금전운을 묻는다면 12운성으로 경금(庚金)은 사(巳)에 장생(長生)이다. 곧 올해에는 재성이 장생(長生)을 만났으니 후원과 협력자가 생겨나 금전운이 좋아진다고 해석을 한다. 일간 뿐만 아니라 천간과 지지의 모든 십간은 12운성으로 비교할 수 있다.

【예시6】 봄철의 나무라 명실공히 자신의 재물이다.

時	日	月	年	명조
			편재	六神
庚		甲		天干
	寅			地支
			편재	六神

▶ 사/주/분/석

인목(寅木)은 경금(庚金)의 재성(財星)에 해당하고 갑(甲)에 대해서 인목(寅木)은 건록(建祿)이다. 곧 재(財)의 활동이 활발하겠다.
건록은 활발을 의미하니까 봄의 나무, 명실공히 자신의 재물이다.
사업적인 활동을 하면 길하다.

【예시7】 가을철의 나무는 실익(實益)이 없으니 공익(公益)사업이 맞다.

時	日	月	年	명조
			편재	六神
庚			甲	天干
申				地支
비견				六神

▶ 사/주/분/석

경금(庚金)에서 갑목(甲木)은 편재(偏財)에 해당하고 신금(申金)은 갑목의 절지 (絶地)에 해당한다. 그러므로 신월(申月)에서는 목(木)의 활동 즉 재성이 절지 (絶地)라 힘이 없다. 가을의 나무는 실익(實益)이 없다. 실(實)이 없으므로 갑목 편재는 공익(公益) 재산(財産)에 가깝다. 그러므로 갑목이 힘을 얻는 해자축 (亥子丑), 인묘(寅卯)에서만 재물에 관여한다.

【예시8】 겁재와 묘지를 만난 재성은 지출수가 많다고 평가한다.

時	日	月	年	세운	명조
		정재			六神
戊	癸				天干
				未	地支
				겁재	六神

▶ 사/주/분/석

무토(戊土)일간은 계수(癸水)를 정재(正財)로 사용하는데 미년(未年)을 만났다. 올해는 겁재를 만난 것이고 또한 12운성으로 보면 계수(癸水)는 미토(未土) 라는 묘지(墓地)를 만난 것이니 내 정재를 탈재(奪財)하는 사건들이 많이 일 어난다. 올해는 돈의 지출이 많이 생겨난다.

【예시9】병든 본처(本妻)를 두고 장생의 첩(妾)을 따라간다.

時	日	月	年	명조
편재		정재		六神
丁	癸	丙		天干
	酉			地支
	편인			六神

▶ 사/주/분/석

계수(癸水)의 처(妻)는 누구인가. 처(妻)는 수극화(水克火)하는 정재 병화(丙火)
이다. 그런데 병화(丙火)와 처궁(妻宮)의 관계는 12운성으로 어떤 사이인가?
병화(丙火)는 유금(酉金)이 사(死)지이다.

곧 그의 부인이 사지(死地)에 처해 있다는 말이다. 그러므로 이 부인은 건강
하지 못하다 운에서 병화(丙火)를 보조(補助)하지 못하면 이 부인은 질환(疾患)
으로 고생한다. 또한 시간(時干)의 정화(丁火) 편재(偏財)는 첩(妾)이다. 곧 이
사람의 본처(本妻)는 병화(丙火) 정재(正財)이고 첩(妾)은 정화(丁火) 편재이다.

정화(丁火)와 처궁(妻宮) 유금(酉金)과의 사이는 장생(長生)이다. 그러므로 본처
(本妻)는 처궁이 사지(死地)에 처해 있고 첩(妾)은 장생하니 이 남자는 병든 본
처(本妻)를 나두고 첩(妾)을 따라간다.

【예시10】겁재와 묘지를 만난 재성은 지출수가 많다고 평가한다.

時	日	月	年	세운	명조
		정재			六神
戊	癸				天干
				未	地支
				겁재	六神

▶ 사/주/분/석

무토(戊土)일간은 계수(癸水)를 정재(正財)로 사용하는데 미년(未年)을 만났다. 올해는 겁재를 만난 것이고 또한 12운성으로 보면 계수(癸水)는 미토(未土)라는 묘지(墓地)를 만난 것이니 내 정재를 탈재(奪財)하는 사건들이 많이 일어난다. 올해는 돈의 지출이 많이 생겨난다.

【예시11】절지를 만난 재성이면 돈이 없다고 평가한다

時	日	月	年	세운	명조
		정재			六神
丁	庚				天干
				寅	地支
				인수	六神

▶ 사/주/분/석

정(丁)일간은 경금(庚金)을 재성(財星)으로 사용한다. 그런데 이 사람이 인(寅)년을 만났다면 재물운을 어떻게 평가해야 할까. 결론은 돈이 없다. 재성(財星)의 절지(絶地)를 만났기 때문이다.

02 십성(十成)으로 초년운과 말년운을 보는 방법

팔자(八字)를 분석하기 위해 년주궁(年柱宮), 월주궁(月柱宮), 일주궁(日柱宮), 시주궁(時柱宮)의 4기둥으로 분리하는데 이것을 보통 "근묘화실(根苗花實)"이라고 말을 합니다. 각 궁(宮)은 기간을 15년 주기(週期)로 하며 초년(初年)을 말하는 년주궁(年柱宮)은 1세부터 15세 까지를 말합니다. 월주궁(月柱宮)은 16세부터 35세까지를 말하고 일주궁(日柱宮)은 36세부터 45세까지를 말하며 시주궁(時柱宮)은 46세부터 65세까지를 말합니다.

그런데 지금은 의료기술의 발전과 보급이 향상되어 현대인의 수명 평균은 80세 이상이 되므로, 궁성의 나이도 늘어나 보통 20년 주기를 보기는 것이 합리적이라고 판단됩니다.

그래서 각자가 터득한 궁성법에 따라 나이 년(年)수를 적용하는 것이 올바른 것입니다. 이 궁성을 보는 법에 따라 초년운과 말년운을 추론할 수가 있는 것입니다. 즉 초년를 의미하는 년간의 글자가 월령의 용신을 돕는 것이 되면 초년에 발복(發福)한다고 생각하면 되는 것입니다.

또한 말년(末年)을 의미하는 시간의 글자가 월령의 용신을 극하게 되면 말년운이 나쁘다는 것을 파악할 수가 있는 것입니다.

그래서 술사들은 팔자(八字)에서 용신을 정한 후에 이 궁성법(宮星法)으로 팔자를 빠르게 판독할 수가 있었던 것인데 이것은 단식판단법이 아닌 것이고 자평명리의 정통법인 것입니다.

【예시1】선후(先後)에 따라 육친의 길흉이 변동이 된다.

	時	日	月	年
	편재			상관
	戊	甲		丁
		酉		
		정관		

갑(甲)일간이 유(酉)정관을 쓰는 정관격인데 사주 천간에 재성과 상관이 둘 다 투출했다고 할 때 그 앞과 뒤의 위치에 따라 차이가 발생합니다. 가령 갑목(甲木) 일주가 유월(酉月)에 생하여 정관격인데 상관 정화(丁火)는 앞에 있고 무토(戊土) 재성이 뒤에 있다면 초년에는 귀할 수 없으나 만년에는 발달할 것입니다. 왜냐하면 초년을 상징하는 년주궁(年主宮)의 정화(丁火)상관이 유금(酉金)정관을 극하면 흉해지는 까닭인 것이고 말년을 상징하는 시주궁(時主宮)의 무토(戊土)가 유금(酉金)정관을 생하면 팔자(八字)가 길해지기 때문인 것입니다.

【예시2】년주에 길신이 있으면 발전이 빨리 찾아온다.

	時	日	月	年
	상관			편재
	丁	甲		戊
		酉		
		정관		

그러나 만약 무토(戊土)가 앞에 있고 정화(丁火)상관이 뒤에 있다면 유금(酉金)정관이 재성(財星)의 도움을 받아 초년은 좋지만 말년은 상관의 작용으로 정관이 다치니 좋지 못하고 후사(後事)를 잇기 어려울 것입니다.

【예시3】 재성과 상관의 위치에 따라 흉길(凶吉)의 변동이 있다.

기토(己土)재성이 왕하여 유금(酉金)정관을 생해주고 있습니다. 초년궁에 정화(丁火)상관이 있으나 상관의 기(氣)가 기토(己土) 재성으로 화생토하여 흐르니 유금(酉金)정관을 손상하지 못하게 합니다.

따라서 초년운에 오히려 발복하게 되는 것입니다. 또한 말년에도 무토(戊土)재성이 유금(酉金)정관을 생하게 되는 것이므로 말년운도 길하다고 보는 것입니다. 그러나 만약 재성과 상관의 위치가 다르다면 그 결과가 달라지는 것입니다.

【예시4】 용신을 생조하는 길신이 년주에 놓이면 초년운이 좋다.

만약 반대로 계수(癸水)가 앞에 있고 기토(己土)가 시(時)에 있다면 인수를 생하는 것이므로 초년은 좋으나 말년은 기토(己土)의 극을 받게 되는 것이므로 처량(凄凉)할 것입니다.

【예시5】 용신을 제극하는 글자의 선후(先後)에 따라 길흉이 변동된다.

時	日	月	年
인수			정재
癸	甲		己
	子		
	인수		

월령에 자수(子水)가 있으면 인수격인데 식신과 재성이 둘 다 투출하여 인수를 파괴하는 경우에도 선후의 차이에 따라 그 결과가 달라집니다. 가령 갑목(甲木) 일주가 자수(子水) 인수를 쓰는데 기토(己土)가 앞에 있고 계수(癸水)가 뒤에 있다면 비록 부유하지는 못해도 그런대로 유복할 것입니다.

초년궁에 기토(己土)가 있어 자수(子水)인수를 극하면 좋을 리가 없는 것이고 말년에는 계수(癸水)가 자수(子水)를 도울 수 있으니 말년에 길해지게 되는 것입니다.

【예시6】식신을 극하는 편인이 년주에 있으면 초년운이 박복하다.

時	日	月	年
편재		식신	편인
丙	**壬**	**甲**	**庚**

식신격에 효신(偏印)은 식신을 극하므로 흉한 글자가 되는 것이고 재성은 식신을 설기하지만 상생하니 길한 글자입니다. 둘 다 투출한 경우에도 어느 것이 앞에 있고 어느 것이 뒤에 있는가에 따라 길흉이 달라질 것입니다. 가령 임수(壬水) 일주가 갑목(甲木) 식신을 쓰는데 편인 경금(庚金)이 앞에 있고 병화(丙火)편재가 뒤에 있다면 초년운은 경금(庚金)편인이 갑목(甲木)식신을 극충하여 불길하나 말년이 되면 병화(丙火)편재가 갑목(甲木)식신의 생을 받아 재물이 모아지는 것이므로 반드시 형통하고 부유할 수 있고 더 나아가 귀하게 될 수도 있을 것입니다.

【예시7】 식신을 극하는 십신이 시주에 놓이면 말년이 불운하다.

時	日	月	年
편인		식신	편재
庚	**壬**	**甲**	**丙**

그러나 만약 병화(丙火)편재가 앞에 있고 편인 경금(庚金)이 뒤에 있다면 초
년운은 갑목(甲木)식신이 병화(丙火)편재를 식신생재하므로 유복하게 태어나
기는 하였어도 말년에는 경금(庚金)편인이 갑목(甲木)식신을 극충하는 것이
되므로 부모로 받은 가업을 훼손하고 반드시 처량할 것임은 물론이려니와
부유(富裕)하지도 귀(貴)하지도 못할 것입니다.

03 생극(生剋)의 선후(先後)에 따라 길흉이 달라진다

월령의 용신을 사주에 배합하고 나면 팔자에는 가장 필요로 하는 글자가 있게 마련입니다. 이것이 격국용신이 되기도 하고 상신(相神)이 될 수도 있고 희신(喜神)이 될 수도 있습니다. 이처럼 귀한 글자가 생을 받아 왕(旺)하면 길해질 것이고 극을 받게 되면 흉해지는 것인데 이렇게 팔자를 합충(合沖)하여 생극하는 관계에 따라서 팔자(八字)의 길흉이 나눠지게 됩니다.

그런데 같은 생극하는 관계일지라도 글자가 앞과 뒤에 위치가 다름에 따라 길흉이 또 다시 변하니 이것이 명리의 오묘한 점인 것입니다. 즉 같은 팔자라도 이곳에 있으면 길하고 저곳에 있으면 흉하며 이곳에 있으면 용신이 되고 저곳에 있으면 쓸모가 없게 됩니다. 이러한 것을 거류서배(去留舒配)라고 밝히고 있습니다. 십간조합의 배치에 따라 빈부, 귀천, 수요가 모두 같지 않은 것은 이 변화의 다양함에 따라 나타나는 것입니다.

時	日	月	年
戊	丙	甲	癸
		寅	

병화(丙火)일간은 갑인(甲寅)월주를 만나면 인수격이 됩니다. 인수격에서는 관성의 생조가 좋은 것이므로 이 관성을 극하는 식상은 꺼리게 됩니다. 시(時)에 무토(戊土)가 계수(癸水)를 합하려고 하지만 갑목(甲木)이 극토(剋土)하므로 함부로 갑목(甲木)을 넘어서 무계(戊癸)합 할 수가 없습니다.

그래서 정관 계수(癸水)가 편인 갑목(甲木)을 생하고 무계합(戊癸合)이 성립되지 않아 무토(戊土)가 능히 일주의 기운을 설기하니 좋습니다. 무토(戊土)가 갑목(甲木)을 넘어 계수(癸水)와 합하는 것은 불가능하니 계수(癸水)정관이 살아나는 것이므로 대귀할 수 있는 것입니다.

```
時    日    月    年
甲    丙    戊    癸
           寅
```

만약 년월에 무계(戊癸)가 붙어 있고 시(時)에 갑목(甲木)이 있었다면 정관 계수(癸水)가 무계(戊癸)합거로 정관이 기반(羈絆)이 되어 파격(破格)이 됩니다. 그렇게 되면 팔자가 귀하게 되지 못하는 것입니다.

```
時    日    月    年
戊    丙    癸    甲
```

또는 갑년(甲年) 계월(癸月) 무시(戊時)라면 무계(戊癸)합이 되어 격국이 완전히 파격이 되었을 것입니다. 이처럼 무계합(戊癸合)이 떨어져 있는 원합(遠合)이라 해도 합하려는 힘은 있는 것이므로 합력이 30% 이상이 작용하는 것입니다.

```
時    日    月    年
丙    己         癸
           酉
```

병화(丙火) 일주가 유(酉)월에 났는데 정관(正官) 계수(癸水)와 상관(傷官) 기토(己土)가 붙어 있으면 상관견관(傷官見官)으로 흉하게 됩니다.

時	日	月	年
己	丙	辛	癸

그런데 만약에 년(年)에 정관 계수(癸水)가 있고 월간에는 신금재성이 있으며 시(時)에 기토(己土) 상관이 있다면 신금(辛金) 재성이 정관과 상관 사이에 있으므로 상관이 재성을 생하고 재성이 다시 정관을 생하므로 상관이 정관을 극하는 힘이 소실되어 소귀(小貴)할 수 있게 됩니다.

만약 정관계수와 상관 기토 사이에 재성 신금(辛金)이 없다면 기토(己土) 상관이 계수(癸水) 정관을 파손하니 영락없는 파격이 됩니다.

時	日	月	年
丙	辛	戊	壬
			申

신금(辛金)이 신월(申月)에 생하는 명조가 있는데 병화정관이 있다면 임수상관을 만나게 되면 상관견관이 되어 흉하게 됩니다.

따라서 년주에 임수(壬水) 상관이 있고 월주에 무토(戊土) 인수가 있으면서 시주(時柱)에 병화(丙火)정관이 있다면 정인 무토(戊土)를 사이에 두고 정관과 상관이 멀리 떨어져 있으므로 임수(壬水) 상관은 무토(戊土)인수의 극을 받기 때문에 정관 병화(丙火)를 극할 수 없으니 두려울 것이 없습니다. 그러므로 이런 격국은 귀하게 될 수가 있게 됩니다.

時	日	月	年
戊	辛	壬	丙

만약 년주에 정관 병화(丙火)가 있고, 월주에 상관 임수(壬水)가 있으면서 시주에 무토(戊土)가 있다면, 임수상관이 병화정관을 바로 극하게 되므로 귀하게 되기 어려운 것입니다.

時	日	月	年
壬	辛	丙	戊

또는 년주에 무토(戊土) 정인이 있고 월주에 정관 병화(丙火)가 있으면서 시주(時柱)에 임수(壬水) 상관이 있다면 임수(壬水)가 능히 정관병화(丙火)를 극하므로 귀할 수 없게 됩니다.

팔자 안에서는 글자끼리 멀리 떨어져 있더라도 합충(合沖)이 일어나지 않는 것이 아니라, 많고 적음의 차이가 있을 뿐으로 합충은 여전히 작용한다는 것을 명심하여야 합니다.

04 육친의 성공여부는 격국법을 따른다

육친의 통변을 하려면 격국과 상신이 상당히 중요합니다. 격국은 용신의 주체가 되는데 곧 주인공의 사회적인 직위나 직업 환경 등을 결정하고 상신은 그 사람의 보직을 결정하기 때문입니다.

이것을 기초로 하여 각각의 운로마다의 희기를 판별할 수가 있습니다. 그러므로 격국법에서 성격이 되었다고 판단이 되면 일단 그 격국법을 이루게 하는 육신의 공덕이 매우 크다고 보면 됩니다.

1) 정관이 재성과 인수를 만나면서 또한 형충파해(刑沖破害)가 없으면 정관격이 성격이 되었다고 합니다. 이 때 육친법에서는 재성과 인수가 길하게 작용하고 또한 서로 장애가 안 되므로 두 육친의 관계가 좋다고 평가를 합니다. 그러니 역시 격국이 성격(成格)이 되면 재성과 인수의 두 육친은 길하다는 사실을 알게 해주는 것입니다.

【예시1】편재가 진유합하고 계수는 상관으로부터 정관을 보호한다.

時	日	月	年	건명
			인수	六神
	甲		癸	天干
辰	酉			地支
편재	정관			六神

2) 월령이 재성(財星)인데 재왕생관(財旺生官)이 되면 재성이 관성을 생조하므로 재성의 육친이 이 사람에게는 귀하게 나타나게 됩니다.

곧 처복이 있다고 보는 것입니다. 이것도 역시 격국이 성격(成格)이 되면 재성과 정관의 관계가 올바르므로 재성으로 인해 발전하게 되니 아내덕이 크다고 보는 것이죠.

【예시2】 편재가 정관을 재생관하므로 처복(妻福)이 많았다.

時	日	月	年	건명
				六神
	甲			天干
	辰	酉		地支
	편재	정관		六神

3) 식신(食神)이 재성(財星)을 생하면서 신강하고 비견이 있으면 식신생재(食神生財)하는 격국이 이루어지므로 이런 경우 식신에 해당하는 육친의 덕이 크다고 평가하는 것입니다.

【예시3】 식신이 편재를 식신생재하니 자녀가 재물을 일으켰다.

時	日	月	年	곤명
		식신		六神
	丙	戊		天干
		申		地支
		편재		六神

4) 월령이 인수일 때 인수가 경(輕)한데 칠살이 있어서 약한 인수를 생조하면 이 사람은 살인상생으로 칠살로 인해 인수국을 형성할 수 있으므로 역시 칠살의 도움이 크다고 보는 것입니다 고로 남편복이 있다고 평가하는 것입니다.

【예시4】칠살이 인수를 살인상생하니 남편복이 적지 않았다.

時	日	月	年	곤명
		인수	칠살	六神
戊	丙	甲		天干
				地支
				六神

5) 식신과 칠살이 있고 재성이 없어 식신제살(食神制殺)의 격국을 완성하게 되면 이 사람은 칠살이 제복(制伏)이 된 까닭에 남편복이 있다고 평가할 수 있는 것입니다

【예시5】 식신제살로 제복이 된 칠살로 인해 남편복이 있다.

時	日	月	年	곤명
			식신	六神
庚		壬		天干
	巳			地支
	칠살			六神

6) 월령이 상관인데 재성이 있으면 상관생재(傷官生財)의 격국을 완성되는 것이므로 이런 사람은 장사수완이 남다르다고 하며 재성이 왕한 즉 재물복과 처복이 있다고 말할 수 있습니다

【예시6】 신자합수로 상관위재(傷官爲財)하니 재물과 처복이 많았다.

時	日	月	年	건명
				六神
	己			天干
		申	子	地支
		상관	재성	六神

7) 상관이 왕성한데 상관패인(傷官佩印)이 되면서 인수가 지지에 통근하면 이 사람은 인수로 인해 상관이 그 역할을 길하게 할 수 있는 것입니다. 고로 이런 사람은 모친의 도움이 길하다고 평가하거나 학문이 박식하여 학자로써 대성할 수 있다고 보면 됩니다.

【예시7】 갑목이 상관을 제복하여 일간을 생조하니 모친덕이 있었다.

時	日	月	年	건명
			인수	六神
	丁		甲	天干
		辰	戌	地支
		상관	상관	六神

8) 양인격(陽刃格)에 관살이 투출하여 양인합살(陽刃合殺)의 격을 이루게 되면 이런 사람은 사람들이 많이 따르고 남의 우두머리가 되며 또한 관살은 자식에 해당하므로 자녀복도 있다고 평가하는 것입니다

【예시8】 칠살로 인해 양인이 제복이 되니 자식복이 있다.

時	日	月	年	건명
				六神
	甲			天干
		卯	申	地支
		양인	칠살	六神

05 지장간(地藏干)의 숨은 육친을 찾아내자

인간사의 모든 길흉화복(吉凶禍福)은 사주팔자의 천간에 지장간 투출여부와 지장간의 형충합화(刑冲合化)에 의하여 정해지는 것입니다. 투출한다는 사실은 곧 정(情)이 동(動)으로 변하는 것을 말하는 것입니다.

그러므로 천간은 지지에 통근(通根)해야 좋고 지장간은 천간에 투출해야 귀하게 쓰이는 것입니다.

천간이 지지에 통근해야 좋다는 것은 예컨대 월간(月干)이 갑목(甲木)이라 한다면, 인(寅),묘(卯),진(辰),해(亥) 등에 뿌리를 내리는 것을 말합니다. 지장간은 천간에 투출해야 좋다는 것은 예컨대 월지(月支)가 사화(巳火)라고 한다면 사화(巳火) 내부에 있는 지장간인 무(戊)병(丙)경(庚)이 사주팔자의 천간에 투출해야 좋다는 뜻입니다.

즉 사중(巳中)의 병화(丙火), 정화(丁火)가 투출하면 좋고 사중(巳中)의 경금(庚金)과 신금(辛金)이 천간에 투출해도 좋다는 뜻입니다.

그러나 투출한 오행이 기신(忌神)이면 불운(不運)이 되고 만약 희신 투출이라면 사주가 매우 길하다고 말할 수 있습니다.

【예시1】 진술충(辰戌沖)이 되면 발생할 수 있는 사건.

時	日	月	年	곤 명
		정재	관성	六神
己	壬	甲		天干
	戌	辰		地支
	겁재	겁재		六神
	辛 丁 戊	乙 癸 戊		支藏干

▶ 사/주/분/석

진술충(辰戌沖)으로 구성이 되어 있는 사주라면 일단 지장간 내부의 싸움을 살펴봐야 합니다. 곧 진(辰)중의 을목(乙木)과 술(戌)중의 신금(辛金)이 암(暗)중에서 을신충(乙辛沖)하므로 을목(乙木)이 손상을 당합니다.

그 결과 만약 천간에 갑목(甲木)을 용신으로 사용한다면 갑목(甲木)의 뿌리가 손상을 당하므로 흉(凶)하게 되는 겁니다.

그러므로 갑목(甲木)에 해당하는 육친이 남편이라면 남편의 흉사(凶事)가 예상이 되는 겁니다. 만약 갑목(甲木)이 자녀라면 자녀 문제가 일어나게 됩니다.

【예시2】세운에서 만나는 진술충(辰戌沖) 사건.

時	日	月	年	세운	곤명
			관성	정재	六神
己			甲	壬	天干
			辰	戌	地支
			겁재	겁재	六神
			乙癸戊	辛丁戊	支藏干

▶ **사/주/분/석**

만약 여자 명조인데 임술년(壬戌年)이라고 가정해 보세요. 술토(戌土)가 들어오면서 진토(辰土)를 진술충(辰戌沖)한다면 그 해에 벌어지는 일들을 예상할 수가 있다는 겁니다. 그 해에 갑목(甲木)이 손상당하므로 갑목(甲木)이 정관이면 남편의 문제, 관소송이 발생할 수 있는 겁니다. 만약 갑목(甲木)이 식신이라면 자녀문제, 진학문제 또는 진로문제가 발생할 수 있는 겁니다.

남자명조라면 정관손상에서는 직업문제, 관재소송, 승진탈락문제, 불합격, 좌천문제, 자녀문제가 발생하게 될 겁니다. 마찬가지로 진술충(辰戌沖)이 되면 지장간의 정계충거(丁癸沖去)가 되므로 계수(癸水)도 손상당하고 정화(丁火)도 손상당합니다. 서로 상(傷)함으로 천간에 임수(壬水)를 용신으로 사용한다면 임수(壬水)의 뿌리가 손상당하는 겁니다. 정화(丁火)를 사용한다면 정화(丁火)의 뿌리가 손상당하는 겁니다. 그 결과 임수(壬水)와 정화(丁火)의 흉사(凶事)가 발생하게 됩니다.

그런데 정화(丁火)는 편인(偏印)에 해당하므로 그 해에는 모친과의 갈등 혹은 질환등에 주의해야 하고 임수(壬水)는 정재(正財)이므로 내 아내 혹은 부친성과도 연관이 있으니 아내의 변고, 질환 혹은 부친의 사건 등에 광범위한 적용이 필요한 것입니다.

【예시3】 내가 만난 여자마다 다른 남자에게 빼앗긴다.

時	日	月	年	건명
		비견	관성	六神
甲	甲			天干
戌	申			地支
편재	편관			六神
辛 丁 戊	己(妻) 戊 壬庚			支藏干

▶ 사/주/분/석

이 명조는 신중(申中)의 기토(己土)가 정재(正財)이므로 아내가 됩니다. 그런데 천간에 갑목(甲木) 비견이 놓이므로 분재(分財)의 상(像)이 되어 있습니다. 분재(分財)란 재성을 나누는 것이므로 이별수가 있게 됩니다.

그런데 기토(己土) 정재(正財)는 월지에 놓이고 비견이 자좌(自座) 암합(暗合)하였으므로 친밀하지만 일간은 옆에서 구경하는 사람으로 합하고자 하나 비견으로 인해 합하지 못하고 있습니다.

선합(先合)의 위치에 의해 월간의 비견이 먼저 합하는 것이므로 따라서 내가 만나는 여자는 모두 주인이 있는 남의 여자라는 말이 됩니다.

즉 남의 애인을 짝사랑하는 구조가 됩니다. 이런 경우는 내가 비견보다 더일찍 만난 여자라고 해도 비견에게 우선권이 존재하는 까닭에 월간 비견에게 빼앗긴다고 보는 것이 맞습니다.

06 물상대체(物像代替)로 일어나는 육친 사건을 찾아내자

어느 남자의 경우 어떤 해에 자신에게 있는 천간 재성(財星)의 간합(干合)이 이뤄지거나 혹은 재성이 충(沖)을 당해 소멸(消滅)되면 재성(財星)의 형태인 부인이 교통사고로 돌아가는 비운(悲運)을 당할 수가 있습니다. 그런데 재성인 처(妻)는 멀쩡한 반면에 그 대신 그가 소유한 재물을 크게 잃어버리는 사건을 경험하게 됩니다. 이것은 재성의 다른 기능인 재물로 물상대체가 일어나는 현상을 말하는 것입니다. 재성이라는 기운의 총량은 아내의 가치와 재물의 가치를 비교하여 손재수로 대신하고 있다는 점입니다. 이러한 손재의 변화가 우리의 운명에서 자주 바뀌어 일어나게 됩니다. 이러한 것을 명리학에서는 물상대체라고 말을 합니다.

일찍이 장자(莊子)가 말하길 하늘이 생물을 만들 때 이빨이 있으면 뿔을 주지 않고 날개가 있으면 다리를 2개만 갖게 하였다고 했습니다. 하늘의 뜻이 공평함을 역설하기 위해 내 놓은 근거가 상보(相補)의 법칙입니다. 이것은 현상전이(現狀轉移)를 설명하는 물상(物像)의 대체(代替)와도 비슷한 개념이 됩니다. 명리학에서는 이런 경우를 설명하면서 가령 지위가 높으면 자식이 없다거나 자식이 많으면 지위가 낮다는 식의 상보를 설명하였습니다. 또는 방탕하면 수명이 단축되고 검약하면 수명이 길어진다는 견해와도 같은 이치인 것입니다.

물리학에서도 이런 비슷한 경우를 두고 "질량보전의 법칙"이나 열역학에서 "에너지 보전의 법칙"으로 설명하고자 하였는데 상호 작용하는데 총량의 변함은 없다는 것이 핵심입니다. 즉 개개의 현상으로 부인의 사망을 재물의 손재수의 가치로 비교할 수는 없겠으나 재물이 들어오고 나가는 수치는 별개인 것처럼 보이겠지만 실제로는 재성이라는 공통적인 기운의 총량은 항상 유지된다는 사실입니다. 이러한 이치를 전제로 한 것이 개운법입니다.

개운(開運)이란 아내의 죽음을 대신할 어떤 다른 손재를 마련해 놓고 대신한다는 점입니다. 만약 어떤 남자가 부인이 건재하게 된다면 대신 재산이나 건강을 대체하여 잃게 될 수 있는데 곧 다른 현상이 일어나게 만들어 버린다는 것입니다. 이것을 명리학에서 인생 전반에 걸쳐 응용할수 있는 데 보통 "액땜"이고 "운명의 개선"이 되는 것입니다.

청대의 기효람(紀曉嵐)이 지은 열미초당필기(閱薇草堂筆記)에는 무수한 실화들이 담겨 있는데 주로 동일한 사주의 삶을 비교한 예들이 많습니다. 동일한 시간에 태어난 주인집 자손과 하인의 자손은 성장기에 같은 복록을 누리지 못해 하나는 일찍 죽고 하나는 오래도록 목숨을 부지했다는 사례를 들어 상보의 법을 논하고 있습니다. 또 같은 사주로 높은 지위를 누린 경우에는 말년이 처참하기도 하고 비교적 낮은 복록을 구가하는 이는 말년이 평안 했다는 식의 얘기로 전해지고 있습니다.

사주 명리학에서는 물상대체를 업상대체로 파악하는데 즉 직업적으로 활용했을 때 가장 확실한 개운책이 될 수 있다고 합니다. 즉 사주에 형살은 피(血)를 보는 직업이 우선이 되어야 한다는 점입니다. 고로 형살이 강한 사람은 의사를 비료한 다양한 의료 종사자, 군 검경관련 직업, 법무행정, 교정업무, 활인업 등의 직업을 통해 반복적으로 사주의 형살을 털어 버리게 되면 이런 반복적인 행위로 인해 업상대체가 되어 피흉추길(避凶追吉)이 가능해진다는 점을 강조하고 있습니다.

형살(刑殺) 총량(總量)의 법칙(法則)이 있어서 본인에게 주어진 형살(刑殺)의 양(量)은 어떻게든 본인이 해결해야 합니다. 따라서 형살을 직업적으로 풀어내지 않으면 건강이상이나 육친과의 관계 불안정 등이 직접적으로 표출이 되는 것입니다. 형살을 제거하지 못했으므로 현실적으로 형살이 가져다

주는 고충을 내가 감내 해야 한다는 뜻이 되기도 합니다.

세운(歲運)은 사건이나 사고 등 현실적으로 나타나는 득실(得失)의 개념이 있으므로 형살(刑殺)을 만나는 세운(歲運)은 사고수, 낙상수, 수술수, 관재수, 구설수, 송사수, 시비, 갈등, 분쟁, 질병등 인간사에 다양한 고통과 아픔으로 발현(發顯)이 됩니다. 또한 형살(刑殺)은 주변인들과 시비, 갈등의 상황을 만들기도 하고 관재, 송사와 같은 법적인 문제 상황을 야기(惹起) 할 수도 있습니다. 이러한 형살(刑殺)의 고충(苦衷)을 평소에 직업적인 행위를 반복하면서 털어버리는 것이 요지(要旨)가 됩니다. 이게 성공하면 직업적인 개운을 이루었다고 평가하는 것입니다.

형살의 피해 경감을 위한 액땜에는 어떤 현상을 말할 수가 있을까요.

액땜은 우리 주변에서 멀쩡하던 물건이 갑자기 부서지거나 사람의 인덕의 훼손, 남에게 심한 모욕을 당하거나 혹은 손재수의 발생, 건강의 불안 등으로 심리적인 교란 등이 발생하는 것입니다. 이것은 형살의 직접적인 사고를 작게 만들어 털어버리는 일련의 행위라고 보는 것입니다.

예를 들어 형살(刑殺)이 들어오는 새해에는 간단한 시술(施術)이나 미뤄왔던 수술(手術)로 병원 물상을 해소 해보는 것도 효과적입니다.

깎고 조정하고 변화시키는 충과 형살의 물상을 이용해 가정이나 사업장의 인테리어를 새로 교정해 보거나 가구나 집기 배치라도 새롭게 하는 변화를 추구 해보는 것도 좋습니다. 손재수로 나갈 재물을 년(年) 초에 미리 고아원이나 양로원 등에 기부 하는 것도 실천해 볼 수 있습니다. 건강상 문제를 일으켜 사고수나 수술수로 나타날 수도 있고 전자제품이나 각종 기계 등의 파손이나 고장 등으로 발현되기도 합니다. 한마디로 개운법이라 함은 일어날 수 있는 불길한 징조등에서 회피하는 것이 아니라 적극적으로 방책하는 결과로 우리가 성공적으로 얻을 수 있는 물상대체임을 알아야 합니다.

【예시1】 관귀(官鬼)가 일어나는 시기에는 주의가 필요하다.

時	日	月	年	세운	곤명
		식신		편관	六神
戊	**庚**			**甲**	天干
寅	**寅**			**辰**	地支
편관	편관			비견	六神

▶ 사/주/분/석

이 사주는 일지(日支)와 월지(月支)의 인목(寅木) 칠살(七殺)로 붙어 있어서 칠살이 중(重)한 사람인데 다행이 월주가 경인(庚寅)의 개두로 앉아 있습니다. 고로 제살(制殺)을 할 수 있지만, 갑진년(甲辰年)에 갑경충(甲庚沖)하면 칠살을 충동(衝動)하는 것이라 관귀발동(官鬼發動)이 일어날 수 있습니다.

그 징조(徵兆)가 계묘년(癸卯年)부터 여러 가지 우울증및 사고 등으로 나타나고 있었습니다. 일단 관귀(官鬼)가 발동하면 그 사람은 대흉(大凶)하다고 하는데 남편은 악사(惡死)할 수 있고 혹은 관공서 수뢰(受賂)사건이 일어나 남편이 감옥(監獄)갈 수도 있는 것입니다. 또한 본인은 정신질환을 호소하며 고생하기도 하였습니다. 시시비비가 그칠 날이 없다는 점이 특징입니다. 따라서 이러한 사주를 접하면 주의를 당부하면서 업상대체할 수 있는 방편도 함께 제시해 줘야 바람직한 것입니다. 즉 관귀(官鬼)가 발동(發動)한다는 것은 관재(官災) 사고(事故)가 많으므로 이 시기에는 일을 줄이거나 혹은 병가(病暇)를 미리 내어 관귀(官鬼)가 물어날 때까지 사찰에서 엎드려 기도하는 것도 좋은 방편이 됩니다.

【예시2】 물품을 기증한 공(功)으로 손재수를 액땜하였다.

時	日	月	年	세운	건명
		상관		편관	六神
乙	丙			辛	天干
	戌			丑	地支
	정재			편재	六神

▶ 사/주/분/석

이 사주는 월지 술토(戌土)에서 투간(透干)한 병화(丙火)가 상관격(傷官格)을 구성하고 있습니다. 그런데 용신(用神)이 병술(丙戌) 동주묘(同柱墓)로 구성이 되어 있어서 용신(用神)입고(入庫)가 발생할 수 있는 불안정한 구조입니다. 따라서 신축년(辛丑年)은 편관(編官)의 자좌입고(自座入庫)처 물상이므로 병술(丙戌)과 만나면 병신합(丙辛合)과 축술형(丑戌刑)으로 용신입고를 당하는 해가될 수 있었습니다.

그러므로 신축년(辛丑年)의 운기는 대패(大敗)할 수 있음을 짐작할 수 있었는데 올 해에는 허리디스크로 고생을 했다고 합니다. 그래서 초년에 특별한 활동이 없었는가 물으니 초년에 사무실을 정리하다가 천만원 상당하는 비품(備品)을 정리하여 복지단체에 기증(寄贈)하였다고 합니다. 감탄하면서 말하기를 올해는 대패(大敗)하는 운세였는데 이번 기증으로 당신의 손재수로 대행하였으니 허리디스크로 나타나 액땜을 한 것이 되었는데 이를 두고 물상대체(物像代替)가 이루어져 구제(救濟)받았다고 말을 하였습니다.

【예시3】 내 처가 다른 손재수를 가져 왔다.

時	日	月	年	세운	대운	건명
편관		비견	식신	정재	정재	六神
甲	戊	戊	庚	癸	癸	天干
寅	寅	子	戌	巳	巳	地支
편관	편관	정재	비견	편인	편인	六神

▶ 사/주/분/석

이 명조는 계사(癸巳)년에 대형 커피숍을 준비하던 사람입니다. 명조를 보니까 계(癸)대운에 정재가 들어오면서 비견과 무계(戊癸)합반이 되는 상(象)입니다. 그래서 말하길 "투자가 발생하나 투자자가 도망을 간다" 따라서 계사년(癸巳年)에 손재수가 크니 사업을 하지 말도록 당부하였습니다.

그런데 역시 작년부터 아무런 대책을 안하고 있었는데에도 무계합반이 되는 까닭에 갑자기 세무서에서 조사를 받고 수천만원의 과세를 징수(徵收)당하였다라고 말합니다. 재성의 무계합반의 상(像)이 과세징수의 손실수로 나타나는 것입니다.

그리고 또 다시 커피숍 운영을 하려고 하는 것입니다. 결국 이미 공사가 완료된 시점이라 손재수를 막을 길은 없겠으나 그 액수를 줄여 줄 수는 있는 것입니다. 고로 수억 상당의 투자를 반으로 줄여 설비공사를 하도록 하였습니다. 그런데 커피숍을 운영한지 한 달 만에 운영을 맡은 처(妻)가 못하겠다고 도망을 갔습니다.

따라서 묘(妙)하게도 무계합거(戊癸合去)의 상(像)은 재성과 비견의 합거이므로 내 처(妻)가 외정(外情)으로 만난 애인과 도망을 가는 불륜의 물상이었습니다. 이것은 처(妻)의 허물이니 처(妻)가 다른 손재수를 가져온 것으로 그 흉(凶)을 반감(半減)하니 물상대체하였다고 말해 주었습니다.

07 형충회합(刑沖會合)으로 변하는 육친을 읽어낼 줄 알아야 한다

1) 형충회합(刑沖會合)으로 변질이 되는 오행(五行)

세운(歲運)에서는 천간의 글자를 주의 깊게 봅니다. 이것이 올 해 내가 만날 사람이고 사건의 핵심이 됩니다. 그래서 만약 인수(印綬)가 등장하면 문서운이라 말하고 문서와 관련이 된 사건들을 만나게 될 것이라고 간명하면 됩니다. 그 결과에 대해 궁금하다면 이것은 지지를 보고 판단해야 합니다. 왜냐하면 천간은 사건의 발생이라면 지지는 결과물을 상징하기 때문입니다. 곧 천간은 인성(印星)인데 지지는 재성(財星)이라면 재극인(財剋印)의 상태로 들어오는 문서이므로 문서(文書)의 결함(缺陷)이 발생하게 된다고 말을 해주는 것입니다. 물론 원국(原局)에서 인수가 태강(太强)하다면 지지의 재성은 오히려 길해 질 수 있는 것이므로 원국에서 인수의 왕쇠(旺衰)를 파악하는게 중요한 점입니다. 또한 지지의 재성이 형충회합(刑沖會合)을 만나 돌변하는 과정이 있는데 이것은 매우 중대한 변화를 가져오므로 신중하게 판단해야 합니다.

곧 재성(財星)이라도 관성(官星)으로 변질이 되면 돈을 써서 관록을 구하는 모습이 일어날 수 있고 재성과 인수가 합이 되면 매수운(買受運)이 되기도 하고 재성과 인수가 충을 하면 매도운(賣渡運)이라 말합니다. 왜냐하면 재성은 현금인데 인수와 합하니 내가 돈을 지불하고 얻는 문서계약서를 뜻하고 재성과 인수의 충돌은 현금이 분리되는 모습이므로 내가 땅문서를 상대방에게 건네주고 대신해서 문서의 가치에 상응(相應)하는 금전적인 목돈을 가질 수가 있다는 말이기 때문에 집을 팔아 번 돈이라는 뜻이 됩니다.

여기서 주의해야 할 점은 재성이 인수와 합거하거나 충돌하여 재성이 파괴가 되는가, 살아남는가를 확인하는 작업이 매우 중요한 점입니다.

재성이 파괴가 되면 매도(賣渡)를 하려다가 손재(損財)를 입는 사건이 발생할 수 있기 때문입니다.

그러므로 당사자는 그 해에는 집을 보통 시세보다 낮게 팔아 손해를 보았다라고 간명하는 것입니다. 간명(看命)의 핵심은 간합(干合)의 합화(合化)가 성공하느냐 혹은 합거(合去)로 묶이는가하는 관점의 차이인데 이것은 나중에 합거(合去), 합동(合動), 합생(合生), 합화(合化)라는 합의 종류에서 다시 공부해야 합니다.

예를 들어 재성이 들어오다가 합거(合去)가 되면 재성 손재수로 보는 것이고 재성이 관성으로 변화하면 재생관(財生官)으로 재물을 써서 관록이 일어난다고 판단해 볼 수 있는 것입니다.

【예시1】무자년(戊子年)에는 무슨 일이 발생할 것인가.

時	日	月	年	세운	건명
			인수	편재	六神
甲			癸	戊	天干
				子	地支
				인수	六神

▶ 사/주/분/석

년간(年干)의 계수(癸水)는 인수(印綬)이므로 문서가 되고 무토(戊土)는 편재(偏財)가 된다. 그런데 무자년(戊子年)에 편재가 들어오면서 인수와 무계합(戊癸合)을 하였다. 무엇을 의미하는가. 내가 목돈을 지불하고 문서를 취득하였다고 보는 것이다. 그러므로 이 사람은 그 해에 부동산매입을 하고 문서계약서를 취득하였다.

【예시2】 병술년(丙戌年)에는 무슨 사건이 발생하였는가.

時	日	月	年	세운	건명
		정재		비견	六神
	丙	辛		**丙**	天干
				戌	地支
				식신	六神

▶ 사/주/분/석

병화(丙火) 일간은 신금(辛金)이 재성(財星)에 해당한다. 그런데 병술년(丙戌年)에 병신합(丙辛合)하는 한 해가 보인다. 병화(丙火)는 비견이므로 남이 모르는 사람이 올해 나의 정재(正財)를 합하여 어딘가로 데려 가려고 찾아 온 것이다.

곧 올해는 재성의 손재수(損財數)가 보이므로 나의 재물을 잘 간수해야 한다고 말해 주면 된다. 보통 재성(財星)합거(合去)가 되면 손재수가 발생하는데 처(妻)가 아파서 입원비로 지출이 일어날 수 있고 혹은 채무자가 빌려준 돈을 갚지 않고 그 해에 도망가는 사건이 발생할 수도 있다.

따라서 주변을 살펴보는데 처의 건강 상태 혹은 교통사고 등을 주의하고 돈을 빌려주는 일이 발생하면 재성합거운에는 빌려준 돈을 받기 어려우므로 올 해는 거절해야 좋은 것이다.

【예시3】 화인위재(化印爲財)하니 큰 돈이 들어온다.

時	日	月	年	세운	건명
				비견	六神
辛				**辛**	天干
卯				**未**	地支
편재				편인	六神

▶ 사/주/분/석

신금(辛金) 일간에게는 묘(卯)는 편재이고 미토(未土)는 편인에 해당한다. 그런데 세운의 미토(未土)가 일지와 묘미합(卯未合)을 한다. 인수(印綬)가 들어오면서 재(財)로 변했다. 곧 나는 집문서를 상대방에게 건네주고 그 대신 나의 손에는 재성(財星) 현금(現金)이 나타나야 한다.

그러므로 올해는 부동산을 처분하여 목돈을 가지게 되었다. 보통 편인(偏印)과 편재(偏財)의 합은 부동산(不動産) 매입(買入)이 많다. 만약 재성(財星)과 편인(偏印)의 합이라면 기술적인 계약서를 뜻하기 때문에 특정 회사가 나를 스카우트하려고 맺는 기술협력문서가 될 수도 있다.

화인위재(化印爲財)라 함은 인수(印綬)가 변하여 재(財)로 화(化)했다는 말이다. 이것은 여러 가지 물상으로 추리할 수 있다. 우선 문서를 사용해서 돈이 들어오는 해이니 매입과 매도가 발생할 수 있다. 자세히 살피면 인수는 등기가 된 집이므로 집을 팔아서 돈 들어오는 해가 되기도 한다.

또 미토(未土)는 그 상의(象意)가 땅, 대지(大地)를 뜻하므로 부동산 문서라고 생각할 수 있다. 혹은 인수(印綬)는 모친이므로 문서를 받는데 그것이 재성으로 변하기 때문에 유산(流産)을 증여(贈與) 받을 수도 있다. 그 시기는 묘미합(卯未合)이 이루어지는 시점이 된다.

【예시4】 경오(庚午)일주가 범띠해를 만나 무슨 일이 일어났을까.

時	日	月	年	세운	건명
					六神
	庚				天干
	午			寅	地支
	정관			편재	六神

▶ 사/주/분/석

이 해에는 인목(寅木)이 등장하는데 편재(偏財)에 해당하니 재물 혹은 부친과 관련이 된 사건이 일어날 수 있다. 혹은 결혼하였다면 재성(財星)처(妻)와 관련이 될 수도 있다.

그러므로 경(庚)일간은 세운의 년지(年支)를 보면 편재(偏財)가 된다. 그런데 일지궁과 인오합(寅午合)으로 관성으로 변하였다. 곧 화재위관(化財爲官)으로 재생관(財生官)을 한다. 따라서 추리(推理)하는데 그 해에 부친이 돈을 써서 취업을 하게 해주었다. 또는 부친이 소개를 한 회사에서 근무하게 되었다. 만약 사주가 취약(脆弱)하여 신약한 사주에서 관성이 관귀(官鬼)로 변화하게 되면 돈을 잘못 써서 수뢰죄(受賂罪)에 걸려 감옥에 갈 수도 있다. 이것은 정관(正官)이 기신(忌神)인가 희신(喜神)인가를 먼저 살펴봐야 하는 것이다.

다시 말해 어떤 오행으로 시작하여 어떤 오행으로 끝났는지를 파악하여 여기에 육친(六親)및 사물(事物)의 희기(喜忌)를 대입하여 추리해 낼 줄 알아야 실제 운세가 보이는 것이다

2) 형충회합(刑沖會合)에 의한 기초 통변술

(1) 인수(印綬)라는 육신(六神) 문제가 일어난다.

① 화인위겁(化刃爲劫)

화인위겁(化刃爲劫)은 인수가 합하여 변한 오행이 비겁이 되었을 때를 말합니다.

예를 들면 오월(午月)의 병화(丙火)일간인데 인(년寅年)을 만나면 인오(寅午)합으로 비겁(比劫)이 되기도 합니다. 이것을 화인위겁(化刃爲劫)이라 말을 합니다.

또한 자월(子月)의 계수(癸水)일간인데 병화(丙火)는 정재(正財)가 되고 신금(辛金)은 편인(偏印)에 해당합니다.

그런데 금년(今年)에 인수(印綬)가 들어오면서 병신합수(丙辛合水)하여 비겁(比劫)으로 변질이 되는 사건을 말합니다. 사주 명조내에 인수(印綬)가 대세운과 합하여 나온 오행(五行)이 비겁(比劫)이 되면 겁탈(劫奪)이 발생하기도 합니다. 때문에 문서를 잘못 사용해서 돈이 나가게 되니 보증을 서면 내가 물어 줘야 하고 매입 매도, 동업계약서 쓰면 눈 뜨고 당할 수 있습니다.

반대로 신약 사주가 인수가 합하여 나온 오행이 비겁이 되면 문서를 통해 친구로부터 내가 이득(利得)을 본다고 판단하면 됩니다. 곧 득비리재(得比理財)에 해당하는 경우를 말합니다. 또는 육친적으로는 인수가 모친에 해당하므로 어머니로 인하여 현금 지출이 발생하기도 합니다.

② 화인위상(化印爲傷)

화인위상(化印爲傷)이라 함은 인수가 합하여 변한 오행이 식상이 되었을 때를 말합니다.

時	日	月	年	세운	건명
					六神
戊					天干
	酉			巳	地支
	상관			편인	六神

예를 들면 유월(酉月)의 무토(戊土)일간인데 사화(巳火)를 편인(偏印)으로 한다면 금년(今年)에 인수(印綬)운이 들어오면서 사유합금(巳酉合金)으로 변하여 상관이 강하게 됩니다. 이런 사람은 인수가 곧바로 식상으로 변한 것이므로 자기가 배운 학문을 바로 실생활(實生活)에서 활용하게 됩니다. 곧 학원에서 기술을 배워 기술취업을 하고자 합니다.

그 결과 기술협력 계약서를 체결하기도 합니다. 문서로 인해 활동이 많아지므로 발전이 일어날 수 있습니다. 또한 식상은 서비스 움직임으로 나타나기 때문에 지출명세서를 많이 받아 볼 수 있으니 지출(支出)이 발생하기도 합니다.

③ 화인위인(化印爲印)

화인위인(化印爲印)이라 함은 인수가 합하여 변한 오행이 다시 인수가 되었을 때를 말합니다.

時	日	月	年	세운	건명
					六神
甲					天干
	申			子	地支
	편관			인수	六神

예를 들어 신월(申月)의 갑목(甲木)일간인데 자년(子年)을 만나면 인수운인데 인수(印綬)가 들어오면서 신자합수(申子合水)하게 된다면 다시 인수(印綬)로 변질이 됩니다. 이것은 인수가 왕(旺)해지는 사건이 발생하게 됩니다. 곧 인수의 문서가 많아지면 문서가 동(動)하여 움직이게 됩니다. 그때 역마와 만나는 인수라면 이동(移動), 이사(移徙) 수가 되니 인사발령서가 됩니다.

인수가 많아지니 여러 채의 집을 구입하게 됩니다. 증축(增築)이나 평수가 넓고 좋은 집으로 이사를 가게 됩니다.

따라서 증축에 관련된 도면 문서를 보게 됩니다. 육친적으로는 모친의 건강이 회복되고 좋아집니다. 학생이라면 받아들이는 시야(視野)가 넓어져서 공부를 잘하게 됩니다. 신금(申金)이 역마(驛馬)가 되면 이동수가 발생하는 시기이므로 학생이라면 학교 전학을 가기도 하고 직업인은 학원 등록하여 기술을 배우고자 합니다.

④ 화인위재(化印爲財)

화인위재(化印爲財)라 함은 인수가 합하여 변한 오행이 재성이 되었을 때를 말합니다.

時	日	月	年	세운	건명
			편재	인수	六神
丙			庚	乙	天干
	申			·	地支
	편재				六神

예를 들면 신월(申月)의 병화(丙火)일간이라면 경금(庚金)은 편재(偏財)가 되고 을목(乙木)은 인수(印綬)가 됩니다 그런데 금년(今年)에 인수(印綬)가 들어오면서 을경합금(乙庚合金)이 되어 재성(財星)으로 변질이 된 사건입니다.

이런 사람은 학업을 하면서 돈벌 기회가 생겨나게 됩니다. 또는 돈이 없어서 학업을 위해 취업을 해야 합니다. 이런 경우는 문서나 증서가 곧 현금이 되기도 합니다. 따라서 유산 증여가 발생하기도 합니다. 간단하게 보면 모친이 돈을 지원한다고 보면 됩니다. 이런 사람은 공부하는데 학마(學魔)가 끼는 것이므로 돈 벌거나 혹은 연애(戀愛)한다고 학업을 게을리 할 수도 있습니다.

문서 계약서를 쓰면 돈이 되는 해이기 때문에 주식 등을 구입해 두면 무조건 현금이 될 수 있습니다. 곧 투자하기에는 좋은 기회가 됩니다.

⑤ 화인위살(化印爲殺)

화인위살(化印爲殺)이라 함은 인수가 합하여 변한 오행이 관살이 되었을 때를 말합니다.

時	日	月	年	세운	건명
					六神
					天干
庚					
午	午			戌	地支
정관	정관			편인	六神

예를 들어 오월(午月)의 경금(庚金)이라면 술토(戌土)는 편인(偏印)에 해당합니다 그런데 금년(今年)에 인수(印綬)가 들어오면서 오술합화(午戌合火)하니 다시 관살운(官殺運)으로 변질이 된 사건입니다. 이런 사람은 올해 관귀(官鬼)가 일어나는 것이므로 문서를 잘못 사용하다가 관재(官災) 송사(訟事)를 당할 수 있습니다.

그래서 집을 구매하였는데 저당(抵當)에 잡힌 집을 잘못 구입하여 관재(官災)에 걸릴 수도 있습니다. 육친적으로는 모친성이므로 어머니의 계획대로 움직이다가 구설수가 발생하기도 합니다. 이때에는 모친의 방향 제시가 실패가 많으므로 모친의 구설수에 피해를 당할 수 있게 됩니다.

(2) 비겁이라는 육신(六神)의 문제가 일어난다.

① 화겁위비(化劫爲比)

화겁위비(化劫爲比)라 함은 비겁이 합하여 변한 오행이 비겁(比劫)이 되었을 때를 말합니다.

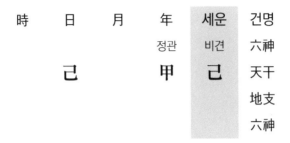

時	日	月	年	세운	건명
			정관	비견	六神
己			甲	己	天干
					地支
					六神

예를 들면 기토(己土)일간인데 갑목(甲木)은 정관(正官)이 됩니다. 그런데 금년(今年)에 비견(比肩)이 들어오면서 갑기합토(甲己合土)하여 비겁(比劫)으로 변질이 되는 사건을 말합니다. 신약사주는 비겁이 많아지면 나에게는 록(祿)이 되기도 하므로 자리 변동이 일어날 수 있습니다.

그러나 군겁쟁재(群劫爭財)의 가능성이 있으므로 재산(財産) 분탈(分奪)의 위험도 있게 됩니다. 또한 쓸 만한 용신이 없는데 비겁만 많으면 록록종신(碌碌終身)의 팔자가 될 수 있어서 오히려 그 해에 회사를 사퇴(辭退)할 수도 있게 됩니다. 또한 군겁(群劫)이 되면 재물이 겁탈을 당하므로 지출이 발생합니다. 공부하는 학생들에게는 비겁이 등장하면 인수를 공격하므로 많은 무리들로 인해 공부가 방해를 받는 모습입니다. 그래서 그 해에 합격하지 못할 수도 있습니다.

② 화겁위인(化劫爲印)

화겁위인(化劫爲印)이라 함은 비겁이 합하여 변한 오행이 인수(印綬)가 되었을 때를 말합니다.

時	日	月	年	세운	건명
			정재	비견	六神
戊			癸	戊	天干
	午				地支
	인수				六神

예를 들어 오월(午月)의 무토(戊土)라면 계수(癸水)는 정재(正財)가 됩니다. 그런데 금년(今年)에 비견(比肩)이 들어오면서 무계합화(戊癸合火)를 이루게 된다면 비견(比肩)이 인수(印綬)로 변질이 되게 됩니다. 이런 사람은 동료나 형제로 인해 문서를 얻게 됩니다.

그런데 인수는 문서를 표현하기도 하므로 부동산 문서나 합격문서, 승진문서가 됩니다. 또는 형제의 지원을 받아 학업을 하게 됩니다. 공부하는 학생은 좋은 친구를 만나 학업의 동아리를 형성하기도 합니다. 또한 형제가 나에게 공동명의로 집 구매를 제안하거나 보증을 해주기도 합니다. 혹은 형제자매가 학비를 지원해주기도 합니다. 친구가 나에게는 귀인이 되는 해가 되므로 형제친구로 인하여 명예나 포창 받는 경우도 일어납니다.

그러나 비견이 주체가 되어 움직이는 한 해이므로 대부분 공동 표창이고 공동명의로 일어난다는 것이 핵심이 됩니다. 곧 공부하더라도 동아리를 만들어 학업지속하게 됩니다.

③ 화겁위상(化劫爲傷)

화겁위상(化劫爲傷)이라 함은 비겁이 합하여 변한 오행이 식상이 되었을 때를 말합니다.

時	日	月	年	세운	건명
					六神
甲					天干
	戌			卯	地支
	편재			겁재	六神

예를 들어 갑목(甲木) 일간인데 월지에 술토(戌土) 편재(偏財)가 있습니다. 그런데 세운에서 묘년(卯年) 겁재(劫財)를 만나게 되면 묘술합(卯戌合)이 구성이 됩니다. 곧 겁재화식(劫財化食)으로 변질이 되는 것입니다.

그러므로 올해 겁재 출현으로 흉(凶)하여 걱정을 했는데 알고 보니까 식상으로 변해 일감이 많아졌다라고 해석을 하던지, 혹은 친구가 일감을 몰고 와주었다고 해석을 하는 겁니다. 이런 경우에는 묘술(卯戌) 합기(合起)로 인해 화기(火氣)가 일어날 수 있기 때문에 화기(火氣)의 기운은 식상으로 평가하는 것입니다.

그래서 올해는 겁재가 식상운으로 변하니 숨통이 트일 수 있다고 말하면 됩니다. 따라서 식상은 활동이 많아지는 것이므로 지출도 함께 발생하게 됩니다. 즉 친구의 말을 듣고 그 단체에 가입하느라 가입비와 교재비가 발생하게 됩니다. 만약 식상(食傷)이 기신(忌神)으로 작용하게 되면 지출(支出)이 자꾸 생겨나므로 죽겠다고 말을 하기도 합니다.

④ 화겁위재(化劫爲財)

화겁위재(化劫爲財)라 함은 비겁이 합하여 변한 오행이 재성이 되었을 때를 말합니다.

時	日	月	年	세운	건명
		정재		비견	六神
甲	己			甲	天干
	未				地支
	정재				六神

예를 들어 갑(甲)일간인데 월간에 기토(己土)가 있는데 세운에서 갑(甲) 비견이 등장하는 경우입니다. 그러면 갑기합(甲己合)이 되는데 만약 월지가 미토(未土)라면 갑기합토(甲己合土)로 변할 수가 있습니다.

이런 경우는 친구가 들어 오면서 내 정재를 간합(干合)하는 것은 불길(不吉)하였지만 합화토(合化土)로 변해 재성이라는 큰 결과물이 생성이 된다는 점입니다.

그러므로 올해 제법 큰 목돈을 만질 수 있다고 말하면 됩니다. 이런 경우는 형제 친구 이야기를 듣고 무조건 따라 투자했다가 횡재(橫財)하는 운세가 됩니다. 다만 신강(身强)해야 득비리재(得比理財)로 얻을 수 있는 것이고 신약(身弱)하면 내 친구가 내 몫까지 훔쳐 달아날 수도 있습니다. 이것은 일간의 신강여부를 확인해 보고 판단해야 합니다.

토(土)의 다른 성분은 재물 혹은 여자가 되므로 이 시기에 애인을 만날 수 있습니다. 일단 비겁이 재성을 달고 들어오면 오랫동안 받지 못한 원금을 돌려받을 수도 있습니다. 왜냐하면 겁재는 내 돈을 약탈하는 사람이지만 겁재가 합하여 재성이 되는 운세이므로 돈을 주려고 찾아오는 것입니다.

⑤ 화겁위살(化劫爲殺)

화겁위살(化劫爲殺)이라 함은 비겁이 합하여 변한 오행이 관살이 되었을 때를 말합니다.

時	日	月	年	세운	곤명
		편재		겁재	六神
丁	辛			丙	天干
	亥				地支
	정관				六神

비겁(比劫)이 합하여 관성(官星)으로 변하면 두 가지 측면으로 나눠 보는데 첫 번째로는 정관으로 변한 경우입니다. 곧 화겁위관(化劫爲官)이 되는 것인데 이런 경우는 친구로 인해 취직에 성공할 수 있습니다.

예를 들어 정화(丁火) 일간인데 월간(月干)에 신금 편재가 놓여져 있습니다. 그런데 병년(丙年)에 병신합수(丙辛合水)하는 경우입니다.

이때에는 월지(月支)를 확인해야 하는데 월지(月支)가 해자(亥子)월(月)이라면 합수(合水)가 가능한 것입니다 그러므로 병신합수(丙辛合水)하여 관성(官星)이 강해지므로 이 시기에 남자를 얻어 결혼에 성공하게 되었습니다.

또한 두 번째로는 칠살로 변한 경우인데 곧 화겁위살(化劫爲殺)이면 친구로 인해 골치 아픈 일을 맡을 수가 있습니다. 하여튼 이 시기는 친구로 인한 무수한 사건들이 일어납니다. 관살이 희신이면 친구 덕에 감투를 쓰던지 관살이 기신이면 배신당할 수도 있습니다. 여자라면 친구 소개로 남자 친구가 생겨날 수 있습니다.

그런데 살왕(殺旺)으로 변한 관살을 제어(制御)하지 못하게 되면 상대의 남자 친구를 빼앗을 수도 있습니다. 그 결과 형제 친구 때문에 관청(官廳)에 들락날락할 수 있습니다.

(3) 식상이라는 육신(六神)의 문제가 일어난다.

① 화상위인(化傷爲印)

화상위인(化傷爲印)이라 함은 식상(食傷)이 합해서 변한 오행이 인수(印綬)가 되었을 때를 말합니다.

時	日	月	年	세운	곤명
		정관		식신	六神
甲	辛			丙	天干
	亥				地支
	편인				六神

갑(甲)일간에게는 신금(辛金)은 정관(正官)에 해당하고, 올해 병화(丙火) 식신(食神)운을 만나게 됩니다. 그런데 올해에 식상이 들어오다가 병신합수(丙辛合水)로 인수(印綬)로 변했다고 하면 올해에는 자녀들로 부터 모친이 생조을 받는 것이므로 모친에게 유익 일이 일어날 수 있습니다. 그동안 고생했다고 자녀들이 돈을 모아 여행상품권을 모친에게 선물합니다. 여자에게는 식상은 자녀에 해당하므로 자녀 덕을 받을 일이 나타난다는 점을 알 수 있습니다. 또는 자녀들이 노후 안정을 위해 부모의 보험금을 덜어 주기도 합니다. 또한 올해가 상관이라면 상관은 조모(祖母)에 해당하므로 할머니가 학비를 지원하여 인수 공부를 마치게 도와줍니다. 또는 할머니의 유산을 문서로 증여받을 수도 있습니다. 식상은 장모와 장인, 조모에 모두 해당하므로 그 해에 어른들이 돈을 모아 나를 위해 집장만을 해결해 줄 수 있습니다. 송사(訟事)를 당한 사람이라면 올해에는 식상이 인수로 변질이 되므로 관살을 화살(化殺)하니 송사(訟事)가 잘 마무리가 되기도 합니다. 또한 아랫사람이 나의 선생이 되어 가르치는 일이 발생할 수 있습니다. 왜냐하면 식상은 부하 자식 같은 사람이고 인수는 어른 같은 선배이기 때문입니다.

② 화상위겁(化傷爲劫)

화상위겁(化傷爲劫)이라 함은 식상(食傷)이 합해서 변한 오행이 비겁(比劫)으로 되었을 때를 말합니다.

時	日	月	年	세운	건명
		편인	정재	상관	六神
甲	壬	己		丁	天干
	寅				地支
	비견				六神

갑(甲)일간이 월간에 임수(壬水) 편인이 있는데 금년에 정화(丁火) 상관(傷官)을 만나게 됩니다. 이런 경우는 식상(食傷)이 정임합목(丁壬合木)의 겁재(劫財)로 변하기 때문에 나의 재물 기토(己土)를 겁탈하는 양상(樣相)이 나타날 수 있습니다.

즉 상관생재(傷官生財)하여 내 재물을 불어나게 하다가 나중에는 큰 손재를 당하게 됨을 뜻하게 됩니다. 그러므로 극부(剋父), 극재(剋財)할 수 있으니 부친 건강과 처(妻)의 안정에 노력을 해야 합니다. 또한 자식 낳고서 이별하는 경우도 일어납니다.

만약에 여자라면 정화(丁火) 상관(傷官)은 내 자녀이므로 그 해에 자녀를 생산(生産)하고 정임합목(丁壬合木)으로 겁재(劫財)가 강화되니 기토(己土) 재성(財星)을 극하게 됩니다. 이것은 내 남편의 원천(源泉)이 되는 재물(財物)을 공격하는 것이니 남편과 이별수라고 보기도 합니다. 즉 이 해에 자식을 낳고 남편과 이혼할 수 있습니다.

또한 식상은 장모(丈母), 장인(丈人), 조모(祖母)이기 때문에 그 해에는 장모(丈母)로 인해 손해를 입는다던지 아니면 조모(祖母)가 편찮아서 입원비(入院費)를 대신 지불하는 사건이 발생할 수 있습니다. 이것은 식상이 들어오면서 겁재로 변하면 재물을 공격하므로 나에게 손재수가 발생하기 때문입니다.

또한 아랫사람으로 인해 지출이 발생할 수 있고 부하들이 겁재로 변한 것이니 하극상(下剋上)을 당하기도 합니다.

또한 식상(食傷)은 기술노하우가 될 수 있어서 집안에 전수되던 요리비법을 직원이 훔쳐갈 수 있습니다. 식상(食傷)은 아랫사람인데 이것이 비겁(比劫)으로 변한 것이니 식상이 나의 동년배처럼 가깝다는 사실입니다. 그러므로 내 주변에 어린 사람들이 나보고 친구하자고 덤벼들거나 혹은 딸같은 아내를 얻어 친구처럼 지낼 수 있습니다.

정임합(丁壬合)은 상관(傷官)편인(偏印)의 합(合)이므로 아랫사람에게 문서를 쥐어주는 모습이니 이것은 기술계약서를 말하는 것이므로, 능력 없는 사람을 잘못 채용하여 골머리 앓게 됩니다.

③ 화상위재(化傷爲財)

화상위재(化傷爲財)는 식상(食傷)이 합해서 변한 오행이 재성(財星)이 되었을 때를 말합니다.

時	日	月	年	세운	건명
					六神
	辛				天干
	寅			亥	地支
	정재			상관	六神

신금(辛金) 일간은 인목(寅木)이 정재(正財)이고 해수(亥水)는 상관(傷官)에 해당합니다. 그런데 금년(今年)에 해수(亥水) 상관운(傷官運)을 만난 것인데 인해(寅亥)합목(合木)하면 재성(財星)으로 변하게 됩니다.

이것은 화상위재(化傷爲財)로 변한 것을 뜻하는데 곧 상관생재(傷官生財)를 말합니다. 재물운이 강해지므로 나에게 현금이 들어오게 됩니다. 그런데 아랫사람을 통해 벌어들이는 재물이므로 부하직원의 노고(勞苦)가 뒤따를 수 있습니다.

그래서 수공업, 가내공업 등의 제조공장을 시작하기도 합니다. 식상(食傷)은 장모이니 장모가 현금을 빌려 주면서 나보고 사업해 보라고 후원해 줍니다. 돈을 벌기 위한 여러 가지 좋은 아이디어가 창출이 되는 시기입니다. 만약 여자인 경우에는 식상(食傷)은 자녀이므로 자식이 독립하여 일을 하여 돈을 갖다 주게 됩니다. 그런데 만약 재성이 기신(忌神)이라면 노력을 기울이는 정성에 비해 돈 욕심만 부리다가 손해를 입을 수 있습니다. 혹은 남에게 돈만 벌어주고 본인는 실속이 없게 됩니다.

그런데 인수를 용신으로 사용할 때에는 식상생재(食傷生財)를 주의해야 합니다. 식상운(食傷運)을 만나 재성을 키우게 되면 탐재괴인(貪財壞印)의 화(禍)가 될 수 있습니다. 곧 문서사고가 끊이질 않아 과로(過勞)로 질환이 오거나 모친에게 우환이 생길 수도 있습니다.

④ 화상위관(化傷爲官)

화상위관(化傷爲官)라 함은 식상(食傷)이 합해서 변한 오행이 관성(官星)이 되었을 때를 말합니다.

時	日	月	年	세운	건명
					六神
	甲				天干
	酉			巳	地支
	정관			식신	六神

갑(甲)일간은 유금(酉金)이 정관(正官)에 해당하고 사화(巳火)는 식신(食神)에 해당합니다. 그런데 금년(今年)에 사화(巳火) 식신(食神)이 들어오면서 사유합금(巳酉合金)이 되는데 식신(食神)이 관성(官星)으로 변하게 됩니다. 고로 이 사람은 금년에 정관(正官)이 희신(喜神)이면 아랫사람 때문에 승진하고 자손 때문에 명예가 생기게 됩니다.

여자 사주라면 자식으로 인해 명예롭게 되지만 칠살(七殺)로 변하게 되면 자식과 남편이 속을 썩히게 되니 머리가 아프게 됩니다. 이때에는 아랫사람을 모신다고 하여 아랫사람 눈치를 보게 되는 환경이 조성이 될 수도 있습니다. 사주 중에 식상(食傷)이 합하여 관살(官殺)이 되면 자녀와 관살이 손을 잡은 형태이므로 이혼 할 때 자식이 아빠를 따라갈 수 있습니다. 식상과 합하여 관살이 되면 아랫사람이 배신하고 공갈 협박을 당할 수 있습니다.

⑤ 화식위상(化食爲傷)

화식위상(化食爲傷)라 함은 식상(食傷)이 합해서 변한 오행이 식상(食傷)이 되었을 때를 말합니다.

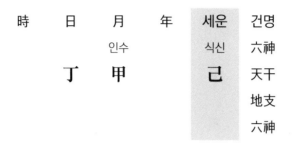

時	日	月	年	세운	건명
		인수		식신	六神
丁	甲			己	天干
					地支
					六神

정화(丁火) 일간인데 갑목(甲木)은 인수(印綬)가 되고 기토(己土)는 식신(食神)이 됩니다. 그런데 금년(今年)에 식신운이 들어오면서 갑기합화토(甲己合火土)로 변하므로 식신이 무척 강하게 작용하게 됩니다.

그래서 이 시기는 장인(丈人) 혹은 장모(丈母)가 득세(得勢)하는 운기(運氣)라 장모가 들락 달락 하면서 극성을 부리게 됩니다. 여자 사주라면 자식들이 기신으로 득세(得勢)하면 자식들이 속을 썩이게 됩니다.

이때에는 만약 원국에 자식이 있는데 또 자식이 들어오는 것이라면 조카 혹은 남의 자식을 입양(入養)하여 키울 수도 있습니다. 식상(食傷)이 희신(喜神)이면 아랫사람의 도움이 생기고 기신(忌神)이면 관(官)을 공격하니 배신을 당할 수 있습니다. 관성(官星)이 허약한 경우에 식상이 왕한 것이므로 관재(官災)와 송사(訟事)를 당할 수 있습니다

(4) 재성(財星)이라는 육신(六神) 문제가 일어난다.

① 화재위인(化財爲印)

화재위인(化財爲印)은 재(財)가 합하여 변한 오행이 인수(印綬)가 되었을 때를 말합니다.

시	일	월	년	세운	건명
				인수	편재	六神
	庚			己	甲	天干
	丑					地支
	인수					六神

축월(丑月)의 경금(庚金)일간인데 기토(己土)는 인수(印綬)가 되고 갑목(甲木)은 편재(偏財)가 됩니다. 즉 금년(今年)에 재성(財星)이 들어온다는 말은 현금(現金)이 보인다는 이야기가 됩니다. 그런데 그 현금이 갑기합토(甲己合土)로 인해 인수로 변한 경우입니다.

그러면 돈이 나가고 인수가 들어오므로 이런 경우는 입학금을 지불하고 학원에 등록하는 경우가 발생합니다. 즉 공부하기 위해 지출이 발생합니다. 따라서 재정적인 지원을 받고 학업을 할 수 있습니다.

또한 재성이 아내인데 인수로 변한 것이므로 재물을 어머니에게 갔다 받치는 모습이므로 어머니로부터 인정을 받는 것이니 내 아내가 든든하게 보이기 시작합니다. 고로 이 해에는 아내를 전적으로 의지하고 따르게 됩니다. 또한 재성이 변해서 인수가 되는 것이므로 돈을 지불하고 집문서를 구매하게 됩니다. 곧 부동산 매입이 발생합니다. 그러므로 현금을 주고 차용증 받는 경우가 일어날 수 있습니다.

② 화재위겁(化財爲劫)

화재위겁(化財爲劫)라 함은 재(財)가 합하여 변한 오행이 비겁(比劫)이 되었을 때를 말합니다.

시	일	월	년	세운	건명
			비견	정재	六神
庚			庚	乙	天干
					地支
					六神

경금(庚金)일간이 경금(庚金)은 비견(比肩)이 되고 을목(乙木)은 정재(正財)가 됩니다. 금년에 재성(財星)이 등장하는 것인데 아내, 부친과 관련이 있습니다. 그런데 재성(財星)이 들어오면서 을경합금(乙庚合金)으로 겁재(劫財)로 변한 사건이므로 재물의 손재수가 일어납니다. 겁재(劫財)로 변질이 되기 때문에 돈의 지출이 발생하거나 아내는 자기주장을 굽히지 않다가 남편과 이별하고 처와 재산 분쟁이 일어납니다. 곧 내 돈인데 자기 돈이라고 달라고 합니다. 모두 재성이 겁재로 변해서 일어난 사건들입니다. 이 시기는 아내와 부친이 건강하다면 그들로 인해 돈의 지출이 일어나게 됩니다.

③ 화재위상(化財爲傷)

화재위상(化財爲傷)이라 함은 재(財)가 합하여 변한 오행이 식상(食傷)이 되었을 때를 말합니다.

시	일	월	년	세운	건명
		정관			六神
甲	**辛**				天干
午	**卯**			**戌**	地支
상관	겁재			편재	六神
도화					신살

갑(甲) 일간이 묘(卯)는 겁재(劫財)가 되고 술(戌)은 편재(偏財)가 되는데 금년(今年)에 편재(偏財)가 들어오면서 묘술합화(卯戌合火)에 성공한다면 이것은 화(火) 식상(食傷)으로 변하는 경우입니다.

이것은 재성(財星)이 들어오면서 식상(食傷)으로 변질이 된 경우이므로 부친(父親)이나 혹은 처(妻)로 인해서 관재(官災)가 발생할 수 있습니다. 왜냐하면 식상(食傷)이 왕해지면 관성(官星)을 극하니 관재(官災)의 송사(訟事)가 따르며 부친(父親)이나 처(妻)로 인해 여러 가지 문제를 야기(惹起)할 수 있습니다.

만약 겁재가 묘목(卯木) 도화살이라면 편재(偏財)가 도화를 범하는 사건이 발생할 수 있어서 부친의 이성 문제이거나 혹은 처(妻)의 부정한 사건으로 법원에 들락날락해야 합니다. 재(財)가 변하여 식상(食傷)이 되면 처(妻)는 나가고 장모(丈母)가 안방에 앉아 있는 모습이니 남편이 몰락(沒落)하는 상황이며 이것은 처(妻)의 잘못으로 인해 장모(丈母)가 처(妻)를 대변(對辯)하는 일이 벌어집니다.

④ 화재위재(化財爲財)

화재위재(化財爲財)는 재(財)가 합하여 변한 오행이 재(財)가 되었을 때를 말합니다.

시	일	월	년	세운	건명
					六神
	辛				天干
	卯	亥		寅	地支
		상관		정재	六神

신금(辛金) 일간이 해수(亥水)는 상관(傷官)이 되고 인목(寅木)은 정재(正財)가 되는데 금년(今年) 인년(寅年)에는 인해(寅亥)합목(合木)이 구성이 된다면 목기(木氣)가 되므로 재성(財星)이 들어오면서 다시 재성(財星)으로 변질이 됩니다. 이런 경우는 돈이 돈을 벌고 처(妻) 혹은 아버지로 인해서 돈이 들어오게 됩니다. 직장인은 봉급이 인상되기도 하며 이 경우 일주가 강해야 봉급이 인상되고 신약하면 퇴직할 수도 있습니다. 만약 처궁(妻宮)에 변화가 와서 재생살(財生殺)이 된다면 여자로 인해서 관재가 발생할 수 있습니다.

⑤ 화재위관(化財爲官)

화재위관(化財爲官)이라 함은 재(財)가 합하여 변한 오행이 관성(官星)이 되었을 때를 말합니다.

時	日	月	年	세운	건명
					六神
甲					天干
	酉			辰	地支
	정관			편재	六神

갑(甲)일간이 유금(酉金)은 정관(正官)이고 진토(辰土)는 편재(偏財)이므로 금년(今年)에 편재(偏財)가 들어오면서 진유합금(辰酉合金)이 되면 이런 경우는 재생관(財生官)을 뜻하므로 그 해에는 돈을 주고 벼슬하고 취직한다고 말합니다. 또는 아내의 공(功)으로 인해 승진(昇進)을 하게 됩니다.

일단 올해 재(財)가 변해서 관성(官星)이 된 사람은 관공서(官公署)의 취업(就業) 혹은 승진(昇進)이 순조롭다고 평가합니다. 이런 사람은 성공하는 만큼 세금도 많이 나가게 됩니다. 만약 재(財)가 변하는데 재생살(財生殺)이 된다면 남자는 직장 스트레스가 가중(加重)이 되고 혹은 자식이 말썽을 부릴 수 있고 잘못되면 관재(官災)로 이어지게 됩니다. 남자 사주에서는 재생살(財生殺)이 되면 처(妻)와 자식(子息)이 한 마음으로 일간을 공격하므로 부부(夫婦)가 이혼할 수 있습니다.

만약 여자사주라면 편재(偏財)는 시어머니에 해당하므로 편재가 들어오면서 재생살(財生殺)이 되면 그 해에는 고부(姑婦)갈등이 심화(深化)가 된다고 말합니다. 나를 때리는 것은 칠살이고 그 뒤에서 칠살을 조정하는 것은 편재이므로 시어머니가 되는 것입니다.

(5) 관성(官星)이라는 육신(六神) 문제가 일어난다.

① 화관위인(化官爲印)

화관위인(化官爲印)이라 함은 관살(官殺)이 합하여 변한 오행이 인수(印綬)로 되었을 때를 말합니다.

時	日	月	年	세운	건명
					六神
丙					天干
	卯	寅	亥		地支
	정인	편인	편관		六神

묘월(卯月)의 병화(丙火)일간인데 인목(寅木)은 편인(偏印)이 되고 해수(亥水)는 편관(編官)이 됩니다. 그런데 금년은 편관이 들어오면서 인해(寅亥)합목(合木)을 결성한다면 이것은 관공서의 세력에서 인수를 생조하는 것이라 관인상생(官印相生)의 흐름을 말하는 것입니다.

그러므로 관공서의 도움을 많이 받아서 나에게 학업 기회가 오고 그로 인해 공공기관으로 취업하는 것입니다. 그 해에는 관변(官邊) 단체(團體)에서 나에게 집(사택)을 제공해 주고 공부도 시켜 줄 수 있습니다. 이것은 다른 말로 하면 나는 관공서에 근무한다고 말할 수 있는 것입니다. 육친적으로 보면 관성은 남편이므로 인수를 생조한다는 것은 남편이 공부시켜 준다는 것입니다.

② 화관위겁(化官爲劫)

화관위겁(化官爲劫)이라 함은 관살(官殺)이 합하여 변한 오행이 비겁(比劫)이 되었을 때를 말합니다.

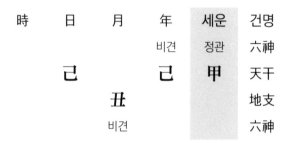

時	日	月	年	세운	건명
				비견	정관	六神
己			己	甲	天干
丑					地支
비견					六神

축월(丑月)의 기토(己土)일간이라면 기토(己土)는 비견(比肩)이 되고 갑목(甲木)은 정관(正官)이 됩니다. 그런데 금년(今年)에 정관(正官)이 들어오면서 갑기합토(甲己合土)를 결성하게 되면 비견(比肩)이 강화가 되는 해가 됩니다.

그러므로 관살(官殺)이 합하여 비겁(比劫)으로 변하는 해에는 재성(財星) 겁탈(劫奪)이 일어나기 때문에 대부분 손재수(損財數)를 동반합니다. 결혼한 후 알고보니 신랑의 돈 지출이 많은 것을 알게 되었다든지, 친구나 형제로 인해 지출이 발생할 수 있습니다.

화관위겁(化官爲劫)은 정부가 도둑이 되는 해이므로 정부로부터 체납고지서 등의 벌금 통지서를 받을 수 있습니다. 남자는 자식으로 인해 돈 지출이 생겨나고 여자는 남자로 인해 돈 지출이 발생합니다. 화관위겁(化官爲劫)이 되는 해는 취직부탁하면 돈 날리기만 합니다.

③ 화관위상(化官爲傷)

화관위상(化官爲傷)이라 함은 관살(官殺)이 합하여 변한 오행이 식상(食傷)이 되었을 때를 말합니다.

時	日	月	年	세운	건명
				식신	정관	六神
戊			庚	乙	天干
申					地支
식신					六神

신월(申月)의 무토(戊土)일간인데 경금(庚金)은 식신(食神)이고 을목(乙木)은 정관(正官)이 됩니다 그런데 금년(今年)에 정관(正官)이 들어오면서 을경합금(乙庚合金)이 되어 식상(食傷)으로 변질이 되는 경우를 말합니다.

이것은 관성(官星)이 들어오면서 식상(食傷)으로 변하는 것이니 관성(官星)으로 인해 식신(食神)이 강화가 되는 것입니다. 좋게 연결되면 관변(官邊)단체(團體)로부터 옷과 밥이 생겨납니다.

곧 관성 때문에 활동할 일이 많아져서 진로(進路)가 열리게 됩니다.

그 결과 의식주(衣食住)가 많아지게 됩니다. 그 해에 취직이 될 수 있습니다.

④ 화관위재(化官爲財)

화관위재(化官爲財)라 함은 관살(官殺)이 합하여 변한 오행이 재(財)가 되었을 때를 말합니다.

時	日	月	年	세운	건명
			식신	정관	六神
	庚		壬	丁	天干
	寅				地支
	편재				六神

인월(寅月)의 경일간(庚日干)이 임수(壬水)는 식신(食神)이고 정화(丁火)는 정관 (正官)인데 금년(今年)에 정화(丁火)가 들어오면서 정임합목(丁壬合木)이 되는 경우입니다.

이것은 관성(官星)이 편재(偏財)로 변질이 되는 것이므로 관(官)에 의해서 돈이 생긴다고 보는 것입니다. 곧 동사무소의 도움을 받아 사업장을 열 수 있으며 장사를 하면 돈을 벌 수 있습니다.

남편으로 인하여 돈을 벌게 되고, 남편이 돈을 갖다 줍니다. 남자는 직장에서 애인이 생길 수가 있습니다.

⑤ 화관위살(化官爲殺)

화관위살(化官爲殺)라 함은 관성(官星)이 합하여 변한 오행이 관살(官殺)이 되었을 때를 말합니다.

時	日	月	年	세운	건명
					六神
戊					天干
	寅			寅	地支
	칠살			칠살	六神

팔자에 인목(寅木) 칠살이 존재하는데 세운에서 다시 칠살운을 만나게 되면 인인(寅寅)은 동합(同合)으로 관귀(官鬼)가 될 수 있습니다.

이런 경우는 대부분 중관(重官) 중살(重殺)을 말하므로 여자는 남편으로 인하여 관재(官災)가 발생하고 남자는 직장의 승진 탈락 혹은 자식으로 인하여 골머리를 앓게 됩니다. 직장 내부에서 구설수 등으로 시달리게 됩니다.

만약 화관위살(化官爲殺)이 제압이 되면 희신(喜神)이 되어 승진(昇進)이지만 기신(忌神)이면 좌천이 됩니다.

실전(實戰) 육친론(六親論)

1부

부모(父母)의 육친론(六親論)

01 부친이 병재(病財)인데 역마를 놓았으니 오래 있지를 못한다

時	日	月	年	곤 명
정인		편관	편재	六神
己	**庚**	**丙**	**甲**	天干
卯	**寅**	**寅**	**辰**	地支
정재	편재	편재	편인	六神
육해	역마	역마	화개	신 살

▶ 사/주/분/석

이 사주의 주인공은 모친께서는 한평생 병약(病弱)하였는데 나의 부친(父親)
은 4명이라고 합니다. 부친이 많은 연고를 알 수가 있겠습니까. 이 명조는
편재(編財)는 태과(太過)한데 인수(印綬)가 취약합니다. 원래 재성(財星)이 중
(重)하면 인수가 극(剋)을 받기 때문에 인수가 허약해지는 것은 당연한 이치
입니다.

그러므로 부친은 많았고 모친은 병약(病弱)했다고 합니다. 한 마디로 말한다
면 편재(編財)가 태왕(太旺)하여 병재(病財)가 되었는데 인목(寅木)이 역마(驛馬)
중중(重重)이니 그의 여러 부친이 한 자리에 오래 거주할 수가 없다는 점입
니다. 이것은 인진(寅辰)의 방국(方局)을 시도하려고 여러 명의 편재가 인수
(印綬)를 탐합(貪合)하였는데 당연히 모친성(母親星)이 되는 진토(辰土)는 시달
리게 됩니다.

그런데 인목(寅木)과 갑목(甲木)에 둘러 쌓인 년지(年支)의 진토(辰土)를 특히
대목지토(帶木之土)라 하였고 목(木)의 성분을 지닌 토(土)이므로 목(木)의 성
분이 강화된다고 하였습니다. 곧 진토(辰土)는 자기의 능력을 상실(喪失)하고

목(木)의 제재(制裁)하에 있으므로 목(木)의 역량을 조장(助長)해 주는 것이 됩니다.

그리하여 그 토(土)가 인수면 모친이 약하고 재(財)가 되면 부친(父親) 혹은 처(妻)와 재물(財物)에 흠(欠)이 있고 용신이 될 때에는 병(病)이 되는 것입니다. 그러므로 이 명조는 편인(偏印)이 모친성(母親星)이 되었는데 년지의 편인(偏印) 진토(辰土)는 대목지토(帶木之土)에 해당하니 진토(辰土)는 변질(變質)이 되어 목국(木局)을 형성합니다.

그러나 기토(己土) 인수가 투간하여 버티고 있으므로 모친이 사망하지는 않고 병약하게 됩니다. 그러므로 모친은 한평생 병약(病弱)했다고 하였는데 기토(己土) 또한 시지(時支)의 묘중(卯中) 갑목(甲木)과 갑기(甲己)명암합(明暗合)으로 암극(暗剋)을 받는 구조가 되어 모친은 병약(病弱)하다고 할 만합니다.

그런데 칠살(七殺) 병화(丙火)가 재왕생살(財旺生殺)하는 구조로 일간을 위태롭게 하면서 기토(己土)를 생조하니 절각(折脚)에 놓인 경금(庚金)일간은 기토(己土) 정인(正印)의 생(生)을 받는 까닭에 종(從)하려 하지 않습니다. 양간(陽干)은 인수가 존재하면 쉽사리 종(從)하지 못하기 때문입니다.

그래서 정격(正格)이 되는데 정격에서는 태과(太過)한 편재(偏財)는 병재(病財)가 됩니다. 그러므로 편재(偏財)는 부친성(父親星)이 되는 까닭에 이 사주의 주인은 부친과 재물의 근심이 있을 수 있습니다. 태왕(太旺)하여 병재(病財)가 된 인목(寅木) 편재(偏財)가 역마(驛馬)이니 오래 붙어 있지를 못하는 부친(父親)이 되었습니다.

▶ 핵심키워드

사주첩경에서 말하기를 대목지토(帶木之土)란 사주에 토(土)가 목(木)을 대동(帶同)하고 임(臨)하여 있다는 뜻이다. 토(土)가 목(木)을 대동(帶同)하고 있다는 뜻은 예를 들어 진술축미(辰戌丑未) 토 중에 진토(辰土)와 미토(未土)는 각각 암장에 을목(乙木)을 포용하고 있기 때문에 목(木)의 성분을 띠고 있다 하여 대목지토(帶木之土)라고 말하게 되는 것이다.

그러나 사주에서 칭하는 대목지토는 그 진토(辰土)나 미토(未土)가 단독으로 있을 때는 대목지토(帶木之土)라 호칭하지 않고 주중(柱中)에 인묘(寅卯)목(木)이 있거나 또는 갑을목(甲乙木)이 진토(辰土)나 미토(未土) 상에 있을 경우를 말한다. 이렇게 되면 토는 자기의 능력을 상실하고 목(木)의 제재(制裁)하에 있으므로 목(木)의 힘이 되어 주어 목(木)의 역량을 조장해 주는 것이다.

02 모친성이 합거되는 해에 모친과 이별을 하였다

時	日	月	年	세운24	건명
편인		정인	겁재	편재	六神
庚	**壬**	**辛**	**癸**	**丙**	天干
子	**辰**	**酉**	**巳**	**辰**	地支
겁재	편관	정인	편재	편관	六神

▶ 사/주/분/석

월간에 투간(透干)한 정인(正印)이 모친성에 해당합니다. 그런데 시간의 편인(偏印)도 투간(透干)하였으므로 정편인(正偏印) 이위(二位)의 상이 뚜렷한 구조이므로 2명의 모친을 섬길 수 있는 팔자가 될 수 있습니다.

그런데 년월(年月)이 사유합(巳酉合)하고 신금(辛金)이 투출하므로 금국(金局)을 이루었습니다. 또한 일시(日時)는 진자합(辰子合)하고 임수(壬水)가 투출하므로 수국(水局)을 이루게 됩니다. 곧 금수(金水) 양기성상(兩氣成像)의 체(體)를 형성시키고 있습니다. 금수양기성상에서는 금수(金水)가 길하고 화운(火運)이 흉운인데 화운(火運)에서는 양기성상(陽氣成像)의 체(體)를 깨트리게 되므로 반드시 흉명이 됩니다.

모친이 사망하였던 병진년(丙辰年)에는 천간에는 병신합(丙辛合)하고 지지에서는 진유합(辰酉合)을 합니다. 곧 월간(月干)의 정인(正印)의 합거로 제거가 되면서 금(金)이 변질이 될 가능성이 높은데 진유합(辰酉合)하게 되면 사유합(巳酉合)이 풀어지게 되므로 사화(巳火)가 살아나는 것입니다. 사화(巳火)의 노출(露出)이라는 것은 한마디로 양기성상(兩氣成像)의 체를 붕괴시키는 작용을 하게 됩니다. 금수(金水)의 체(體)가 붕괴되면서 극을 받게 되는 것입니다.

이 때에 사화(巳火)는 금(金)의 속성보다는 병화(丙火)의 속성으로 유금(酉金)을 극하게 되는 것입니다. 유금이 돌변한 사화의 극을 당하느라 신금(辛金)을 돌볼 여유가 없는데 병신합거로 제거가 되는 병진년에 모친이 사망한 이유가 됩니다.

03 탐합(貪合)으로 수고처(水庫處)에 들어가니 가족을 돌보지 않는다

時	日	月	年	곤명
상관		비견	인수	六神
丁	甲	甲	壬	天干
卯	子	辰	戌	地支
겁재	인수	편재	편재	六神

어린 시절 광신도 어머니로 인해 가정환경이 피폐(疲弊)했던 대한 이유를 명리학적으로 알고 싶습니다.

▶ 사/주/분/석

이 명조는 년간(年干)의 임수(壬水)가 모친성이 되고 정화(丁火)는 종교의 상징물이 됩니다. 그런데 진술충(辰戌沖)이 되면 개문(開門)이 되어 있는 상태라고 보면 됩니다. 개문(開門)이란 고지(庫地)의 문(門)이 열린 상태이므로 무관(無官)사주이던 명조가 술(戌)중의 신금(辛金) 정관(正官)을 얻을 수가 있었다는 사실입니다.

이것은 팔자에 없던 글자 정관(正官)이 지장간에서 충출(沖出)이 된 것이니 곧 결혼에 성공할 수 있었습니다. 또한 진중(辰中)의 계수(癸水)는 년간 임수(壬水)로 투간하였은 즉, 투고(投庫)가 되니 임수(壬水) 모친(母親)의 실자입고(實字入庫)가 두려온 명조입니다.

즉 이 명조에서는 암신개고(暗神開庫)로 남편(男便)은 충출(沖出)하고 실자입고(實字入庫)로 모친(母親)성은 입고(入庫)될 수 있는 구조입니다.

그러하니 당장 모친성의 문제가 드러나게 됩니다. 그런데 자진(子辰)이 회국(會局)하는 구조에서는 수기(水氣)가 단단하여 완전 입고는 어려운 것이므로 정임합(丁壬合)하는 모친(母親) 임수(壬水)의 동태(動態)는 종교에 귀의하여 집을 상당 기간 떠나 있게 된다는 것을 말해줍니다.

왜냐하면 술(戌)중의 정화(丁火)는 문명지상(文明之像)이니 깨우침이고 촛불을 밝혀 어두운 사상을 여는 개척자의 정신이므로 갑(甲)일간의 정화(丁火) 상관(傷官)을 보는 것은 목화통명(木火通明)의 상(像)을 바라는 것입니다.

그러나 자진(子辰)수국과 정임합(丁壬合)하는 상태에서는 수(水)가 화(火)를 훼방하므로 통명(通明)이 어려운 것이므로 이것은 학자, 철학, 종교에 들어가도 성공하지 못한다는 점을 알 수가 있습니다.

그러므로 다만 임수(壬水)가 멀리 있는 정화(丁火)를 합하여 따른다는 것은 탐합(貪合)으로 볼 수 있는 것이니 곧 종교의 맹목적인 귀의(歸依)함을 보여주는 겁니다. 그러므로 한 번 나가면 오랫동안 연락이 안 되는 것은 역시 수고(水庫) 입고처(入庫處) 때문인 겁니다.

▶ 핵심키워드

'실자입고(實字入庫) 암신개고(暗神開庫)'라는 말의 의미는 실자(實字)는 입고(入庫)하고, 암신(暗神)은 개고(開庫)된다는 뜻이다.

이 말의 뜻은 천간에 나타난 실자(實字)는 입고(入庫)조건이 성립이 되면 개고(開庫)되기 전에 먼저 입고(入庫)된다는 이론이다. 만약 천간에 입고(入庫)될 십간이 없다면 비로소 암신(暗神)이 개고(開庫)되는 것이다.

04 부친(父親)이 병재(病財)면 이별 수가 있다

時	日	月	年	곤명
편재		정관	정재	六神
戊	**甲**	**辛**	**己**	天干
辰	**申**	**未**	**未**	地支
편재	편관	정재	정재	六神

▶ 사/주/분/석

이 명조는 년간의 기토(己土) 정재(正財)와 시간(時干)의 무토(戊土) 편재(偏財)가 분리되어 있은 즉, 정편재(正編財) 이위(二位)가 뚜렷합니다. 또한 년지(年支)와 월지(月支)의 미미토(未未土)에서 무기토(戊己土)가 투출(投出)하였으므로 재성(財星)이 태왕(太旺)하다고 할 만합니다.

그런데 일간(日干)은 월지에 고(庫)인 미토(未土)를 가졌습니다. 일간의 고(庫)를 소유한 명주(命主)는 언젠가 한번쯤은 입고(入庫)에 의한 갇힘을 당할 수 있다고 보면 되는데 만약 해당되는 고(庫)가 재성이면 재성으로 인해 일간이 고충을 당하게 될 수 있다고 보는 겁니다.

고로 이 사주의 재성(財星)은 병재(病財)로 판정할 수 있습니다. 그러므로 이 사주의 주인공의 친부(親父)는 폭군으로 모친을 학대하다가 이혼을 한 후에 모친은 재혼을 하였다고 합니다.

05 화인위겁(化印爲劫)으로 모친성이 변질이 되니 모친과 이별하였다

時	日	月	年	곤명
비견		성관	겁재	六神
丁	**丁**	**戊**	**丙**	天干
未	**酉**	**戌**	**寅**	地支
식신	편재	상관	정인	六神

▶ 사/주/분/석

병화(丙火)가 투간한 자리에 인술(寅戌)이 놓이면 준합국으로 보는 이론이 있는데, 낙록자(珞┌子)는 아래와 같이 말하였습니다.

"인술(寅戌)이 앉은 자리에서 병화(丙火)가 투출하면 병화(丙火)를 왕지(旺地)로 보아 준 삼합국으로 본다"

낙록자(珞┌子)의 견해로 본다면 인술이 합작하여 화국을 결성하므로 년지(年支)의 인목(寅木) 모친성(母親星)은 겁재(劫財)로 변질이 되었는데 이것은 년지의 인목(寅木) 소실(消失)이니 어린 나이에 모친과 별리(別離)한다는 사실로 증명이 됩니다.

또한 이 명조에서는 유중(酉中)의 경금(庚金)이 대장(大腸)에 해당합니다. 그러면 화국(火局)이 결성이 되어 있는 것이 분명하면 화극금(火克金)으로 경금(庚金)이 극을 받는 상태이니 평소에도 대장 질환은 존재하는 것입니다.

만약 인술(寅戌)이 화국(火局)의 결성에 실패한다면 월지의 무술토(戊戌土)가 통관신(通關神)이 되는데 곧 년간(年干)의 병화(丙火)가 일지의 경금(庚金)을 화생토(火生土), 토생금(土生金)이 되어 유금(酉金)을 오히려 생조하므로 화극금(火克金)이 나타나기 어렵게 됩니다.

또한 "무진년 어린 나이에 모친과는 이미 헤어져 친 할머니 손에 키워졌다." 이러한 기정사실에서 확실히 알 수가 있는 것은 곧 년지(年支) 인목(寅木)이 모친성(母親星)인데 인목(寅木)이 변질이 된 것임을 파악할 수 있다는 점입니다. 곧 화인위겁(化印爲劫)이 되는 것입니다.

그러므로 인목(寅木)이 없어지는 것이니 병화 투간한 자리의 인술(寅戌)이 합작(合作)으로 화국(火局)이 결성이 되어 모친에게 버려진 것으로 볼 수 있습니다.

▶ 근황

부모는 3세에 헤어져 친할머니 손에 키워졌다. 33세 대장암 초기 진단을 확진 받았다.

▶ 핵심키워드

삼합은 생지+왕지+고지로서 3개의 지지가 모두 모여야 국(局)을 이루게 되는데 2개의 지지만 있을 경우에도 합이 성립이 될 수가 있을까?

이 학설은 낙록자삼명소식부(珞碌子三命消息賦)를 석남영(주)이 주해한 책에도 언급되어 있으며 질문에 대해서 서락오는 자평진전평주에서 다음과 같이 말하고 있다.

인(寅)과 오(午) 또는 술(戌)과 오(午)가 있으면 절반의 화국(局)을 만든다. 신(申)과 자(子), 또는 진(辰)과 자(子)가 두개가 있으면 절반의 수(水)를 만든다. 만약 인(寅)과 술(戌), 또는 신(申)과 진(辰)만 있다면 국을 이룰 수가 없다. 왜냐하면 삼합의 국은 왕지(支) 있어야 가능하다.

하지만, 만약 지지에 인(寅)과 술(戌)이 있고 천간에 병정(丙丁)의 화(火)가 있다거나 지지에 신(申)과 진(辰)이 있고 천간에 임계(壬癸)의 수(水)가 있다면 국을 이룰 수가 있다. 병정(丙丁)은 곧 오(午)요, 임계(壬癸)는 곧 자(子)이기 때문이다.

06 정편인(正編印) 혼재로 이위(二位)이면 두 모친을 섬길 수 있다

時	日	月	年	곤명
겁재		정재	편관	六神
辛	**庚**	**乙**	**丙**	天干
巳	**戌**	**未**	**子**	地支
편관	편인	정인	상관	六神

▶ 사/주/분/석

임오(壬午)년에 부모님이 이혼하시고 아빠와 지금까지 단둘이 살고 있다고 하는데 부모 이혼을 예측할 수 있겠습니까.

이 명조는 일지(日支)와 월지(月支)가 정편인(正編印) 혼재(混在)인데 술미(戌未) 형살(刑殺)이 되어 있습니다. 그런 즉, 모친(母親) 이위(二位)에 해당하므로 두 모친을 섬길 수 있습니다.

그런데 을경합(乙庚合)으로 일간이 재성을 득재(得財)하는 구조이고 지지는 정편인(正偏印)인 혼재(混在)가 된다는 것은 한 부친에 두 모친이 바뀌는 환경임을 알 수 있습니다.

특히 을미(乙未) 백호살(白虎殺)이 동주고(同柱庫)인데 자미원진(子未元嗔)에 걸려 있습니다. 재극인(財剋印)이라는 의미는 부친에 의한 모친의 고충을 의미하고 자미(子未)원진은 자수(子水) 상관(傷官)이 시어머니에 해당하므로 고부(姑婦)갈등에 의한 이혼임을 알게 해줍니다.

07 편재와 정인이 모두 암합으로 재관을 취하였으니 양부모가 된다

時	日	月	年	건명
정인		편재	편관	六神
己	庚	甲	丙	天干
卯	申	午	申	地支
정재	비견	정관	비견	六神

▶ 사/주/분/석

이 사람은 부친(父親)이 2명이고 모친(母親)도 2명이 된다고 합니다.
그러니까 모친(母親)이 이혼(離婚)하고 재혼(再婚)했다는 뜻이고 친부(親父)도 이혼(離婚)한 후에 재혼(再婚)했다는 뜻이 됩니다. 이 사주에서 그러한 정황을 알 수 있는 대목이 있겠습니까.

이 명조에서는 월(月)간 갑목(甲木) 편재(偏財)가 친부(親父)가 됩니다.
그런데 시간(時干)의 기토(己土) 정인(正印)과 갑기합(甲己合)이므로 부부가 되니 나의 모친이 됩니다. 이러한 정황은 확실한 것이므로 갑목(甲木)과 기토(己土)에서부터 나의 부모 육친을 파악해 나가야 합니다.
즉 월간(月干) 갑목(甲木) 부친(父親)은 오중(午中)의 기토(己土)와 갑기(甲己) 명암합(明暗合)하는 구조이며 신중(申中)의 기토(己土)와도 갑기합(甲己合)하므로 또 다른 모친(母親)이 숨어 있는 것입니다.
그런데 시간(時干)의 모친(母親) 역시 묘중(卯中)의 을목(乙木)과 갑목(甲木)이 갑기(甲己) 명암합하므로 또 다른 양친(養親)이 숨어 있을 수가 있는 것입니다. 고로 두 부친이고 두 모친이 되는 것입니다.

이것은 나의 부친은 이혼 후에 재혼하였고 또한 나의 모친도 새로운 남자를 만나 재혼(再婚)한 것입니다. 왜냐하면 나는 갑경충거(甲庚沖去)로 갑목(甲木) 편재(偏財) 부친을 밀어내니 불화(不和)가 있지만 묘신(卯申)암합(暗合)으로 묘중(卯中)의 을목(乙木)과는 을경(乙庚) 명암합(明暗合)하므로 새 부친하고는 유정(有情)한 사이가 됩니다.

그러므로 비견이위(比肩二位)가 분명한 즉, 년지의 신금(申金)비견은 나의 배다른 이복형제(異腹兄弟)를 가리키게 됩니다. 즉 갑목 부친이 탈태요화(脫胎要火)하는 병신(丙申)년주의 비견(比肩)은 나의 이복형제가 됩니다.

08 신금(辛金)의 입고처(入庫處)는 부친(父親)의 묘고지(墓庫地)이다

時	日	月	年	세운9	대운4	곤명
편인		정재	정재	상관	편관	六神
甲	丙	辛	辛	己	壬	天干
午	戌	卯	巳	丑	辰	地支
겁재	식신	편인	비견	상관	식신	六神

▶ 사/주/분/석

이 명조는 일주가 병술(丙戌)이니 동주고(同柱庫)에 해당합니다.

일간이 자좌(自座) 동주고(同柱庫)를 구성하면 일간은 언젠가 한 번쯤은 어떤 사건으로 인해 고충을 경험한다고 이해하면 됩니다.

그래서 이 명조는 지지의 묘술합(卯戌合)있는데 오술합(午戌合)으로 인해 합이 합을 해소하고 있습니다. 이것은 병술(丙戌) 동주고(同柱庫)는 개문(開門)이 된 상태로 불안정한 상태에 놓여 있다고 보면 됩니다.

그런데 임진(壬辰)대운 병임충(丙壬沖)과 진술충(辰戌沖)을 하니 술토(戌土)가 동(動)하는 가운데 다시 기축년(己丑年)에 축술형(丑戌刑)을 당하면 병화(丙火) 일간(日干)은 입고(入庫)하게 되어 있습니다. 이것은 일간의 고충을 말하는 것입니다.

그렇다면 무슨 사건으로 고충을 경험하는가? 신금(辛金)은 재성이므로 부친 성(父親星)에 해당하는데 기축년(己丑年)에 축술형(丑戌刑)을 하면 술(戌)만 동(動)하는 것이 아니라 축(丑)도 함께 동(動)하는 것이라 축토(丑土)에 신금(辛金)이 입고하게 됩니다. 이것은 기축년(己丑年)은 신금(辛金)의 입고처(入庫處)로 부친(父親)의 묘고지(墓庫地)로 등장하는 해가 되기 때문에 당연히 부친의 위험성을 알리고 있는 것입니다.

▶ 근황

대학에서 연극영화 전공하였습니다. 9살 기축년(己丑年)에 생부(生父)가 자살(自殺)하였다.

▶ 핵심키워드

합(合)이라는 것은 두 글자가 묶임을 당한다고 보면 된다.

그래서 합이 된 두 글자는 충으로부터 보호를 받을 수가 있다.

그러나 원국에서 합이 합을 해소(解消)하게 되면 묶임은 풀리게 되는 것이니 풀리게 된 두 글자들은 당면한 대세운의 형충(刑沖)에서 보호받지 못하는 것이니 위태롭게 되는 것이다.

그러므로 고(庫)는 마땅히 형충(刑沖)해야 올바르다고 하지만 병술(丙戌)처럼 동주고(同柱庫)가 되면 실자입고(實字入庫)가 되는 것이니 충(沖)이 위태로운 것이 된다.

09 딸 팔자에 나타나 있는 모친(母親)의 삼혼(三婚)

時	日	月	年	곤명
편관		정관	식신	六神
己	**癸**	**戊**	**乙**	天干
未	**丑**	**寅**	**未**	地支
편관	편관	상관	편관	六神
백호			백호	신살

▶ 사/주/분/석

이 명조는 을미(乙未)와 계축(癸丑)이 칠살(七殺) 백호(白虎)로 일지궁의 남편성이 모두 백호(白虎)에 걸려있는 상황이라 남편의 혈광사(血狂死)를 근심해야 합니다. 그런 즉, 이 사주의 주인공은 2009년 기축년(己丑年)에 남편이 사망하였습니다.

이 명조에서 축(丑)중의 신금(辛金)이 모친성(母親星)에 해당합니다. 그런데 축미충(丑未沖)하므로 신금(辛金)의 인출(印出)에 성공할 수 있었습니다. 고로 좌자(座自)한 일지궁 축(丑)에서 발원(發源) 생조(生助)하는 인수(印綬)는 충기(沖起)한 실자(實字)가 되므로 이 팔자에서는 인수가 강한 기운이 되어 인수가 없다고 말하면 안 되는 것입니다.

문제는 부친성의 존재입니다. 년(年)지 미중(未中)의 정화(丁火)가 부친이고 인중(寅中)의 병화(丙火)가 부친이 됩니다.

그리고 시지(時支) 미중(未中)의 정화(丁火)도 부친성이니 3명이 숨어 있는 것입니다. 그런데 축미충(丑未沖)이 되면 축(丑)중의 신금(辛金)은 충출(沖出)하지만 미중(未中)의 정화(丁火)는 충출(沖出)한 즉, 일간 계수(癸水)가 정계충거(丁

癸沖去)로 밀어냅니다. 또한 인미(寅未)귀문(鬼門)에 걸려있는 인목(寅木)이 미토(未土)에 입고(入庫)하면 인중(寅中)의 병화(丙火)도 소멸(消滅)하게 됩니다. 결국 이 명조의 주인공은 부친을 극하는 사주로 극부(剋父)팔자라고 봐야 할 것입니다. 그런 즉, 이 팔자의 모친은 세 번 결혼에 실패하였습니다.

▶ 근황
이 명조는 모친이 남편과 사별하고 3번 결혼을 했지만, 실패한 후 딸과 함께 노년을 보냈고 있습니다.

▶ 핵심키워드
백호살은 무진(戊辰), 정축(丁丑), 병술(丙戌), 을미(乙未), 갑진(甲辰), 계축(癸丑), 임술(壬戌)이다. 일명 오귀살(五鬼煞)이라 한다. 죽음의 기운이 중궁(中宮)을 침범하여 황제를 위협한다고 해서 나온 것이다.
그러므로 해당되는 육친이 백호에 걸려 있다면 그 육친의 혈광사를 근심해야 하는 것이다.

10 비견(比肩)태과로 인수(印綬)가 분설(分洩) 하면 모친이 힘들다

時	日	月	年	곤명
식신		비견	편인	六神
壬	**庚**	**庚**	**戊**	天干
午	**申**	**申**	**申**	地支
정관	비견	비견	비견	六神

▶ 사/주/분/석

이 명조에서는 년간(年干)의 무토(戊土) 편인(偏印)이 모친성(母親星)에 해당합니다. 그런데 지지는 신금(申金)이 3개이고 경금(庚金)이 2개 투출하였으니 비견(比肩) 태과자(太過者)로 보는 것입니다.

그런데 비견(比肩)이 태과(太過)하면 인수는 쪼개져 생조해야 하므로 정(情)이 분산(分散)이 되니 자식들에게 정(情)이 골고루 흐르지 못하게 되는데 그 결과 모친은 자식을 제대로 돌보지 못하면서도 평생 자식들에 휘둘려 힘들게 살게 됩니다.

고로 이 팔자의 모친은 평생을 힘들게 살다가 돌아가셨다고 합니다. 비견(比肩)태과(太過)로 인수(印綬)가 분설(分洩)하는 사주가 되면 모친이 단명(短命)하거나 병약(病弱)하여 평생 모친의 근심이 끊이질 않게 되는 것입니다.

▶ 근황

남편은 일찍이 이별하였고 모친은 힘든 세월을 살다가 돌아가셨습니다.

11 모친의 사주에 정편인(正偏印) 이위(二位)를 구성한 경우

時	日	月	年	곤명
인수		상관	편인	六神
壬	乙	丙	癸	天干
午	亥	辰	未	地支
식신	편인	정재	편재	六神

▶ 사/주/분/석

이 명조는 년간(年干)의 계수(癸水) 편인(偏印)과 시간(時干)의 임수(壬水) 인수(印綬)가 존재하는데 년지(年支)와 월지(月支)에도 정편재(正編財) 혼잡하므로 내 모친은 정편인(正偏印) 이위(二位)를 구성하고 있음을 알 수 있게 됩니다. 고로 이 사주를 보면 모친 문제가 당면 과제로 떠올라야 합니다. 그런데 모친 변동의 원인은 역시 남자에게 기인(起因)을 합니다. 왜냐하면 계수(癸水) 모친(母親)이 월지에 진토(辰土)에 인수고(印綬庫)를 놓고 계미(癸未)가 동주묘(同柱墓)이므로 정편재(正編財)가 모두 편인 계수(癸水)를 위협하고 있기 때문입니다. 고로 부친(父親)도 정편재이위(正偏財二位)가 되는 것이고 모친도 정편인(正偏印) 이위(二位)가 구성이 되는 것입니다. 이런 구조는 계수(癸水)가 입고처(入庫處)에 처한 상황이라 남자에게 친절 할 수 있습니다. 왜냐하면 입고처는 나를 위협하는 존재이므로 감히 함부로 대할 수 없기 때문인데, 그래서 입고처가 남자이면 공처가가 많고 여자이면 연약함을 느끼게 됩니다.

그러므로 이성에게는 친절하게 보여서 남자에게 호감을 갈 수 있다는 뜻이 됩니다. 따라서 이런 구조는 다혼(多昏)이 발생하기 쉬운 것입니다.

그런 까닭에 부친이 사망한 날이 되는 병술년(丙戌年)에 진술충(辰戌沖)을 하여 고(庫)를 동(動)하게 만들었고 새 아버지와 헤어진 날인 무술년(戊戌年)에도 진술충(辰戌沖)을 하니 진토(辰土)의 입고처(入庫處)를 움직이게 하였던 것이 주된 원인이 되었습니다.

공통점은 술토(戌土)세운에 이런 일들이 발생한다는 점입니다. 곧 진토(辰土)를 진술충(辰戌沖)하면 이게 입고처를 동(動)하게 만들기 때문인 것입니다.

▶ 근황

병술년(丙戌年)에 갑자기 아버지가 돌아가셨습니다. 이듬해 정해년에 어머니가 재혼(再婚)하여 새아버지와 함께 살게 되었고, 16세 무술년(戊戌年)에 새아버지와 이혼 하였습니다. 그 후 어머니는 또 다른 남자를 만나 교재 중입니다.

12 편재가 길신태로(吉神太路)가 된 매금(埋金)의 상이니 위태롭다

時	日	月	年	건명
편관		상관	편재	六神
癸	丁	戊	辛	天干
卯	卯	戌	未	地支
편인	편인	상관	식신	六神

▶ 사/주/분/석

이 명조는 년간(年干)의 편재(偏財)가 부친성으로 존재하는데 이것은 재성노출(財星路出)이라 하여 길신태로(吉神太路)의 상(像)에 해당됩니다. 고로 길신(吉神)이 노출(露出)이 되면 쟁탈(爭奪)하려는 무리들이 달려들 수 있는데 이것을 막아 주기 위해서는 관공서의 출현(出現)이 필요하다는 뜻이 됩니다. 그런데 관공서(官公署)라 함은 사주에서는 곧 관성(官星)을 말하는 바, 이 명조에서는 계수(癸水) 편관(編官)이 관공서가 될 수 있습니다.

그러나 편관(編官) 계수(癸水)는 년간(年干)의 편재(偏財)와는 거리상 멀리 있고 정계충(丁癸沖)과 무계합(戊癸合)으로 장애가 많아서 신금(辛金) 편재(偏財)를 도와 주기 무척 어려운 상황인 것이죠. 고로 이 편재(偏財) 신금(辛金)은 년간에 노출이 되어 있어서 위태로운 즉 길신태로(吉神太路)라 함이 마땅한 것입니다. 이것은 재성이 노출이 된 상태이므로 재성(財星) 피격(被擊)을 당할 수 있어서 겁재(劫財)가 등장하면 피할 도리가 없다는 뜻이 되기도 됩니다.

그러므로 정유(丁酉)대운에는 정화(丁火) 비견을 만난 운이므로 어렵고 병신(丙辛)대운에는 병신합거(丙辛合去)하니 편재가 제거되므로 길신태로에 놓인 신금 편재를 전히 제거하게 됩니다.

고로 이 명조는 신금(辛金) 편재(偏財)가 매금(埋金)의 상(像)을 보이면서 길신 태로(吉神太路)이니 병정화(丙丁火)대운을 건너오기 힘들다고 보아야 합니다. 그러므로 이 명조의 주인공은 정화(丁火)대운에 부친과 사별하였습니다.

▶ 핵심키워드

적천수에 의하면 길신태로기쟁탈지풍(吉神太露起爭奪之風)이라 하였는데 이 것은 길신이 천간에 투출하면 한바탕 다투어 빼앗으려는 바람이 일어난다 는 뜻이다.

고로 길신이란 보호를 받아야 마땅한데 만약 재성이 노출이 되어 있다면 겁재의 공격으로부터 취약할 수 있으므로 반드시 재성을 보호해 줄 수 있 는 관성의 존재가 필연적임을 말하는 것이다.

13 군비쟁재(群比爭財)에 걸리면 극부극재(剋父剋財)하게 된다

時	日	月	年	세운26	대운24	곤명
편재		식신	비견	정재	인수	六神
庚	**丙**	**戊**	**丙**	**辛**	**乙**	天干
寅	**午**	**戌**	**辰**	**巳**	**未**	地支
편인	겁재	식신	식신	비견	상관	六神

▶ 사/주/분/석

이 명조는 시간의 경금(庚金) 편재(偏財)가 부친성(父親星)에 해당하고 시지(時支)의 인목(寅木) 편인(偏印)은 모친성(母親星)에 해당합니다.

그런데 병화(丙火)일간이 지지에 인오술(寅午戌) 삼합(三合)을 구성하여 무척 강한 화국(火局)을 결성하니 인목(寅木)은 분멸(焚滅)하고 경금(庚金)이 녹아 흐르는 상(像)이므로 이것을 군비쟁재(群比爭財)라 하였는바, 모친은 질환으로 고생하고 부친(父親)은 일찍 사망하였다고 합니다.

따라서 을목(乙木)대운에는 을경합거(乙庚合去)로 편재가 완전히 제거가 됩니다. 편재가 제거되는 시기인 5년간은 재물 손재수가 크다고 보면 됩니다. 그 발생 시기를 예측해 보면 신사년(辛巳年)에 정재(正財)인 신금(辛金)이 등장하면서 역시 병신합거(丙辛合去)이니 또한 재물 손재가 일어나게 됩니다.

정편재(正編財)가 모두 합거(合去)로 사라지고 사화(巳火)는 진사(辰巳)라망(羅網)과 사술(巳戌)원진(元嗔)이니 곧 신사년(辛巳年)은 천라지망(天羅地網)이라는 그물에 갇힌 형국입니다.

이 사람은 병신합거(丙辛合去)로 만들어진 라망살에 걸린 해를 만난 것이니 큰 손재가 일어났던 것인데 수술비로 손재가 일어난 것 같습니다.

▶ 근황

여자 분이며 신사년(辛巳年)년에 길에서 강도를 당하여 병원 응급실로 실려 갔다고 합니다. 어머니는 병자(病者)이고 아버지는 돌아가셔서 말 그대로 소녀가장입니다.

▶ 핵심키워드

군비쟁재(群比爭財)란 군겁쟁재(群劫爭財)라고도 하는데 재성(財星)을 용(用)하려고 할 때에 비견, 비겁의 무리가 많아 재(財)를 놓고 다투는 것을 말한다.

여기서의 군겁쟁재(群劫爭財)란 일간이 재성(재물, 여자)등을 다툼에 있어서 일간의 몫이 비견, 겁재에게 빼앗기는 것을 이야기하는데 재성이 약하고 일간보다는 비견, 겁재의 기운이 강할 때 일어나는 현상으로 주로, 형제, 친구, 경쟁자 등에게 일간이 그 몫을 뺏기는 경우를 말한다.

그래서 동료와의 합작 사업은 안 되고 금전관리에 많은 신경을 써야 한다.

군겁쟁재는 양인(陽刃)의 무리가 모이는 것이니 극처(克妻), 극부(克父), 파재(破財)가 되는 데 비견, 겁재는 일간의 기운을 분리, 이탈시키는 작용이 있다.

그러므로 이 때 운에서 비견, 겁재를 만나 길하게 작용할 경우에는 새로운 사업이나 독립, 결혼 등의 좋은 쪽으로의 전개가 있지만, 대부분은 흉하게 작용하는데 청소년기에는 가출이나, 아버지의 변고등 주로 분탈(分奪)의 작용을 한다.

14 정편인(正偏印) 혼재로 비견(比肩)이 중한데 인수가 탈인(奪印)의 상이면 계모가 있을 수 있다

時	日	月	年	세운5	건명
식신		비견	인수	상관	六神
壬	**庚**	**庚**	**己**	**癸**	天干
午	**辰**	**午**	**酉**	**丑**	地支
정관	편인	정관	겁재	인수	六神

모친은 계축년 5세에 돌아가셨고, 부친은 재혼하여 이복형제가 있습니다.

▶ 사/주/분/석

이 명조에서는 년간(年干)의 기토(己土) 인수는 어머니입니다.

일지(日支)의 진토(辰土) 편인(偏印)은 계모(繼母)에 해당합니다. 곧 기토(己土)는 정인(正印)으로 친모(親母)에 해당하고 진(辰)중의 무토(戊土)는 편인인데 계모(繼母)가 됩니다.

그런데 진중(辰中)의 무토(戊土)는 계수(癸水)와 암합(暗合)하였으니 무계합(戊癸合)이 된 것인데 이것은 계모(繼母)와 조모(祖母)가 함께 살아간다는 점을 밝히고 있습니다.

왜냐하면 이 사람에게 계수(癸水)는 상관(傷官)인데 육친성(六親星)에 의하면 조모(祖母)에 해당하기 때문입니다. 그런데 사주(四柱) 중(中)에서 정인(正印)과 편인(偏印)이 혼재(混在)하는데 비겁(比劫)이 많아 정인(正印)의 기운이 탈인(奪印)이 되면 계모(繼母)를 얻어 반드시 이복형제(異腹兄弟)가 있다고 봅니다.

왜냐하면 년간(年干)의 기토(己土) 인수가 주변의 비견으로 인해 탈인(奪印)이 되면 그 정(情)이 흩어지게 되는데 곧 월간(月干)의 비견(比肩)에게 모친의 정(情)이 많이 가고 나는 멀어서 적게 오게 되니 어려서 모친을 잃게 됩니다.

이것은 형(兄)은 모친의 정(情)을 맏이로 많이 받았지만 나는 어려서 모친을 잃게 되니 모친의 정(情)을 느끼지 못한다는 뜻도 됩니다.

그러므로 모친(母親)이 사망(死亡)한 계축년(癸丑年)에는 장간(藏干)에 숨은 계수(癸水) 조모(祖母)가 등장하였는데 축토(丑土)는 유금(酉金)과 합하여 유축합(酉丑合)으로 금기(金氣)를 강화 시켜 모친의 탈인(奪印) 작용을 심하게 작용 하였습니다.

그 결과로 모친이 사망하여 조모(祖母)가 아이를 맡아 양육했다고 보면 됩니다. 이것이 계축년(癸丑年)에 계수(癸水) 조모(祖母)가 등장했던 이유가 됩니다.

15 절지(絶地)에 놓인 편재가 쌍(雙) 비견의 극(克)을 받고 있다

時	日	月	年	대운23	건명
정관		편재	비견	편인	六神
癸	**丙**	**庚**	**丙**	**甲**	天干
巳	**子**	**寅**	**戌**	**午**	地支
비견	정관	편인	식신	겁재	六神

▶ 사/주/분/석

부친이 일찍 사망하는 명조는 부친의 육친 구성에서 문제를 찾아야 합니다. 이 명조에서는 월간의 경금(庚金)이 편재(偏財)입니다.

그런데 경금(庚金)이 앉은 자리 인목(寅木)은 절지(絶地)가 분명합니다. 부모궁 자리에 놓인 경금(庚金)이 절지궁(絶地宮)이 된다는 말입니다. 그런데 비견 병화(丙火)가 일간과 함께 경금(庚金)을 양쪽에서 화극금(火克金)하는 것도 상당히 불리한 것이죠. 그럴 경우에는 절지(絶地)의 놓인 편재가 느끼는 압박이 상당할 것이라 봅니다.

이런 경우에 비견다자(比肩多者)는 부친을 극부(剋父)한다는 명식에 해당이 될 수 있습니다.

그러므로 갑오년(甲午年)에는 인오술(寅午戌)삼합(三合)이 결성이 되면 경금(庚金)이 녹아 흐를 수가 있는데 부친(父親)의 변고(變故)가 발생할 수 있습니다. 또한 년주(年柱) 병술(丙戌)은 비견(比肩)동주고(同柱庫)입니다. 비견(比肩)이 묘고(墓庫)에 앉은 모습이니 형제의 문제가 나타날 수 있습니다.

▶ **근황**

9세 갑오(甲午)년에 부친이 사망하고, 14세 기해(己亥)년에 형이 죽었다

▶ **핵심키워드**

아래와 같은 조건에 모두 해당하면 극부(剋父)하는 팔자라 단정할 수 있습니다.

① 부모궁(父母宮)자리가 절지(絶地)인가 확인한다.
② 비견 2~3개가 편재(偏財)를 극하는가 확인한다.
③ 지지에 부친(父親)의 묘고(墓庫)가 존재하는지 확인한다.
④ 재성(財星) 이위(二位)에 해당하는가 확인한다.

16 정재가 편인을 충기(沖起)하면 또 계모 (繼母)를 얻게 된다

時	日	月	年	건명
편관		식신	편인	六神
甲	**戊**	**庚**	**丙**	天干
寅	**申**	**子**	**午**	地支
편관	식신	정재	정인	六神

▶ 사/주/분/석

이 남자는 아버지는 3번 결혼하셨는데 부친이 이혼, 재혼하면서 배다른 이복형제가 생겼다. 이 명조를 살펴보면 월령의 자수(子水)가 용신(用神)이고 재살(財殺)이며 비인살(飛刃殺)에 해당합니다. 그런데 년지(年支) 오화(午火)는 양인(陽刃)에 해당합니다. 병오(丙午)라는 강한 불을 자수(子水)가 충극하는 물상입니다. 자오충(子午沖)을 하면 비인과 양인이 맞붙어 수증기 섞인 불꽃이 발생합니다. 자오충(子午沖)은 음양(陰陽)의 교류라 전기가 발생합니다.

따라서 근무지는 용접기사, 전기기사, 고압기사, 조선소 현장 등이 될 수 있습니다. 이 사람은 이러한 과정을 겪으면 현장소장에서 근무 중이라 합니다. 그런데 월지의 재성(財星)이 부친(父親)인데 년주(年柱)의 편인(偏印)은 계모(繼母)에 해당합니다. 그런데 자오(子午)가 충(沖)하면 병오(丙午)는 강성하기 때문에 파괴 되는 것이 아니라 충기(沖起)하는 현상이 일어납니다.

곧 병오(丙午)가 충기(沖起)하면 병화(丙火)라는 육친성(六親星)이 새롭게 등장하게 됩니다. 그 결과 병화(丙火)는 편인(偏印)이므로 새 계모(繼母)를 얻게 되었습니다. 이러한 까닭에 모친 3명을 모시게 됩니다.

이러한 것은 충기현상에 의한 것이므로 정편인(正偏印) 이위(二位)가 되지 않더라도 충이 일어날 적마다 다수의 육친성이 나에게 접근하게 됩니다.

17 부친(父親)의 입고처가 놓이면 조기 사별할 수 있다

時	日	月	年	곤명
겁재		비견	편관	六神
庚	辛	辛	丁	天干
子	未	亥	卯	地支
식신	편인	상관	편재	六神

▶ 사/주/분/석

천간에 경신신(庚辛辛)이 놓이게 되면 이게 개두(蓋頭)가 심한 상황이라 지지에 해묘미(亥卯未)목국(木局)은 결성에 실패합니다. 고로 해묘미 세 글자는 독립하여 살아 있게 되는데 그 결과로 묘(卯) 편재는 일지(日支) 미토(未土)가 입고처(入庫處)가 되기 때문에 편재 입고의 상(像)을 가진 팔자가 되는 것입니다. 그러므로 자미원진(子未元嗔)으로 일지의 미토(未土)를 해롭게 하는 과정에서 년지(年支)의 편재(偏財)가 놓이면 조부궁(祖父宮)에 놓인 편재(偏財)라 일찍이 부친과 이별할 상(像)이라고 보았던 것입니다.

그래서 이 사람의 부친 사망날짜는 계축운(癸丑運)중에 기축년(己丑年)에 해당하므로 축토(丑土)를 2번 만났을 때 부친 사망으로 나타납니다. 사망이유가 축미충(丑未沖)이 원인임을 알게 해줍니다. 곧 축미(丑未)가 재충(再沖)이 되는 셈이죠. 고로 일지(日支)의 미토(未土)를 재충(再沖)하여 미토는 개방이 된 상태가 되므로 즉시 편재(偏財)입고(入庫)가 된 것을 알려 주고 있습니다.

▶ 근황

어릴 때 부모가 이혼했고 부친은 이혼 후 계축(癸丑)운 기축(己丑)년에 사망하였습니다.

18 재성잡투인성창모가이부(財星雜透印星昌 母嫁二夫)로 중혼할 팔자다

時	日	月	年	세운6	대운3	건명
비견		정재	편재	인수	편관	六神
戊	戊	癸	壬	丁	甲	天干
午	午	卯	子	巳	辰	地支
인수	인수	정관	정재	편인	비견	六神

▶ 사/주/분/석

이 명조는 월지의 묘(卯)가 정관(正官)격인데 자묘형(子卯刑)과 오묘파(午卯破)로 구성이 되어 있습니다. 그런데 일시(日時)가 오오형(午午刑)의 양인(陽刃)을 놓여 왕한 중에 자오충(子午沖)으로 양인(陽刃)의 충이 되어 있는 구조입니다. 정관(正官)은 원래 재(財)와 인(印)으로 보좌(補佐)하는게 도리(道理)가 되겠지만 왕(旺)한 양인(陽刃)과 혼탁한 재성(財星)의 싸움으로 말미암아 정관(正官)의 손상(損傷)이 심하게 발생하였습니다. 그로 인해 정상적인 가정생활이 이루어질 수 없다고 판단하면 됩니다. 결국 이 명조는 양인(陽刃)에 앉아 있는 두 무토(戊土)가 부친을 극부(剋父)하고 오오형(午午刑)으로 모친과 부친의 다툼도 심하니, 나의 정관 목성(木星)이 가정(家庭)에서 장자(長子)의 위치를 지키기가 무척 어려운 것입니다.

이 명조를 보고 학선생께서는 일결(一訣)을 내어 정단하기를
"재성잡투인성창모가이부(財星雜透印星昌母嫁二夫)"라 하였습니다.
무슨 말인고 하니 "정편재가 혼잡(混雜)하여 투간(透干)하였고 인성(印星)이 왕(旺)한 즉, 그 엄마가 중혼(重婚)할 팔자다" 뜻 입니다.

이것은 부친(父親)이 사망하여 재혼(再婚)하는 것인지 단순히 이혼(離婚)하여 재혼(再婚)하는 것인지는 재성의 상태를 보고 판단할 수 있습니다. 그러므로 이 명조에서는 부친(父親)은 임수(壬水) 편재(偏財)가 되고 계부(繼父)는 계수(癸水) 정재(正財)가 됩니다.

그런데 첫 번째 부친은 임수(壬水)편재(偏財)인데 지지가 자묘형(子卯刑)과 자오충(子午沖)으로 양인(陽刃)의 충극(沖剋)을 공방(攻防)하는 상황입니다. 그러다가 년주의 임자(壬子) 재성은 정사년(丁巳年)에 정임합거(丁壬合去)와 자사암합(子巳暗合)으로 범태세(犯太歲)를 범(犯)하게 됩니다.

년주(年柱)가 세운(歲運)을 합거하였은 즉, 편재(偏財)의 인연은 여기서 끝나게 됨을 알 수가 있습니다. 일주(日柱)와의 범태세(犯太歲)는 본인 사망의 가능성이 많고 년주(年柱)범태세는 조부(祖父) 및 부모(父母)의 사망으로 보고 월주(月柱)범태세는 부모(父母) 혹은 형제(兄弟)의 사망, 사고 등으로 판단하면 됩니다.

▶ 근황

이 사람은 쓰촨성(四川省)의 촌마을에서 태어났는데 어머니가 젖이 나오지 않아 처음부터 배를 곯았다. 생김새가 거무튀튀하고 깡말랐으며 가족의 사랑을 전혀 받지 못했다. 1976년 병진년(丙辰年) 5세 조부(祖父)는 나무를 베는 작업을 하다가 돌아가셨다. 1977년 정사년(丁巳年) 6세 봄철에 부친이 맹장염을 앓았고 그로 인한 장폐색으로 사망했다.

1979년 기미년(己未年) 8세에 모친은 상처(傷妻)하고 여아(女兒) 하나를 데리고 사는 홀아비와 재혼(再婚)하였다. 모친과 계부(繼父)는 항상 싸웠다. 1982년 11세에 모친은 계부(繼父)와 이혼하고 따로 집을 얻어 나왔다. 1988년 겨울 모친은 허베이(河北)의 농촌으로 재가(再嫁)하였다.【명리진보】

▶ 핵심키워드

범태세(犯太歲)라 함은 사주팔자가 세군(歲君)을 범했다는 용어로 범태세에 걸린 사람은 그 해 살아있는 사람으로 보지 않는 다는 이야기가 있다. 곧 태세(太歲)라 함은 세운(歲運)을 말한다.

보통 세운(歲運)은 군주(君主)를 상징하고 일간은 신하(臣下)로 보았는데 경(經)에서 말하기를 태세(太歲)가 일간을 손상(損傷)하게 하면 화(禍)가 가볍지만 만약 일간(日干)이 세군(歲君)을 범하면 재앙이 필히 무겁다고 말한다.

세군(歲君)이 일(日)을 손상한다는 것은 예를 들어 경년(庚年)에 갑일간(甲日)을 극(克)하면 편관(扁官)이 되는데 비유하자면 임금(君)이 신하(臣)를 다스리는 것이고 부친(父)이 자녀(子)를 다스리는 것이라서 비록 재해(災害)가 있으나 큰 해(害)가 되지 않는다. 어떤 연유에서 일까?

그 이유는 위사람(上)이 아랫사람(下)을 다스리면 순리(順)에 따르는 행동이며 그래서 그 정(情)이 오히려 끊어지지 않는 것이다. 대저 일주(日柱)가 세군(歲君)을 범하는 경우를 충극태세라 말하였는데 이것은 태세군을 건드렸다는 의미가 된다. 일간이 태세군을 건드렸다는 말은 항명(抗命)이니 신하가 임금을 능욕한 것이며 아랫사람이 위 사람을 모욕한 것이라 어찌 천하가 평탄할 수 있겠는가

그러므로 명리학에서 범태세(犯太歲)가 되면 그는 이미 죽은 사람이라 보았는데 죽지 않고서는 감히 신하로 임금을 능욕할 수가 없다는 의미로 받아들이면 된다.

19 남의 집에 버려진 아기가 왜 양부모 덕은 있을까요?

時	日	月	年	곤명
정재		상관	겁재	六神
庚	**丁**	**戊**	**丙**	天干
子	**未**	**戌**	**辰**	地支
편관	식신	상관	상관	六神
壬	丁	辛	乙	지
	乙	丁	癸	장
癸	己	戊	戊	간

▶ 사/주/분/석

남의 집에 버려진 아기가 왜 양부모 덕은 있을까요?

이 명조는 무술(戊戌) 월주가 진술충(辰戌沖)이 되고 일지(日支)에 미토(未土) 식신(食神)를 놓으므로 진상관(眞傷官)을 구성합니다.

그런데 진상관(眞傷官)에서는 인수(印綬)운이 대길(大吉)하고 상관운(傷官運)은 대흉한 운세가 됩니다. 고로 이 사주에서는 인수(印綬)가 부재(不在)이므로 모친(母親)의 정(情)을 얻을 수는 없습니다.

하지만 지장간의 미(未)중 을목(乙木)과 진(辰)중 을목(乙木)의 편인(偏印)이 내장(內藏)이 되어 암암리에 왕한 상관을 제화(制化)하고 있습니다. 이 말은 숨어 기르는 계모(繼母) 편인(偏印)의 공덕(功德)이 있다는 말이 됩니다.

왜냐하면 목(木)은 왕한 토(土)를 소토(燒土)하는 길신(吉神)으로 작용하기 때문입니다. 그러므로 계모(繼母), 이모(姨母)에게 사랑을 받을 수가 있다고 보면 됩니다. 또한 시간(時干)의 정재(正財)는 양친(養親)으로 태강한 상관(傷官)을 수기(秀氣) 설기하여 상관생재(傷官生財)하는 공(功)이 있으니 이런 경우에는 편인같은 이모들의 숨은 조력과 양친(養親)의 덕이 크게 작용하는 사주라고 보면 됩니다.

▶ 근황

출생 후 남의 집 대문 앞에 쪽지와 함께 버려진 여자아이가 있었는데, 다행히 아이를 가엽게 여겨 아들 하나를 두고 있는 사업하는 착한 사람들이 겨두었다.

형제들의 반대에도 불구하고 양녀(養女)로 삼아 친딸같이 사랑을 베풀고 교육을 시켜 약대를 졸업하고 지금은 중년이 되어 약국을 경영하여 상당한 부(富)를 축적하였다.

20 편재 하나에 편인은 이위(二位)가 분명하니 부모가 이혼할 팔자이다

時	日	月	年	곤명
편인		편관	편인	六神
壬	**甲**	**庚**	**壬**	天干
申	**寅**	**戌**	**寅**	地支
편관	비견	편재	비견	六神

▶ 사/주/분/석

이 여자 분은 편인(偏印)은 모친(母親)이 되기도 하고 조부(祖父)가 되기도 합니다. 그런데 정인(正印)의 투출이 없고 편인(偏印)의 투출이 있으므로 이것은 나의 모친(母親)의 애정(愛情)은 편인(偏印)같은 이모(姨母) 성향을 보인다고 보면 됩니다. 그러므로 년간(年干)의 편인(偏印)을 조부(祖父)로 판단하는 이유는 월지(月支) 술(戌)중의 정화(丁火) 상관(傷官)의 정임합(丁壬合) 때문입니다. 곧 조부(祖父)를 정임합(丁壬合)하므로 정화(丁火) 상관(傷官)은 나의 조모(祖母)에 해당합니다. 그런데 조모(祖母)는 술토(戌土) 편재(偏財) 내부에 거주하므로 나의 부친과 할머니는 유정(有情)하다고 말할 수 있으므로 함께 거주(居住)한다고 보면 됩니다. 즉 나는 모친보다는 부친(父親)과 조모(祖母)와 친밀하므로 그들에 의해 양육(養育)된다고 보는 겁니다. 이 팔자에서는 편재(偏財)는 하나가 분명한데 편인(偏印) 이위(二位)의 상(像)으로 인신충(寅申沖)하여 서로 밀어내니 언제든지 갈라질 수 있음도 알 수 있습니다.

▶ 근황

모친이 매일 술이고 딸도 돌보지 않는다. 조모가 아이를 키우고 있다.

21 모친의 동주고로 인수(印綬) 이위(二位)의 상(像)은 입양아 이다

時	日	月	年	곤명
인수		인수	비견	六神
乙	丙	乙	丙	天干
未	辰	未	申	地支
상관	식신	상관	편재	六神

▶ 사/주/분/석

이 명조는 인수(印綬)가 2명인데 을미(乙未)의 동주고(同柱庫)로 구성이 동일합니다. 반복이 되는 간지(干支)의 구성은 그 뜻이 강조되어 왔었는데 모친 동주고(同柱庫)가 2개라는 말은 혈족(血族)으로 이루어진 관계가 전혀 아니라는 뜻입니다. 무슨 뜻인가 하면 어떤 사람이 계부(繼父)를 얻거나 혹은 계모(繼母)를 얻어도 한 쪽의 다른 부모성은 반드시 나에게 혈연이 있는 부모가 존재하는 것입니다. 그러나 이처럼 두 모친의 동주고에서는 모친의 혈통이 단절이 됨을 말하는 것이니 입양(入養)을 말했던 것입니다.

그러므로 만약 비견(比肩)을 대동한 인수(印綬) 동주고로 이위(二位)의 상(像)을 구분한다면 이런 사람은 두분의 모친을 섬길 수 있습니다. 그러나 모친성(母親星)이 을미(乙未) 동주고(同柱庫)로 반복이 되면 본인은 친모(親母)의 혈족은 완전히 끊어졌다고 보면 됩니다. 즉 본가와는 아무런 인연이 없다는 점을 말해주고 사주의 주인공은 입양(入養)되었음을 말해주는 것입니다.

▶ 근황

40이 넘도록 자식이 없는 학원사업을 운영하는 부부에게 입양되었다.

22 다토회광이 된 모친이 입고처를 만났으니 모친별고이다

時	日	月	年	세운15	곤명
비견		겁재	정인	상관	六神
己	己	戊	丙	庚	天干
巳	未	戌	申	戌	地支
정인	비견	겁재	상관	겁재	六神

▶ 사/주/분/석

이 명조는 비견(比肩)과 겁재(劫財)가 태왕(太旺)한 사주이므로 병화(丙火) 인수(印綬)의 탈인(奪印)의 상(像)이 염려가 됩니다.

탈인(奪印)이라 함은 인수의 기운이 많은 비견겁에 의해 분설(分洩)이 되는 것을 말합니다. 이로 인해 인수의 정기(正氣)가 쇠약지는 것인데 그에 해당하는 육친성의 쇠잔(衰殘)으로 나타나게 됩니다.

그런데 십간(十干)으로 보면 인수(印綬)는 병화(丙火)에 해당되므로 병화(丙火)가 무기토(戊己土)를 보게 되면 다토회광(多土晦光)이라 하였고 태양의 빛이 어두워진다고 하였습니다. 병화는 토가 많으면 빛을 읽어 버리는 성정이 있는 것입니다. 또한 술토(戌土)는 병화(丙火)의 묘고지인데 술미형(戌未刑)이 된 상태이므로 병화(丙火)의 존속(存續)을 의심해 볼 만한 것입니다. 경술년에는 술술이 동하므로 술미형(戌未刑)을 재차 유발시키니 병화(丙火) 입고가 실현이 됩니다.

▶ 근황

경술년에 모친이 사망하였다.

23 군겁쟁재에서는 통관신의 장애가 일어나면 부친이 사망한다

時	日	月	年	세운31	대운29	건명
비견		비견	인수	인수	정관	六神
甲	甲	甲	癸	癸	辛	天干
戌	寅	寅	巳	亥	亥	地支
편재	비견	비견	식신	편인	편인	六神

▶ 사/주/분/석

이 명조는 곡직격(曲直格)에 가깝습니다. 곧 전왕격(專旺格)입니다. 곡직격(曲直格)에서는 왕성한 비겁을 설기 유통해 줄 수 있는 식상(食傷)이 필요한 것입니다.

그러므로 년지의 사화(巳火)가 수요(需要)를 제공해주는 것이므로 또한 이 명조에서는 술토 편재가 부친성에 해당하므로 목(木)의 극(剋)을 받는 술토(戌土)는 사화(巳火)의 통관으로 보호 받을 수가 있는 것입니다. 그러나 사화(巳火)가 인사형(寅巳刑)으로 깨지게 되면 술토(戌土)는 피상(彼傷)을 다하여 군겁쟁재(群劫爭財)가 일어날 수 있습니다. 인사형의 상해(傷害)가 부모궁에서 출현된 것이므로 부모의 피상으로 보는 것입니다. 이 부친성 무토(戌土)는 사중 무토(戌土)와 술토(戌土)와 연계되어 있다고 보시면 되는 것입니다.

사화(巳火)가 두려워하는 것은 해수(亥水)이고 사해(巳亥)충이 되는 신해(辛亥)대운에 다시 계해(癸亥)년을 만나게 되면 사해(巳亥)충이 재충(再沖)이 되는 것이므로 사화(巳火)가 깨지게 됩니다. 이로 인해 술토(戌土)는 군겁쟁재하여 사망할 수가 있게 되는 것입니다. 고로 이 사주의 부친은 계해년(癸亥年)에 돌아가셨다고 합니다.

24 목다화식(木多火熄)이 된 정화의 육친성은 위태롭다

時	日	月	年	세운27	대운19	건명
정재		식신	정재	겁재	비견	六神
丁	壬	甲	丁	癸	壬	天干
未	子	辰	卯	巳	寅	地支
정관	겁재	편관	상관	편재	식신	六神

▶ 사/주/분/석

년간과 시간의 재성(財星) 이위(二位)의 상(像)이 뚜렷합니다. 그런데 정묘(丁卯)는 정재(正財)가 상관(傷官)에 앉아 있고 정미(丁未)는 정재(正財)가 정관(正官)에 앉아 있는 형상입니다. 이것은 상관(傷官)은 조모(祖母)로 파악하므로 나의 재성(財星)이 조모(祖母)와 있다는 점은 부친을 말하고 나의 재성이 자녀와 같이 있다는 점은 곧 처성을 의미한다고 보면 됩니다. 그러므로 년간(年干)의 정재(正財)는 부친성(父親星)이 되고 시간(時干)의 정재(正財)는 곧 처성(妻星)에 해당합니다. 그러므로 부친성인 년간 정화(丁火)가 충극을 받는 시기를 보는데 계수(癸水)를 만나야 하겠죠. 그러나 그 전에 대운에서 정화(丁火)의 충극(沖剋)을 최고치로 올리는 시기를 먼저 확인하고 세운을 보아야 하겠죠. 인(寅)대운에는 인묘진(寅卯辰)방국으로 모두 회국(會局)하여 전조에 비해 갑목(甲木)이 더욱 완고해져 정화(丁火)는 목다화식(木多火熄)의 상입니다. 따라서 계사년(癸巳年)에 정계충(丁癸沖)으로 목다화식(木多火熄) 된 정화(丁火)를 끝장내는 모습입니다. 그러므로 식상관(食傷官)이 국(局)을 이루는 시기에는 반드시 정관(正官)을 치고 가권(家權)을 끊어 버리는 사건이 발생하게 되었는데, 조부궁과 부모궁에서 출현한 목다화식(木多火熄)이 주요원인이 된 것입니다 아버지는 계사년(癸巳年)에 쓰러져 을미년(乙未年)에 사망하셨습니다.

25 자수(子水)가 축고(丑庫)를 많이 보면 축토는 북고(北庫)가 된다

時	日	月	年	세운55	대운	건명
편관		편인	비견	편관	인수	六神
乙	己	丁	己	乙	丙	天干
丑	酉	丑	酉	丑	子	地支
비견	식신	비견	식신	비견	편재	六神

▶ 사/주/분/석

이 명조는 축(丑)중의 계수(癸水) 편재(偏財)가 부친성(父親星)에 해당합니다. 또한 정축(丁丑)은 백호(白虎)이며 자좌(自座) 동주묘(同柱墓)로 부친궁(父親宮)에서 출현하였는바, 부친(父親) 백호(白虎)의 피상(彼傷)이 우려(憂慮)가 되었습니다. 그런데 고(庫)에 숨어 있던 부친성이 자수(子水) 대운에 출현한 경우입니다. 고로 자수(子水) 출현(出現)으로 북고(北庫)의 위험이 더욱 커지게 됩니다. 무슨 말인가 하면 팔자에 이미 다축(多丑)인데 세운에 다시 축(丑)을 만나면 북고(北庫)가 된다는 사실입니다. 북고(北庫)라 함은 자수(子水)가 다량(多量)의 축토(丑土)를 보게 되면 축토(丑土)에 입고(入庫)가 되는 것을 말합니다. 즉 자수대운 을축년(乙丑年)에 다시 축고(丑庫)를 보고 자수의 육친이 고(庫)에 들어간 경우입니다. 부친은 을축년(乙丑年) 55세로 심장마비로 사망하셨습니다.

▶ 핵심키워드

자(子)는 다축(多丑)하면 입고(入庫)한다. 축(丑)은 자(子)에서 보면 쥐구멍에 해당한다. 그래서 자는 축을 보면 자기의 집이라고 여겨 합을 만드는데 이것을 북고(北庫)라고 한다. 북고(北庫)가 되면 자(子)는 사라진다. 그러므로 육친에게 변고(變故)가 발생한다고 추리할 수 있게 된다.

26 지전삼물(地全三物)을 거스르는 재성(財星)은 재액(災厄)이 된다

時	日	月	年	세운15	곤명
상관		정재	정관	겁재	六神
乙	壬	丁	己	癸	天干
巳	子	丑	亥	丑	地支
편재	겁재	정관	비견	정관	六神

▶ 사/주/분/석

지지가 해자축(亥子丑) 방국(方局)을 이루게 되면 수왕(水旺)한 것인데 이를 지전삼물(地全三物)이라 하였는바, 전삼물(地全三物)이 된 형국을 천간에서 극하게 되면 록록종신(碌碌終身)에 처해질 수 있습니다. 고로 기토(己土)로 인해 이 팔자는 록록종신이 된 명조이므로 기토 정관은 귀물(鬼物)이 됩니다. 귀물이 된 물건을 생조하면 대흉하게 나타납니다. 곧 정화(丁火)가 기토(己土)를 생하는 것을 말하는 것인데 다행이 정화(丁火)는 정임합(丁壬合)으로 득재(得財)의 상(像)이니 그 흉이 감추어진 것으로 수(水)의 극제(剋制)를 받지 않고, 기토(己土)를 생하지 못한다고 판단하는 것입니다. 그러나 만약 정화(丁火)가 드러나게 되면 수화교전(水火交戰)은 필연적이라 위태롭게 됩니다. 그러므로 기토(己土)대운 계축년(癸丑年)에는 기토(己土)가 재등장하여 귀물(鬼物)을 돕고, 계축년(癸丑年)에는 정계충거(丁癸沖去)로 정임합(丁壬合)을 해소(解消)하게 되면 정화(丁火)를 드러나게 하는 해가 됩니다. 그러면 수왕(水旺)함이 화토(火土)를 공격하는 것이니 정화(丁火)의 피상(彼傷)이 나타나게 됩니다. 이 명조는 시지(時支) 사화(巳火) 편재(偏財)에서 인종(引從)이 된 정화(丁火) 재성(財星)을 부친성의 출현으로 보고 정화(丁火)를 피상(彼傷)하는 계축년(癸丑年)에 사화(巳火) 편재(偏財)도 멸(滅)하므로 부친이 사망하게 됩니다.

27 재성 이위(二位)로 된 자형에 걸리면 해당 육친성이 해롭게 된다

時	日	月	年	대운4	건명
편인		상관	편관	인수	六神
甲	丙	己	壬	乙	天干
午	子	酉	午	酉	地支
겁재	정관	정재	겁재	정재	六神

▶ 사/주/분/석

갑오(甲午)는 사지(死地)에 놓인 편인(偏印)인데 년지(年支)와 시지(時支) 2곳이 갑목(甲木)의 사지(死地)가 되는 곳이니 모친의 피상(彼傷)이 염려가 됩니다. 또한 유금(酉金) 재성(財星)은 부친성(父親星)으로 보는데 유금(酉金) 정재(正財)가 두 오화(午火) 겁재(劫財)에 의해 분탈(分奪)이 되어 있습니다. 2개의 겁재(劫財) 오화(午火)로 인해 모친(母親)은 사지(死地)에 처(處)해지고 부친(父親)은 겁재(劫財) 피상(彼傷)에 놓인 팔자가 됩니다. 그러므로 이런 사주는 겁재에 의한 재성 분재(分財)가 일어날 수 있는데 이로 인해 부친(父親)을 극하는 사주가 됩니다. 그 결과 모친이 어려움을 당할 수 있다고 할 수 있습니다.

그래서 을유년(乙酉年)의 부친(父親)의 별세(別世)는 유유(酉酉)자형살에 있다고 판단하는 것입니다. 유유(酉酉)형이 일어나면 자오(子午)충도 같이 일어나는데 이런 경우 갑목(甲木)의 사지(死地)를 동(動)하게 하므로 편인(偏印)을 위태롭게 하는 것입니다. 이것은 모친에게 고충을 주는 사건이 일어남을 암시하고 그 원인은 유유형(酉酉刑)에서 기인(起因)함을 밝히는 것입니다.

고로 유유(酉酉)형에서는 재성(財星) 이위(二位)의 흉의(凶意)가 자형(自形)으로 나타나는 바, 곧 피를 흘리는 숙살지기(肅殺之氣)의 상(像)이 실현이 됩니다. 하여 을유년(乙酉年)에 부친(父親)이 별세(別世)하였습니다

28 천충지격하는 재성의 피상은 명료하므로 해당육친의 근심이 있다

時	日	月	年	세운32	곤명
정관		편재	비견	상관	六神
戊	癸	丁	癸	甲	天干
午	亥	巳	卯	戌	地支
편재	겁재	정재	식신	정관	六神

▶ 사/주/분/석

이 명조는 정화(丁火) 편재(偏財)가 부친성(父親星)인데 일간(日干)과 년간(年干)의 비견 계수(癸水)로 인해 쌍충(雙沖)이 되어 있습니다. 또한 지지(地支)도 사해충(巳亥沖)이므로 재성(財星)충파(沖波)는 명료(明瞭)하니 극부(剋父)하는 팔자가 됩니다.

그런데 이러한 충극(沖剋)이 부친궁에서 출현하였으므로 부친의 피상(彼傷)이 확실한 까닭에 부친(父親)의 피상(彼傷) 시점을 찾아와야 합니다. 이것은 운에서 사해(巳亥)충을 동(動)하게 만들면 천간의 정계(丁癸)충은 자동으로 유발하기 때문에 정화(丁火)가 위태로울 수가 있다는 뜻이 됩니다.

그러므로 신(申)대운에서 사신합수(巳申合水)하는 시기는 위험한 것입니다. 또한 갑술(甲戌)년에 술토(戌土)가 정화(丁火) 편재(偏財)의 입고처(入庫處)로 등장하기 때문에 사술(巳戌)원진(元嗔)은 사해충(巳亥沖)을 크게 흔들어 술토(戌土)를 개고(開庫)하게 만듭니다. 고로 그의 부친은 신(申)대운 갑술년(甲戌年)에 사망하였습니다.

29 록지(祿地)의 충극을 당하는 해에는 해당 육친성의 변동이 있다

時	日	月	年	세운7	곤명
비견		편재	편인	편재	六神
庚	**庚**	**甲**	**戊**	**甲**	天干
辰	**午**	**子**	**申**	**寅**	地支
편인	정관	상관	비견	편재	六神

▶ 사/주/분/석

갑목(甲木) 편재(偏財)가 부친성(父親星)에 해당합니다. 부친궁(父親宮)에 부친성(父親星)이 안착(安着)한 상태로 부친의 길함을 알 수가 있겠는데 갑자기 갑인년(甲寅年)에 부친(父親)이 사망하므로 그 원인이 궁금합니다. 부친이 요절한다면 사망의 원인은 반드시 팔자 원국에 암시가 되어야 합니다.

그러므로 갑경충(甲庚沖)이 부친궁을 충극(沖剋)하였는데 충극이 부친궁에서 출현한 것이므로 부친의 피상(彼傷)을 예상할 수 있고 2개의 경금(庚金)의 피상이니 분재(分財)의 상(像)을 띄고 있다는 점도 한 몫하고 있습니다.

그런데 지지가 자오충(子午沖)이 되어 있으므로 천간(天干)의 분재(分財)의 흉의(凶意)는 뚜렷하게 나타나게 됩니다. 곧 편재(偏財)는 천충지격(天沖地擊)의 상을 가진 까닭에 지지의 뿌리가 약하다고 봐야 합니다. 따라서 갑인년(甲寅年)에는 팔자가 갑경충(甲庚沖)과 인신충(寅申沖) 그리고 자오충(子午沖)으로 전국적인 충극이 발생하게 되는 것입니다. 곧 이 해에는 잠자던 천충지격(天沖地擊)을 깨웠던 것입니다. 부친의 사망 이유는 간단히 말하자면 "록지의 충극"에 따른 것입니다. 허약한 부친성(父親星)을 지지하는 양인(陽刃)의 충 혹은 록지(祿地)의 충극시에는 일반적으로 해당하는 육친에 사망 사고가 빈번함을 알 수가 있게 됩니다. 갑인년(甲寅年)에 부친(父親)이 사망하였습니다.

30 수다토류(水多土流)에 의해 모친이 강물에 휩쓸려 갔다

時	日	月	年	세운3	대운4	건명
겁재		편인	편재	편관	인수	六神
乙	甲	壬	戊	庚	癸	天干
亥	申	戌	子	寅	亥	地支
편인	편관	편재	인수	비견	편인	六神
역마						신살

▶ 사/주/분/석

이 명조는 년지(年支) 인수(印綬), 월간(月干) 편인(偏印), 시지(時支) 편인(偏印)으로 구성이 되어 모친(母親) 이위(二位)의 상(像)을 나타내고 있습니다. 모친 이위(二位)라는 것은 두 모친을 섬길 팔자가 되는 것이므로 이 사람은 모친의 변동이 따를 수 있는 것입니다. 그런데 이 명조는 술(戌)중에서 무토(戊土)가 투출하였으니 재격(財格)을 구성합니다. 즉 토(土)가 수(水)를 제방(堤防)에 가두고 있는 형상입니다. 그런데 계해(癸亥)대운이 되면 다량(多量)의 물이 쏟아진 것인데 무계(戊癸)는 합(合)하므로 무토(戊土)는 제방의 본래 역할이 무너진 것입니다.

이것을 충천분지(沖天奔地)라 하였는데 다만 월지(月支) 편재(偏財)는 존속(存續)하였으므로 그 부친은 무사(無事)하였고 무너진 둑에서 흘러나온 토사(土砂)는 일지궁 역마(驛馬)에 힘에 이끌려 신자합수(申子合水)하여 휩쓸려 갔습니다. 곧 모친의 생사(生死)가 불확실하게 되는 것입니다. 이것은 역마(驛馬)의 힘에 의해 임수(壬水)는 토사(土砂)에 썩혀 흘러간 것이므로 계수(癸水)대운에 수다토류(水多土流)하는 상(像)을 보이는 것입니다. 그래서 갑인년(甲寅年)에는 갑경충(甲庚沖)과 인신충(寅申沖)으로 관귀(官鬼)가 모이는 해가 되므로 모친의 사망을 당하게 됩니다. 경인년(庚寅年) 3세에 모친이 별세하였습니다.

31 월지에 부친의 입고처가 존재하면 부친의 안위(安位)를 살펴야 한다

時	日	月	年	세운21	대운15	곤명
비견		인수	편재	편재	겁재	六神
癸	癸	庚	丁	丁	壬	天干
丑	亥	戌	未	卯	子	地支
편관	비견	정관	편관	식신	비견	六神

▶ 사/주/분/석

이 명조는 년간(年干)의 정화(丁火)는 편재이므로 부친성(父親星)이 되는데 미토(未土)와 술토(戌土)에 뿌리를 내리므로 튼튼하다고 볼 수가 있겠으나 술미(戌未)형이 되면 뜻이 달라집니다.

이것은 월지 술토(戌土)가 재성(財星)의 고지(庫地)에 해당되는데 형동(刑動)하는 구조이므로 부친성(父親星)은 좌불안석(坐不安席)이 되는 것입니다. 이러한 것을 장간(藏干)의 입고물(入庫物)이 천간에 충출(沖出)이 된 명조라고 말을 합니다. 이 입고물(入庫物) 정화(丁火)는 언제라도 술토(戌土)에 실자입고(實字入庫)가 되는 것이므로 요절(夭折)할 가능성이 높다고 볼 수가 있습니다.

그러므로 자(子)대운에 해자축(亥子丑)방국이 결성(結成)이 되는 시점에 술미형(戌未刑)도 재발합니다. 정화(丁火)는 정계충(丁癸沖)으로 꺼질 것이고 곧 실자입고(實字入庫)가 되는 것입니다.

정묘(丁卯)년에 부친(父親)이 별세(別世)하였습니다.

32 다토회화(多土晦火)에 처한 육친성(六親星)

時	日	月	年	세운13	건명
편관		편관	편인	비견	六神
己	癸	己	辛	癸	天干
未	丑	亥	丑	丑	地支
편관	편관	겁재	편관	편관	六神

▶ 사/주/분/석

이 명조의 부친성은 미(未)중 정화가 됩니다. 이 명조에서는 정화(丁火)가 투출이 안 되고 장간(藏干)에 암장(暗藏)이 된 것이 여러 모로 부친에게는 길한 것인데 만약 정화(丁火)가 투출하였다면 정계충(丁癸沖)과 다토회화(土多晦火)에 의해 정화(丁火)가 회광(晦光)으로 빛을 잃어버릴 수가 있습니다.

곧 정화(丁火)가 회멸(灰滅)이 되면 해당되는 육친성은 변고(變故) 혹은 사망(死亡)할 수 있는 것입니다. 계축(癸丑)년에는 그러한 조건이 형성이 되었던 것입니다. 곧 축미(丑未)충으로 미(未)중 정화가 개고(開庫)하여 정화(丁火)가 투출하였는데 다토회화(土多晦火)와 정계충(丁癸沖)으로 정화(丁火)를 날려 버리는 상(象)이 되는 것입니다

▶ 근황

계축년(癸丑年) 정사월(丁巳月)에 부친(父親)이 별세하였습니다.

33 모친이 부친을 극하는 팔자이니 부친의 사업실패가 분명하다

時	日	月	年	건명
인수		정관	인수	六神
丁	戊	乙	丁	天干
巳	申	巳	亥	地支
편인	식신	편인	편재	六神

▶ 사/주/분/석

이 명조는 년지(年支)의 해수(亥水) 편재(偏財)는 부친성(父親星)에 해당하고 월지(月支) 사화(巳火) 편인(偏印)은 모친성(母親星)에 해당합니다. 그런데 사월(巳月)에서 정화(丁火)가 투출이 되고 시주(時柱)에는 정사(丁巳)가 자리 잡았으므로 인수(印綬)가 태왕(太旺)한 것이니 곧 모자멸자(母慈滅子)의 상(像)을 보이고 있습니다.

그러므로 모자멸자(母慈滅子)에서는 자식 사랑이 일방적이므로 남아 선호는 여기서 비롯이 됩니다. 그런데 사해충(巳亥沖)이 되어 있으므로 편인(偏印)이 편재(偏財)를 극충(剋沖)합니다. 이것은 해중(亥中)의 임수(壬水) 편재(偏財)를 사중(巳中)의 병화(丙火)가 병임충(丙壬沖)하는 것으로 편인(偏印)이 편재(偏財)를 극충하였은 즉, 모친(母親)은 부친(父親)을 극하는 팔자이면서 또한 본인이 성가(成家)해서는 모친이 처성(妻星)도 극하는 것입니다. 그러한 즉, 어려서 부친의 사업 실패를 경험합니다. 또한 사신형(巳申刑)이 부부궁에서 출현하였으므로 부부궁을 피상(彼傷)하고 있는데 그 원인이 사해충(巳亥沖)에 있음을 알 수 있습니다. 즉 부부(夫婦)피상(彼傷)의 원인은 사해충(巳亥沖)이 원인이므로 곧 모친이 처성(妻星)을 극하기 때문이라는 사실입니다.

34 재극인(財剋印)의 구조에서는 모친의 안위(安位)가 근심이 된다

時	日	月	年	세운24	건명
편관		정재	정관	비견	六神
庚	甲	己	辛	甲	天干
午	辰	亥	未	午	地支
상관	편재	편인	정재	상관	六神

▶ **사/주/분/석**

이 명조는 해수가 모친성에 해당합니다. 그런데 미(未土)와 진토(辰土), 기토(己土)에 의해 해수(亥水)가 극을 받는 상황이고 또 진해(辰亥)원진이 있으므로 해수(亥水)가 문제 발생의 소지가 충분하다고 보면 됩니다.

곧 이 팔자에서는 모친 해(亥)중의 임수(壬水)가 토극수(土克水)로 극을 받고 있다는 것을 암시합니다. 고로 모친(母親)을 극하는 팔자가 됩니다. 갑오(甲午)년에는 세운에서 갑기(甲己)합거 이면서 오해(午亥) 암합이 걸려 있게 됩니다. 오해(午亥)암합은 지장간의 임수(壬水)가 정임(丁壬)합거가 된다는 것을 말하는 것입니다. 곧 임수(壬水) 모친성이 족쇄에 묶인 것처럼 합거된 상태가 됩니다. 월주는 부모궁이 되고 천간은 부친궁(父親宮)으로 보고 지지는 모친궁(母親宮)으로 본다고 하였는데 월주가 묶인다는 것은 부모궁이 사라지고 또 암합된 모친성도 사라지게 만드는 것입니다.

그러므로 이 명조의 주인은 그 해에 모친의 사망을 경험하게 됩니다.

▶ **근황**

정유(丁酉)대운 갑오(甲午)년 24세에 모친이 사망하였습니다.

35 곡각살이 모여 매금(埋金)의 상(像)을 보이고 있다

時	日	月	年	세운20	곤명
정재		식신	편관	정관	六神
庚	丁	己	癸	壬	天干
戌	丑	未	酉	辰	地支
상관	식신	식신	편재	상관	六神
	곡각	곡각			신살

▶ 사/주/분/석

이 명조는 년지(年支) 유중(酉中)의 신금(辛金) 편재(偏財)가 부친성(父親星)이고 미중(未中)의 을목(乙木) 편인(偏印)은 모친성(母親星)이 됩니다.

그런데 이 명조는 다토(多土)한 상태에서 축술미(丑戌未)삼형을 놓고 있는 과정에서 금(金)이 출현한 것이므로 매금(埋金)을 주의해야 합니다.

특히 축미(丑未)가 곡각살(曲脚殺)이므로 매금(埋金)의 징조(徵兆)는 확실한 것입니다.

그러므로 임진년에 진술(辰戌)충이 되고 축미(丑未)충이 되면 미(未)중 을목(乙木)이 충출(沖出)하는데 을경(乙庚)합거로 재성(財星)과 인성(印星)이 모두 사라지게 됩니다. 정화 일간은 시지의 술토에 입고를 당하는 슬픔이 있는 것인데 이것은 곧 부모 사망 진단의 사유(事由)가 될 수가 있다는 것입니다.

▶ 근황

임진년(20세)에 부모가 모두 사망하였습니다.

36 축진파(丑辰破)하니 백호(白虎)가 동(動)할까 두렵다

時	日	月	年	건명
편관		편인	정관	六神
乙	己	丁	甲	天干
亥	卯	丑	辰	地支
정재	편관	비견	겁재	六神
공망	백호 상문	백호 상문	백호	신살

▶ 사/주/분/석

이 명조는 갑을목(甲乙木)이 투출하였는데 해묘국(亥卯局)을 이루니 칠살(七殺)이 중중(重重)합니다. 또한, 기토(己土)일간은 월지(月支) 축토(丑土)라는 묘지(墓地)에서 성장한 까닭에 칠살(七殺)이 움직이면 대흉(大凶)한다고 하는데 사주에서 어떤 부분인가요?

조상궁과 부모궁에 백호(白虎)가 가득 있는 가운데 축진파(丑辰破)하니 백호(白虎)가 동(動)할까 두렵기 때문입니다. 또한, 모친성(母親星)은 정축(丁丑)이요, 부친성(父親星)은 갑진(甲辰)백호(白虎)로 진고(辰庫)에 숨어 있으니 만약 진축파(辰丑破)로 인해 갑진(甲辰)과 정축(丁丑) 백호(白虎)가 동(動)한다면 정축(丁丑)에는 과숙(寡宿)과 상문(喪門)이 또한 걸려 있으니 반드시 조실부모 할 수밖에 없는 이치입니다. 고로 년월(年月)의 축진파(丑辰破)로 조상궁과 부모궁이 백호(白虎)로 등을 돌리니 주인은 고향을 떠난다함은 이를 두고 하는 말입니다.

▶ 근황

조실부모(早失父母)하여 객지(客地)생활로 고생하였습니다.

37 모친이 고(庫)에 묶여 나오기가 힘들구나

時	日	月	年	건명
겁재		상관	식신	六神
丁	丙	己	戊	天干
酉	申	未	申	地支
정재	편재	상관	편재	六神

▶ 사/주/분/석

이 명조는 모친이 일찍 사망하였다고 합니다. 모친을 극하는 명리학적 이유
가 무엇인가요.

이 사주의 기미(己未)월주는 상관(傷官)인데 년간의 무토(戊土)가 가세(加勢)한
구조이므로 진상관(眞傷官)을 형성하였습니다. 진상관(眞傷官)에서는 상관상
진(傷官傷盡)이 되어야 마땅하고 그런 다음에 재성(財星)과 인수(印綬)운이 길
하다고 하였습니다. 즉 재성(財星)으로 상관을 설기 유통하고 인수(印綬)로는
상관을 소토(燒土)하는 길이 바람직한 것입니다.

그런데 지지는 금(金) 재성(財星)으로 가득 차 있는데 인수(印綬)는 월지 목고
(木庫)에 숨어 있으니 재강(財强)으로 인해 목(木)의 출현(出現)이 어렵게 되었
습니다. 무슨 말인가 하면 미토(未土)는 목고(木庫)이므로 모친(母親)의 묘고(墓
庫)지에 해당합니다. 그런데 미중(未中)의 을목(乙木)과 신중(申中)의 경금(庚金)
이 을경(乙庚)암합(暗合)으로 묶여 있는 모습입니다. 모친은 고(庫)라는 감옥
에 갇혀 있는데 쇠고랑에 묶여 있어서 나오기 어려운 형상입니다. 또한 지
지가 모두 재성(財星)으로 구성이 되어 있다 보니까 인수를 암암리에 극을
하는 상황입니다. 그러므로 이런 사주는 모친이 출현하기 어려운 구조가 되
므로 모친과 인연(因緣)이 없다고 보는 것입니다.

38 일간이 편재(編財)고(庫)에 갇힌 상(像)이니 부친에게 종속당한다

時	日	月	年	세운18	대운12	곤명
겁재		편인	비견	인수	상관	六神
甲	乙	癸	乙	壬	丙	天干
申	丑	未	亥	辰	戌	地支
정관	편재	편재	인수	정재	정재	六神

▶ 사/주/분/석

모친(母親)은 계미(癸未) 동주묘(同住墓)인데 많은 비겁으로 인해 계수(癸水) 인수(印綬)가 분설(分洩)당하는 상을 보이니 그 모친(母親)과는 인연이 짧겠고 부친(父親)은 편재(編財)인데 목고(木庫)에 해당하므로 일간이 편재(編財) 고(庫)에 갇힌 상(像)이 됩니다.

그런데 충(沖)이 되어 있으니 목고(木庫)가 수시로 발생하겠고 그 결과 일간이 부친에게 갇히는 삶의 종속(從屬)이 일어납니다. 따라서 이 사람은 모친과는 일찍 사별(死別)하였고 외부에서 벌어들이는 수익은 부친에게 갔다 받친다고 고민을 합니다.

12운성으로 살펴보면 계수(癸水)는 미토(未土)가 묘지(墓地)에 해당하니 이를 동주묘(同住墓)라 합니다. 동주고(同柱庫)와 동주묘(同住墓)는 다른 겁니다. 동주묘(同住墓)는 12운성으로 해석을 한 것이므로 입고(入庫)와는 뜻이 전혀 다른 것이며 묘지는 천간의 글자가 12운기 중에서 가장 기운이 약해질 때를 말하는 것입니다. 따라서 월간(月干) 편인(偏印)은 모친성(母親星)이 되어 있는데 미월(未月)이라는 계절은 묘지(墓地)가 되는 것이라 그녀의 모친성은 어릴 적부터 병약(病弱)하거나 무력(無力)하다고 판단하는 것입니다.

다만 년지(年支) 해수(亥水)가 계수(癸水)의 근본이 되어 있고 또한 축(丑)중에 계수(癸水)에도 근기(根基)가 있는 것이므로 모친(母親)이 단순히 병약(病弱)하다고 볼 수는 없습니다.

그러나 축미충(丑未沖)이 되어 있는 까닭에 동요(動搖)로 인해 흔들리게 되면 축(丑)중의 계수(癸水)의 손상이 있을 수 있으므로 모친이 안정이 되지 못하는 것입니다. 또한 년간(年干)의 비견(比肩)과 시간(時干)의 겁재(劫財)로 인해 모친성(母親星)은 분설(分洩)의 상(像)이 되어 있으니 이것은 계수(癸水)가 미월(未月)의 묘지(墓地)라 병약(病弱)한 상태로 태어났는데 자녀들로 인해 무지막지하게 설기(洩氣)가 된다는 점입니다. 곧 이러한 인수 설기(洩氣)는 도기(盜氣)가 됩니다. 고로 술토(戌土)대운에 축술미(丑戌未)삼형으로 인해 계수(癸水)가 피상(被傷)을 당하는 사건이 발생하게 됩니다.

월간의 계수(癸水)가 지지에 의지하였는데 지지가 삼형(三刑)이 되면 계수(癸水)는 크게 동요할 수가 있다는 뜻이 됩니다. 곧 삼형살(三刑殺) 대운을 만난 기간에 다시 임진년(壬辰年)을 만나게 된 것입니다. 그러면 진토(辰土)는 동주고(同柱庫)가 되는 것인데 계미(癸未) 동주묘(同住墓)가 임진(壬辰)이라는 동주고(同柱庫)를 중첩해서 만나니 해당되는 계수(癸水)가 오행(五行) 입고(入庫)가 발생한 것입니다. 고로 임진년(壬辰年)에 모친이 사망하였다고 합니다.

▶ 핵심키워드

고(庫)는 오행(五行)의 입고(入庫)를 말했던 것이고 묘(墓)는 12운성을 뜻하는 것이다. 무슨 뜻인가 하면 임계수(壬癸水)는 오행(五行)으로 모두 수(水)에 해당하므로 수(水)는 진토(辰土)라는 고지(庫地)에 입고될 수 있다는 사실이다. 이것을 동주고라 하였고 동주묘에서는 12운성으로 보는 묘지(墓地)에서는 음양간이 달라지므로 오직 음간(陰干)인 계수(癸水)는 미토(未土)에서만 묘지(墓地)에 해당한다는 사실이다. 그러므로 양간(陽干)인 임수(壬水)는 미토(未土)가 양지(養支)에 해당하는 것이다. 즉 12운성에서는 임수(壬水)는 미토 묘지(墓地)와는 상관이 없게 되는 것이다.

39 화인위재(化印爲財)로 모친이 변질되니 사망하였다

時	日	月	年	세운15	대운8	곤명
상관	비견		정관	겁재	겁재	六神
壬	辛	辛	丙	庚	庚	天干
辰	巳	卯	辰	午	寅	地支
정인	정관	편재	정인	편관	정재	六神

▶ 사/주/분/석

이 명조는 진토(辰土) 정인(正印)은 모친성(母親星)이 되고 묘목(卯木) 편재(編財)는 부친성(父親星)이 됩니다. 그런데 부친(父親) 묘목(卯木)은 천간에 개두(蓋頭)의 상(像)으로 묘진해살(卯辰害殺)과 진사(辰巳)라망(羅網)에 걸려 있는데 모친 역시 라망과 해살에 구속된 인수(印綬) 이위(二位)의 상(像)이 분명합니다.

이런 경우는 월지(月支) 묘목(卯木) 편재(編財)가 확실한데 2명의 정인(正印)의 상(像)이 묘진해살(卯辰害殺)이 겹쳐져 있는 구조이므로 일찍이 모친(母親)과 사별(死別) 혹은 이별(離別)하고 부친(父親)은 재혼(再婚)할 수 있는 팔자라고 말할 수 있습니다. 역시 인묘진(寅卯辰)방국이 결성하는 인목(寅木)대운을 눈여겨봐야 하겠죠. 진토(辰土)가 화인위재(化印爲財)로 변질이 되는게 분명하니까요.

그럴 경우에 천간에 비견과 대운, 세운의 경금(庚金)은 인수(印綬)를 분설(分洩)하는 역할을 하게 됩니다. 고로 진토(辰土) 변질이 쉽게 이루어집니다. 자식들이 모친의 뼈골을 빨아들이는 겁니다. 그런데 부친(父親)이 재혼(再婚)하지를 못했다고 한다면 그건 시지(時支) 진토(辰土)가 절로(絶路)공망(空亡)으로 계모(繼母)는 공망이라 들어올 수가 없었던 겁니다. 경오년(庚午年) 15세에 모친이 사망하였고 2020년 46세 경자(庚子)년에 아버지도 돌아가셨다고 합니다.

40 삶에 있어서 초년 매금의 운명은 어떻게 표출이 되었는가

時	日	月	年	건명
비견		정관	편인	六神
癸	癸	戊	辛	天干
丑	丑	戌	丑	地支
편관	편관	정관	편관	六神

▶ 사/주/분/석

이 명조는 이토 히로부미(伊藤博文)의 사주입니다.

그런데 이 사주는 년간 신금(辛金)이 많은 토(土)에 둘러 쌓여 있는데 매금(埋金)사주에 해당합니다. 신금(辛金)이 편인(偏印)에 해당하므로 인수(印綬) 매금(埋金)의 팔자가 되는 것입니다. 일단 매금(埋金) 사주가 되면 해당되는 십신의 존망이 위태롭다고 보면 됩니다. 특히 이 신금(辛金)의 위치는 조상궁(祖上宮) 년간에 놓여 있으므로 초년기에 발생할 것입니다만, 이것은 잘못하면 조상궁(祖上宮)의 기운(氣運)이 단절이 될 수 있음을 암시합니다. 또한 육친으로 보면 신금(辛金)이 편인(偏印)에 해당하므로 모친의 근황도 불안정합니다. 그래서 인수는 친모(親母)이지만 편인은 양모(養母)에 해당하는 것이므로 이 사람에게는 양모의 운명을 느낄 수가 있습니다. 곧 이 사람은 농민의 집안에서 태어나 하급무사의 집안인 이토가(伊藤家)에 양자(養子)로 들어간 것입니다. 이것은 신축(辛丑)의 형상(刑象)되로 초년의 운명이 움직인 것입니다. 또한 초년의 매금(埋金)의 사건들은 그의 젊은 날을 위협하기도 하였는데 22세에 그의 친구와 함께 "하나와"를 살해하였고, "나가이 우타"를 암살하려 하였지만 미수에 그친 적도 있었던 것입니다.

이러한 일련의 사건들은 신금(辛金) 매금(埋金)의 표현이라고 보면 됩니다. 즉 인수문서는 송사(訟事)문서가 되었던 것입니다.

그러나 운(運)이 좋았던 것은 월간의 무토(戊土) 정관(正官)이 관합(官合)이 되었기 때문인데 이러한 일간과의 정관의 합은 관록(官祿)이 길함을 의미하기도 합니다.

그러므로 이를 통해 "기도 다카요시(木戶孝允)"와 같은 인물과 알게 되었는데 "기도"는 메이지 시대 초기의 위대한 지도자 중 한 사람으로서 이 시기 이토에게 가장 큰 영향을 준 스승과 같은 인물이었습니다. 이러한 삶의 길한 변동은 월간의 무토가 일간과 관합이 되어 있기 때문이라고 보면 됩니다.

▶ 근황

본명 하야시 도시스케(林利助)이다. 야마구치현(山口縣)출생으로서 농민의 집안에서 태어나 하급무사의 집안인 이토가(伊藤家)에 양자로 들어갔다. 이토는 1603년부터 일본을 다스려온 도쿠가와 바쿠후(德川幕府)의 몰락과 일본 내의 서양 세력의 등장으로 빚어진 혼란스런 정치적 분위기 속에서 성장했다.

1862년, 이토는 저명한 국학자 하나와 호키이치의 아들이자 같은 국학자이던 하나와 지로가 막부의 의뢰로 천황 폐위 선례를 조사한다는 소문을 듣고 격분했다. 동지 야마오 요조와 함께 칼을 휘둘러 하나와를 살해했다. 정치적 견해가 다른 인물(나가이 우타)을 암살하려다 미수에 그친 적도 있다. 1862년 12월에는 영국 공사관 방화 사건에 가담했다. 이토 히로부미(伊藤博文) 정체성은 살인범, 테러리스트이다.

2부

형제 (兄弟) 자매 (姉妹) 의 육친론 (六親論)

01 형제 객사 사건은 계축백호로 비견이 입고당하는 사건이다

時	日	月	年	대운4	곤명
편재		상관	식신	식신	六神
甲	**庚**	**癸**	**壬**	**壬**	天干
申	**申**	**丑**	**寅**	**子**	地支
비견	비견	정인	편재	상관	六神
역마	역마	천살 백호	지살		신살

▶ 사/주/분/석

어려서 자(子)대운에 남동생이 교통사고로 객사(客死)했습니다. 이 명조에서 축토(丑土)는 일간의 고지(庫地)에 해당되므로 이것은 비견의 입고처(入庫處)를 말하는 것입니다.

그런데 계축(癸丑)이 백호살(白虎殺)이라 혈광사(血狂死)를 불러올 수 있기 때문에 입고의 가능성이 높아집니다. 고지(庫地)가 놓인 계축(癸丑) 자리에서 발생한 사건이므로 이 자리는 부모.형제궁에 속하기 때문에 나의 부모와 형제 사건이 발생할 수 있으면 또한 정인(正印) 백호(白虎)이므로 모친에 관련한 혈광사일 수도 있습니다.

그래서 계축의 백호가 일어나는 구조를 분석해 보는데 축토(丑土)가 인축(寅丑)암합(暗合)으로 묶여 있습니다. 단단한 결궤이므로 평소에는 열리지 않습니다.

그러나 자(子)대운에 자축합(子丑合)으로 인해 인축(寅丑) 암합(暗合)이 풀리게 되면 5년간은 위태로운 기간이 됩니다. 이것은 세운(歲運)에서 격발(擊發)을 당하면 고지(庫地)가 동(動)하게 되므로 백호(白虎)가 일어납니다. 또한 신신(申申)은 동합(同合)이므로 원국(原局)의 인신충(寅申沖)이 없다고 봐야 하는데 자축합(子丑合)이 되면서 신신(申申)은 합기(合起)가 일어나게 됩니다.

이것은 비견(比肩)이 동(動)하는 사건이므로 비견에 해당하는 동료, 형제 관련이 된 사건들이 일어날 수 있습니다. 그런데 합기(合起)된 기운이 축토(丑土)에 이르면 아무래도 계축(癸丑)은 백호 혈광사(血狂死)가 일어날 수 있으므로 비견(比肩)의 입고(入庫)가 발생할 수 있어서 형제 관련으로 대흉(大凶)하다고 봐야겠죠. 이것은 피흘리는 사건이므로 백호 혈광사(血狂死)가 발생합니다.

계축(癸丑)이 부모 형제궁이지만 부모로 안보고 형제로 보는 이유는 계축(癸丑)백호(白虎)가 비견인 형제의 분묘지(憤墓地)를 가지고 있기 때문입니다. 이것은 일간 고지에 해당하니 본인 사고이거나 아니면 형제를 말하는 것이 타당합니다.

다시 말하자면 비록 축토(丑土)가 정인(正印)이라 하여도 모친(母親)의 혈광사(血狂死)로 보지 않는 것은 축토(丑土)가 비견의 고지(庫地)이기 때문입니다. 물론 인수가 쇠약하거나 극충을 받는 구조라면 모친(母親)의 혈광사도 의심을 해 봐야 합니다. 역마(驛馬)충에 발생하므로 이동 중의 객사(客死)이고 인신충(寅申沖)으로 인함이니 교통사고입니다.

02 중관중살을 제화하지 못하면 일간은 남자에게 고충을 당할 수 있다

時	日	月	年	대운23	곤명
칠살		정관	정관	비견	六神
庚	**甲**	**辛**	**辛**	**甲**	天干
午	**子**	**丑**	**巳**	**辰**	地支
상관	인수	정재	식신	편재	六神

▶ 사/주/분/석

영국의 소설가 버지니아 울프(Adeline Virginia Woolf)의 명조입니다. 어려서 나이 많은 의붓오빠들로부터 성폭력을 당한 경험을 간직하여 남성 혐오감이 있었다고 합니다. 평생 이로 인해 정신질환에 시달리다가 생을 마감하게 됩니다. 이 명조에서 나이 든 의붓오빠는 8자 중 어느 글자라고 봐야 할까요.

이 명조는 사축(巳丑)이 합작하는데 신금(辛金)이 쌍투하게 된다면 강한 금국(金局)이 만들어지고 체성이 금(金)이 되는 것입니다. 즉 중관중살에 해당하는 팔자가 됩니다. 따라서 금이 왕성하면 수(水)로 설기하거나 화(火)로 견제해야 마땅한 것이지요.

자(子)와 오(午)가 모두 상신이 되지만 자오충(子午沖)으로 서로 충극하는 것이 문제가 됩니다. 원국에서 병(病)이 심한데 두 상신은 서로 싸우기가 바쁜 겁니다. 이러한 명조가 되면 중살이 살아 있으므로 일간을 고충에 빠트리는데 인생은 한마디로 평탄하다고 말할 수가 없는 것이지요. 즉 용신이 아주 강한 칠살들로 이루어진 것인데 여자에게는 이 칠살이 남자가 되는 것으로 이것들이 일간을 괴롭히는 것입니다. 이 칠살들이 의붓오빠가 됩니다.

그러므로 남자 혐오감은 칠살(七殺) 태과(太過)에서 비롯됩니다.

31세 임자년(壬子年)이면 아마 진(辰)대운이 될 것인데 진자합(辰子合)하면 자오충(子午沖)도 풀립니다.

충(沖)이 없어지고 두 용신은 제각기 역할을 하게 되겠지요. 충이 풀린다는 것은 매우 중요한 의미를 간직하는 것입니다. 각 글자가 싸움을 멈추고 자기 주변을 돌아 볼 수가 있는 여유로움이 생겨나니까요. 이 진토(辰土)라는 것은 인연법에 의하면 자오충(子午沖)을 풀어주는 글자로써 배우자 띠로 적합할 수가 있는 겁니다. 그래서 그녀는 1912년 임자년에 결혼에 성공하였습니다.

03 모친은 탐합망생(貪合忘生)이 되어 자식을 놓고 떠나가다

時	日	月	年	건명
정재		편인	인수	六神
庚	**丁**	**乙**	**甲**	天干
戌	**丑**	**亥**	**午**	地支
상관	식신	정관	비견	六神
	癸辛己	戊甲壬		支藏干

▶ 사/주/분/석

년(年)의 갑목(甲木)은 인수(印綬)이므로 모친(母親)에 해당하고 월(月)의 을목(乙木) 편인(偏印)은 계모(繼母)에 해당하므로, 이 사주는 갑을(甲乙)의 정편인(正偏印)이 혼잡이 된 상태로 두 모친을 섬길 팔자라고 봅니다. 그런데 갑오(甲午)는 사지(死地)에 놓이고 을해(乙亥)도 사지(死地)에 놓인 경우입니다. 두 모친이 위태롭기는 마찬가지이지만 을목(乙木)은 경금(庚金)을 보고 을경합(乙庚合)하고자 합니다. 곧 탐합망생(貪合忘生)으로 본처가 자식을 놓고 떠나갔습니다. 또는 자식을 남편에게 두고 이혼하거나 사망하였을 수도 있습니다.

그러므로 년간(年干) 갑목(甲木)이 월지(月支) 해중(亥中)의 갑목(甲木)에 인종(引從)하였은 즉, 해중(亥中)의 갑목(甲木)은 일지(日支) 축(丑)중의 기토(己土)와 갑기(甲己)암합(暗合)하였습니다. 이로써 축오(丑午) 원진(元嗔)의 방해를 이기고 부부궁과 유정(有情)한 사이가 된 것입니다. 갑오(甲午)에 놓인 비견(比肩)은 일간과 거리가 멀고 축오귀문(丑午鬼門)으로 일주하고는 무정(無情)한 반해, 을해(乙亥)는 나와는 가깝고 또한 지지가 해자축(亥子丑)으로 합하니 일간과는 유정(有情)하니 인연이 깊다고 보는 것입니다. 고로 이복형 3명과 누나는 을해(乙亥) 계모(繼母)의 소생(所生)이지만, 나와 여동생과 함께 살게 됩니다.

04 토왕득목(土旺得木)이면 방능소통(方能疏通)이니 형제의 도움이 있다

時	日	月	年	건명
상관		정재	편재	六神
丙	**乙**	**戊**	**己**	天干
戌	**卯**	**辰**	**未**	地支
정재	비견	정재	편재	六神

▶ 사/주/분/석

이 명조는 다토(多土)태중(太重)하니 반드시 을묘(乙卯)가 꺾이는 운세입니다. 그러므로 목운(木運) 비견(比肩)으로 소토(燒土)해야 하는데 목운(木運)에는 형제들의 도움으로 생활했다고 합니다. 이것은 목(木) 비견(比肩)이 나에게 희신(喜神)으로 작용했기 때문입니다.

그러나 다토(多土)인 사주에 다목(多木)은 소통이 오히려 막힌다고도 염려하였는데 이 사주가 목운(木運)에는 소토(燒土)가 되어 안정은 될지언정, 명국은 정체(停滯)가 됩니다. 드넓은 사막 초원에 갑을목(木)을 심었으나 열매라는 결실이 안보이는 것입니다.

그래서 초년 목운(木運)은 형제들의 지원으로 편안하게 한류생활을 하였다고 합니다. 일반적으로 무기(戊己) 토(土)가 용신이 되면 부동산 흙 관련 업종이 많습니다. 병화(丙火)가 상신(相神)이면 상업기술자인데 상관생재(傷官生財)하므로 장사꾼이 될 수 있습니다.

그런데 무기토(戊己土)가 많으면 병재(病財)가 되어 해악(害惡)을 끼칠 수 있어 두려운 것이지만 해자수(亥子水)대운에는 수(水)가 태왕(太旺)한 즉, 무기토(戊己土)가 방제역할로 제 역할을 감당할 수 있게 되었습니다.

고로 해자수(亥子水)는 문서이므로 대지 위에 세워진 을목(乙木)은 건축으로 보아 임대(賃貸)업자(業者)가 될 만하였고 또 계해(癸亥)대운에는 수(水)가 태왕(太旺)하므로 수(水)를 유통하는 사업을 가질 수 있습니다. 처(妻) 또한 계해(癸亥)생(生)을 얻어 은덕(恩德)이 있었다고 하는데 이것도 역시 배우자(配偶者) 인연법(因緣法)에 의하면 다토(多土)의 팔자는 수왕(水旺)한 글자를 얻어야 무기토(戊己土)가 방제(防除)역할을 수행하는데 큰 도움을 주기 때문입니다.

▶ 근황
인(寅), 을축(乙丑), 갑대운(甲大運)에는 형제(兄弟)의 조력(助力)으로 한류세활(寒儒生活)로 세월(歲月)을 보내다가 자(子)대운, 계대운(癸大運)에는 여관(旅館)을 경영(經營)하였다.

해(亥), 임대운(壬大運)에는 양조장(釀造場)을 경영(經營)하여 생활(生活)이 유족(有足)하였다. 계해생(癸亥生)인 처(妻)를 만났고 평생(平生) 은첩(隱妾)이 있었으며 술대운(戌大運)에 사망하였다.[우보]

▶ 핵심키워드
"토왕득목(土旺得木)이면 방능소통(方能疏通)이고 목능극토(木能剋土)라도 토중목절(土重木折) 된다"

구결(口訣)에서 말하길 "토가 왕(旺)하여 목(木)을 얻게 되면 소통이 된다"는 뜻이다. 다만, 토가 중(重)하면 오히려 목이 꺾인다고 하였다.

05 년주에 놓인 비견은 나이 차이가 많이 나는 육친이 된다

時	日	月	年	건명
정재		식신	편인	六神
庚	**丁**	**己**	**乙**	天干
戌	**丑**	**卯**	**未**	地支
상관	식신	편인	식신	六神
辛丁戊	癸辛己	甲乙	丁乙己	支藏干

▶ 사/주/분/석

이 명조는 년지(年支)의 미중(未中)의 정화(丁火)가 비견입니다. 곧 나의 형(兄)에 해당합니다. 그리고 시지(時支)의 술(戌)중 정화(丁火) 비견(比肩)은 여동생이 됩니다. 그런데 년지(年支)에 놓인 비견은 조상궁(祖上宮)의 터전이므로 나이가 많은 형이 되고 시지의 여동생은 자손궁이므로 역시 나이가 어린 동생이 됩니다. 형의 존재에 대해서는 비견(比肩)이 년주(年柱)에 놓이면 형제(兄弟)는 나와는 나이 차이가 많이 나고 선배를 만나도 어른 같은 선배이고 비견의 동갑이라도 애 어른이라고 하여 어른 같은 행동을 합니다. 또한 년지에 재성 처가 놓이게 되면 처를 얻어도 연상의 여자를 만나거나 인수와 같이 있으면 어머니와 같은 여자를 만나게 됩니다.

▶ 근황

형제자매가 2남 1녀인데 나이가 훨씬 많은 형이 있고 아래로 여동생이 있다. 형이 12살 많고 띠 동갑이다. [하중기 맹사자료]

06 년주에 투간한 칠살은 형제를 잃거나, 자신은 장자(長子)가 된다

時	日	月	年	곤명
인수		편재	편관	六神
壬	**乙**	**己**	**辛**	天干
午	**卯**	**亥**	**丑**	地支
식신	비견	인수	편재	六神
丙	甲	戊	癸	支
己		甲	辛	藏
丁	乙	壬	己	干

▶ 사/주/분/석

이 여자는 장녀(長女)로 태어났습니다. 지장간의 칠살이 년이나 월에 투출하면 대부분 장자(長子)에 해당합니다. 만약 장자(長子)가 아니면 형제를 잃거나 아니면 동생이 형보다 직급이 높을 수가 있습니다.

그러나 만약 제화(制化)가 된 칠살(七殺)이라면 집안은 무관(武官)출신 가문으로 출중(出衆)하다고 추정해 볼 수 있겠지만, 만약 제화(制化)가 안 된 칠살(七殺)이 놓인 경우이거나 혹은 재생살(財生殺)이 되면 조상궁은 강한 살기(殺氣)로 가문(家門)이 선친(先親) 때에 망했다고 보는 것입니다.

그러므로 년주(年柱)에 놓인 칠살은 비견을 극하므로 형제가 몰락하거나 가업(家業)의 승계(承繼)를 이어가기 힘들고 내려진 가업도 없으니 스스로 성가(成家)할 수밖에 없는 삶이 됩니다.

따라서 이러한 인생은 태어나기를 장남(長男), 장녀(長女)의 신분으로 나타날 수 있습니다.

07 비견(比肩)이 겁재(劫財)보다 많으면 형제가 자매보다 많다

時	日	月	年	건명
정재		정관	인수	六神
戊	**乙**	**庚**	**壬**	天干
寅	**卯**	**戌**	**辰**	地支
겁재	비견	정재	정재	六神
戊	甲	辛	乙	支
丙		丁	癸	藏
甲	乙	戊	戊	干

▶ 사/주/분/석

이 명조는 진술충(辰戌沖)으로 토동(土動)이 된 구조에서 무토(戊土)가 투출하였으므로 재격의 사주로 보는데 월간의 경금(庚金) 정관(正官)을 보았으므로 재생관(財生官)하는 격국이 됩니다.

그런데 남자의 사주에서는 비견(比肩)을 형제(兄弟)로 보고 겁재(劫財)를 자매(姉妹)로 보았는데 방해하는 세력의 의해 이런 성향들이 변형이 될 수가 있습니다. 고로 반드시 그런 법칙에 얽매이지는 말아야 하고 견제하는 숨은 세력을 찾아내는 것이 요지(要旨)가 됩니다.

따라서 비견(比肩)이 겁재(劫財)보다 많으면 형제(兄弟)가 자매(姉妹)보다 많다고 판단하며 반대로 겁재(劫財)가 비견(比肩)보다 많게 되면 자매(姉妹)가 형제(兄弟)보다 많을 수가 있습니다. 그러므로 이 사주는 비견(比肩)이 겁재(劫財) 보다 강하여 형제가 셋이고 자매는 하나가 됩니다. 년지 진중(辰中)의 을목(乙木)이 맏형이고 일간이 본인이며 일지 묘목(卯木)은 세 번째이고 시지(時支) 인목(寅木)은 자매(姉妹)입니다.

08 비겁이 고중(庫中)에 숨어 있다면 형제가 요절할 수 있다

時	日	月	年	건명
편인		정재	정재	六神
庚	**壬**	**丁**	**丁**	天干
戌	**辰**	**未**	**酉**	地支
편관	편관	정관	인수	六神
辛 丁 戊	乙 癸 戊	丁 乙 己	庚 辛	支 藏 干

▶ 사/주/분/석

이 명조에서 일주 임진(壬辰)은 동주고(同柱庫)이므로 진술충(辰戌沖)이 되어 있으므로 수시(隨時)입고처(入庫處)에 해당합니다. 이것은 고지(庫地)가 개방(開放)이 된 것을 말하므로 해당 육친성에 속하게 되면 위험한 것이지만, 년지(年支) 유금(酉金)에 의해 진유합(辰酉合)이 된 경우입니다. 이러한 구조는 어느 정도는 고문(庫門)이 닫히게 되어 다행인 점입니다. 다만, 진술충(辰戌沖)이 작용하므로 대세운에서 만나는 형충(刑沖)에서 다시 일간은 입고(入庫)가 되는데 그건 본인 입고를 말하기도 하지만 형제들의 입고에도 해당이 되는 것입니다. 즉 비견의 왕성함을 살펴봐야 합니다. 시간(時干)의 경금(庚金)은 경발수원(庚發水源)의 상(像)이므로 물의 근원이 되어 일간은 장수(長壽)할 수 있습니다. 그러므로 임진(壬辰)의 상(像)은 비견(比肩)입고(入庫)에도 해당이 됩니다. 따라서 이 사주는 형제(兄弟) 입고(入庫)의 근심이 있게 됩니다.

▶ 근황

자신이 출생전(出生前)에 형이 있었는데 요절(夭折)하였다고 합니다.

09 외조부는 매금(埋金)으로 몰락하고, 어머니는 탈인(奪印)으로 병사할 수 있다

時	日	月	年	건명
인수		비견	식신	六神
丙	己	己	辛	天干
寅	未	丑	丑	地支
정관	비견	비견	비견	六神
戊丙甲	丁乙己	癸辛己	癸辛己	支藏干

▶ 사/주/분/석

이 명조는 병화(丙火) 인수(印綬)는 다토(多土)로 인해 탈인(奪印)의 상(像)을 가지고 있고 식신(食神) 신금(辛金)은 매금(埋金)의 상(像)이 됩니다. 그런 즉, 모친(母親)은 병액(病厄)을 당하거나 그의 외조부(外祖父)는 몰락(沒落)하게 됩니다.

왜냐하면 다토(多土)하여 비견(比肩)이 태왕(太旺)한 중에 년간(年干)의 신금(辛金)은 곧 매금(埋金)의 현상이 나타나게 됩니다. 그런데 년간(年干)의 놓인 식신(食神)은 외조부(外祖父)에 해당하므로 외조부(外祖父)의 몰락(沒落)을 의미할 수 있고 또한 년월(年月)과 일지(日支)가 축미충(丑未沖)을 하면 그의 조상궁의 기운이 단절(斷切)이 된 것임을 알 수 있겠습니다.

이것은 가업(家業)의 승계(承繼)를 이어가지 못하는 점을 분명히 말해주고 있는데 곧 고향(故鄕)을 떠나 타향(他鄕)에서 성가(成家)해야 할 팔자라고 말했던 것입니다. 그러므로 이 사람은 어릴 적에 타인의 집안으로 양자(養子)로 보내졌다고 합니다.

▶ 근황

어릴 적에 입양(入養)이 되어 남의 집안의 대를 이었다.

▶ 핵심키워드

외조부는 매금(埋金)이고 모친은 탈인(奪印)의 상(像)이라면 그의 외가는 몰락하였다고 본다. 왜냐하면 그의 팔자에서 외조부와 모친이 동시에 흉액(凶厄)을 당하고 있기 때문이다.

그러므로 그의 부친은 축(丑)중의 계수(癸水) 편재(偏財)인데 고중(庫中)에 있으면서 편재(偏財) 이위(二位)의 상(像)을 보이는 것이다. 이것은 두 부친(父親)을 섬길 팔자이지만 고중(庫中)에 숨어 있기 때문에 만나기도 어렵다. 그러하니 이 사람은 부모가 모두 제 역할을 하지 못하므로 어려서 입양(入養)이 되었다

10 국(局)을 이뤄 겁재(劫財)가 되는데 충을 당하면 형제가 불길하다

時	日	月	年	곤명
편재		상관	편관	六神
辛	丁	戊	癸	天干
亥	酉	午	巳	地支
정관	편재	비견	겁재	六神
戊 甲 壬	庚 辛	丙 己 丁	戊 庚 丙	支藏干

▶ 사/주/분/석

이 명조는 오월(午月)의 정화(丁火)일간인데 또한 년지(年支)에서 사화(巳火) 겁재(劫財)를 얻었으므로 천간에는 무계합화(戊癸合火)가 결성이 된 구조입니다. 이런 경우는 화(火)가 국(局)을 이룬 것이므로 순국(順局)하는 길이 바람직합니다.

그런데 시지(時支)의 해수(亥水)는 화국(火局)을 극하고 유금(酉金)은 녹아 흐르므로 태과(太過)한 화(火)는 화살위겁(化殺爲劫)으로 변하여 기신(忌神)이 된 경우입니다.

그래서 그의 형제 2명은 죽었고 여동생은 반신불구로 살아간다고 합니다. 형제성이 태과(太過)하여 국(局)을 이루는데 관살(官殺)이 국(局)을 극충(剋冲)하게 되면 록록종신(碌碌終身)으로 살아간다고 하였는데 그 형제들이 비참하여 자기를 도울 수 있는 형편이 아니므로 본인은 백수 혹은 의지할 곳인 없는 노숙자 운명으로 살아갈 수 있습니다.

11 쌍둥이 남매(男妹)이고 그 위로 형(兄)이 있다

時	日	月	年	건명
편재		겁재	비견	六神
戊	**甲**	**乙**	**甲**	天干
辰	**寅**	**亥**	**寅**	地支
편재	비견	편인	비견	六神
乙癸戊	戊丙甲	戊甲壬	戊丙甲	支藏干

▶ 사/주/분/석

년간의 갑목(甲木)은 나의 형(兄)이 되고 월간의 을목(乙木) 겁재(劫財)는 쌍둥이로 태어난 누이가 됩니다. 그런데 월지 해수(亥水)는 편인(偏印)이므로 나의 모친이 되겠는데, 모친 해수(亥水)는 년간(年干)과 일간(日干)의 갑목(甲木)의 장생지(長生地)이므로 두 갑목(甲木)의 성장을 크게 돕게 됩니다.

다만 해수(亥水) 모친(母親)은 정인(正印)이 아니고 편인(偏印)이므로 모친의 정(情)이 편(偏)에 속하는 중에 우선적으로 년지의 인목(寅木)과 인해합(寅亥合)을 하므로 형(兄)을 장남으로 편애(偏愛)하고 있습니다.

또한 을목(乙木) 쌍둥이 누이는 을해(乙亥)와 동주(同住)하여 인해합(寅亥合)하였으니 모친의 정(情)을 따라 나 보다는 형(兄)을 더 가까이 하였습니다.

대신에 나는 무진(戊辰)의 편재를 가깝게 하였으니 부친은 나를 우애(友愛)하고 있음을 알 수 있습니다.

왜냐하면 갑인(甲寅) 옆에 붙은 진토(辰土)는 대목지토(帶木之土)로 작용하여 인진(寅辰)이 준 목(木)방국(方局)을 결성하기 때문입니다.

그래서 나는 성장하여 무진(戊辰) 편재의 길을 따라 갔으므로 결과 무진(戊辰)은 황야(荒野)의 초원(草原) 물상(物像)이므로 일확천금(一攫千金)을 꿈꾸는 자로서 부동산 건설업에 인연을 맺게 됩니다.

또한 편재(偏財)이므로 나의 처(妻)는 정처(正妻)가 못되고 편처(偏妻)로 정식 결혼을 하지 못하고 6세 연상의 여자로 동거를 합니다. 편처(偏妻)로 관성(官星)이 없는지라 자녀는 없습니다.

12 갑술(甲戌)이 유정(有情)하니 쌍둥이 자매이다

時	日	月	年	곤명
비견		상관	정관	六神
甲	**甲**	**丁**	**辛**	天干
戌	**午**	**酉**	**酉**	地支
편재	상관	정관	정관	六神
辛 丁 戊	丙 己 丁	庚 辛	庚 辛	支藏干

▶ 사/주/분/석

이와 같은 명조는 일간 갑목(甲木)과 시간의 갑목(甲木)이 쌍(雙) 투출하였는데 비견(比肩)이므로 곧 형제(兄弟)가 될 수 있습니다. 또한 일시지(日時支)가 오술합(午戌合)이니 나하고는 유정(有情)하므로 매우 친근한 형제 관계로 보면 됩니다. 그런데 이런 비견의 구조는 분재(分財)의 성정(性情)이 되는 것이므로 곧 경쟁(競爭) 관계에 있기도 한데 년월(年月)이 유유(酉酉)정관이니 중관(重官)으로 하나씩 나눠 갖는 사이가 될 수 있습니다. 하지만 일시지(日時支)가 오술합(午戌合)으로 구성이 되면 곧 유정(有情)한 결과물이므로 처첩(妻妾)의 관계로 대립한다고 보기 보다는 친근한 형제자매로 보는 것입니다.

그러므로 이 명조는 출생할 때부터 분재(分財)의 기운을 갖고 태어난 쌍생아입니다. 그래서 갑오(甲午)일주는 일지 오화(午火) 상관(傷官)을 깔고 있는데 오(午)가 현침살(懸針殺)이고 상관(傷官)인데 월간에 정화(丁火) 상관(傷官)이 투출하였으므로 그와 관련된 직업을 얻었는데 언니는 간호사, 쌍둥이 동생 갑술(甲戌)은 술토(戌土)가 편재(偏財)로 유금(酉金) 정관(正官)을 상대하다 보니 금융업계에 근무한다고 합니다.

13 을목(乙木)은 저승사자이니 오빠를 데리고 갔다

時	日	月	年	곤명
겁재		편재	정재	六神
辛	庚	甲	乙	天干
巳	戌	申	巳	地支
편관	편인	비견	편관	六神
지살			지살	신살
戊	辛	戊	戊	支
庚	丁	壬	庚	藏
丙	戊	庚	丙	干

▶ 사/주/분/석

이런 사주는 경금(庚金)이 갑목(甲木) 편재(編財)를 갑경충(甲庚沖)으로 위협하는 구조인데 곧 편재(編財)의 생사(生死)가 위태롭다고 봐야 할 것이지만 년간(年干)의 을목(乙木) 정재(正財)는 갑목(甲木)의 누이가 되어 경금(庚金)에게 시집을 보내므로 경금(庚金)은 갑목(甲木)이 처남(妻男)이 되었습니다.

또한 경금(庚金)이 을목(乙木)과 합하고자 하는 마음에 갑목(甲木)을 충하는 것을 잊어버리게 됩니다.

이것이 곧 탐합망극(貪合忘剋)이 되는 것입니다.

그러므로 이런 상태에서는 천간의 갑목(甲木)은 무사하다고 보고 을목(乙木)은 일간과 합한 상태라고 보면 됩니다. 그러나 문제는 이 명조에서는 월지(月支)의 신금(申金)을 놓고 2개의 사화(巳火)가 사신형(巳申刑)을 하는 구조입니다.

그러면 사중(巳中)의 병화(丙火)가 신중(申中)의 경금(庚金)을 극하게 됩니다.

이것은 무엇을 말하는가하면 경금(庚金)일간의 근본이 되는 신중(申中) 경금(庚金)을 극하므로 금(金)오행은 위태롭게 된다는 정황(情況)을 알려주는 겁니다. 이 위태로움은 비겁(比劫)에 모두 해당이 되는 것이므로 형제들의 수난도 이 사신형(巳申刑)에 의해 발생하게 됩니다.

구체적으로는 년간(年干)의 을목(乙木)은 저승사자가 되는 것입니다.

곧 신중(申中)의 경금(庚金)이 충출(沖出)할 경우에 년간(年干)의 을목(乙木)은 저승사자가 되어 기다리는 중입니다. 곧 신중(申中)의 경금(庚金)이 충출(沖出)하면 을경합거(乙庚合去)로 떠나가는 것입니다. 이것이 오빠의 직접적인 사망 원인이 됩니다.

또한 시간의 신금(辛金) 겁재(劫財)는 남동생이 되는데 신사(辛巳)는 사중(巳中)의 병화(丙火)가 병신(丙辛)명암합(明暗合)을 당하여 제압당하였으므로 평소에 신금(辛金)은 무력하다고 보면 됩니다. 그런 상태에서 사신형(巳申刑)이 재발하게 되면 근본 뿌리를 손상당하므로 천간의 을신충(乙辛沖)이 발생할 수 있게 됩니다. 무력한 신금(辛金)을 원거리에서 충(沖)하므로 사망은 아니고 병환(病患)으로 시달릴 수 있는 것입니다.

▶ 근황

이 여자 분은 기업을 상대로 보험컨설팅을 합니다. 그런데 오빠가 일찍 사망 했고 남동생은 희귀병으로 고생합니다.

14 무계합화(戊癸合化)하여 겁재로 변한 즉, 형제궁에 손상이 있다

時	日	月	年	건명
편재		상관	편관	六神
辛	**丁**	**戊**	**癸**	天干
亥	**酉**	**午**	**巳**	地支
정관	편재	비견	겁재	六神
戊	庚	丙	戊	支
甲		己	庚	藏
壬	辛	丁	丙	干

▶ 사/주/분/석

이 사주는 년지(年支)와 월지(月支)가 사오(巳午)화(火)로 구성이 되어 있으니 천간의 무계합화(戊癸合化)가 결성이 됩니다. 시지(時支)의 해수(亥水)는 멀어서 이를 막기는 역부족한 것입니다. 그러면 화겁(化劫)이므로 겁재(劫財)가 태왕(太旺)해지는 점입니다. 겁재(劫財)가 태왕(太旺)하거나 혹은 쇠약(衰弱)하면 둘 다 형제궁(兄弟宮)은 빈궁(貧窮)하게 되는 것입니다. 형제궁이 빈궁(貧窮)에 처하면 형제에게 질환(疾患), 재앙(災殃)이 일어날 수 있고 또한 비겁(比劫)태왕(太旺)하니 그 부모를 극(剋)하게 됩니다.

그래서 조실부모(早失父母)하는 경우도 일어날 수 있는 것입니다. 따라서 형제들이 많아서 그 가문(家門)의 재산(財産)을 약탈(掠奪)하니 형제끼리의 경쟁이 심하므로 형제(兄弟)의 우애(友愛)를 기대하기 힘들고 때에 따라서는 질환(疾患)으로 사망하는 경우도 발생하게 됩니다. 이것이 형제궁(兄弟宮)이 빈궁(貧窮)에 처한 것으로 곧 형제액(兄弟厄)이 발생하는 것입니다. 따라서 이 명조는 두 명의 형제가 죽고 여동생 한 명은 반신불수가 되었습니다.

3부

배우자(配偶者)의 육친론(六親論)

01 비견 중중한 팔자가 정관이 장생지에 놓이니 다혼명(多婚命)이다

時	日	月	年	곤명
비견		상관	정관	六神
庚	**庚**	**癸**	**丁**	天干
辰	**寅**	**丑**	**酉**	地支
편인	편재	인수	겁재	六神

▶ 사/주/분/석

이 명조는 시간(時干)에 비견(比肩) 경금(庚金)이 투출하고 년지(年支)와 월지(月支)가 유축합(酉丑合)이므로 비견의 국(局)을 이룬 사주입니다. 곧 비견(比肩) 중중(重重)하다고 볼 만한 것이죠.

그러면 비견다자(比肩多者)라고 보는데 비견이 많은 즉, 내 정관을 놓고 다투는 여자들도 많다고 보는 것입니다. 그렇다고 비견다자(比肩多者)는 내 남편에게는 반드시 여자들이 많다고 확정하는 것은 아닙니다. 다만 그러한 암묵적인 비견의 세력으로 인해 내가 밀려난다고 추정(推定)하는 것입니다.

그래서 유축합(酉丑合)으로 비견국을 이룬 자리에 앉은 정계충거(丁癸沖去)는 분관(分官)하는 명조임을 알 수 있습니다.

고로 이 여자분은 분관하는 정관이 정계충(丁癸沖)을 맞은 상(像)이므로 남편과 이별수가 분명한 사람입니다.

그런데 특히 정유(丁酉)는 장생지이니 충거(沖去)하여 사라진다고 해도 다시 장생(長生)의 힘으로 복귀하는 힘이 강한 것이니 다시 호감(好感)있는 남자를 쉽게 만날 수 있게 됩니다.

그러한 즉, 이 여자분은 삼혼(三婚)을 경험하였습니다.

다혼(多昏)을 간명할 때에 가장 우선적으로 보는 것은 비견(比肩)의 상황이다. 곧 비견은 견줄 비(比), 어깨 견(肩)이므로 나와 경쟁하는 사람이 되는데 비견다자(比肩多者)가 되면 남자를 놓고 경쟁하거나 혹은 취업을 위해 심한 경쟁이 많아서 인생에 있어서 피로도가 높은 것이다. 그러므로 말하기를 비견이 많으면 분재(分財), 분관(分官)의 사주라고 말하였다.

그래서 비견다자(比肩多者)는 평생을 경쟁하면서 살아 갈 운명임을 미리 안다면 자격증(資格證)을 취득하는 것이 경쟁에 있어서 유리한 고지(高地)를 선점(先占)하게 되는 것이다

그러므로 여자 명조에서 이혼(離婚) 명을 볼 적에는 관살(官殺)의 상태도 중요하겠지만 우선적으로 비견겁(比肩劫)의 상태도 살펴봐야 한다. 즉 비견이 많게 되면 정관을 놓고 다투는 세력이 많게 되므로 이것은 내가 비견의 경쟁자에게 밀려 내 남자를 빼앗긴다고 보는 것이니 곧 이별수로 나타나게 되는 것이다. 이것을 분관(分官)이라 한다.

02 겁재와 합으로 맺어진 자녀성의 정체는 남의 자식이다

時	日	月	年	건명
편관		편관	식신	六神
壬	**丙**	**壬**	**戊**	天干
辰	**寅**	**戌**	**午**	地支
식신	편인	식신	겁재	六神
		백호		신살

▶ 사/주/분/석

이 사람은 만나는 여자마다 자식이 있는 이혼녀를 자꾸 만난다고 하는데 그 이유는 무엇인가요. 이 명조는 병화(丙火)일간이 인오술(寅午戌)삼합(三合)이 결성 된 구조이므로 지전삼물(地全三物)을 구성합니다.

사주에서 만약 지전삼물(地全三物)이 결성이 되면 천복지재(天覆地載)로 순응(順應)해야 마땅하다고 말을 합니다. 천복지재(天覆地載)라 함은 만약 지지가 삼합(三合)이면 그 주변에는 지지의 합한 기운(氣運)에 순종하는 오행이 길하다는 의미입니다. 그러므로 전왕격(專旺格)으로 보고 간명(看命)해야 하는데 순명(順命)하면 대흥(大興)하지만 역행(逆行)하면 패격(敗格)이 되니 삶의 고충이 있는 사주가 됩니다.

그러므로 천간에 임수(壬水) 투출(投出)은 오히려 장애(障礙)가 되는 것이죠. 고로 임수(壬水)는 나에게는 자녀성(子女星)에 해당하는데 나에게는 자식이 불편한 존재가 되는 것입니다.

그런데 임수(壬水) 편관(編官)이 술(戌)중의 정화(丁火)와는 정임(丁壬)명암합(明暗合)을 하는 구조이므로 겁재가 합하는 임수(壬水)는 남의 자식이라는 뜻이 되는 것입니다. 무슨 말인가 하면 곧 숨어 있는 술(戌)중의 정화(丁火)는 겁재(劫財)인데 이 겁재는 나와 힘을 겨루는 경쟁의 상대자이므로 내 아내를 놓고 다투는 사이가 됩니다.

그런데 이런 외간 남자가 천간 임수(壬水)와 정임(丁壬) 명암합(明暗合)한다는 사실은 겁재가 낳은 임수(壬水) 편관(編官)이니 남의 자식이라는 것입니다. 그런데 임술(壬戌)은 백호(白虎)이므로 남의 자식이 백호에 걸려 있은 즉, 혈광사(血狂死)가 일어나면 육친의 인연이 자주 바뀌게 됩니다. 죽어서 바뀌던지 헤어져서 이별하던지 둘 중에 하나로 나타나게 될 것입니다.

▶ 근황
전통 시장에서 뻥튀기랑 한과(漢菓)를 파는 사장님입니다. 그런데 만나는 여자마다 자녀가 있는 이혼녀와 자꾸 엮여서 결국 자식까지 낳고 살다가 이혼했다고 합니다.

▶ 핵심키워드
지전삼물(地全三物)이라 함은 지지에 삼합(三合) 혹은 방국(方局)이 결성이 된 사주를 말한다. 즉 지지에 세 가지 물건이 합을 구성하고 있다면 천간은 그 세력에 순종해야 길한 것이므로 그것을 용납하여 주지 않으면 안 된다.

예를 들어 지지가 인묘진(寅卯辰)이나 해묘미(亥卯未)인데 천간에서 갑경을 신(甲庚乙辛)을 만나게 되면 갑경(甲庚)이 충(沖)하고 을신(乙辛)이 충(沖)하므로 곧 천간이 순리에 따르지 않고 거역(拒逆)하는 것이 되니 지지를 덮어주지 못하는 것이 된다.

그러므로 통근하거나 통근하지 않는 것을 막론하고 모두 그 기운의 질서를 따르고 간지(干支)가 서로 배반하므로 어긋나지 않아야 천복지재(天覆地載)라 말하는 것인데 결성이 되면 그 묘(妙)함이 있는 것이다.

03 내 남편이 역마성을 띤 것이니 이동 중에 만난다

時	日	月	年	세운	대운44	곤명
식신		편인	상관	편인	편재	六神
丁	乙	癸	丙	癸	己	天干
丑	亥	巳	寅	卯	丑	地支
편재	정인	상관	겁재	비견	편재	六神
		역마				신살
		금여				

▶ 사/주/분/석

이 명조는 무관(無官)팔자이지만 사중(巳中)의 경금(庚金)이 정관(正官)으로 내 남편성이 됩니다.

그런데 사해충(巳亥沖)하는 구조라서 경금(庚金)의 충기(衝起)로 인출(引出)에 성공할 수 있었습니다. 고로 사중(巳中)의 경금(庚金)과 일간 을목(乙木)이 을경(乙庚)명암합(明暗合)하는 구조이므로 나와 남편의 관계는 유정(有情)하다고 보고 두 부부의 사이가 좋다고 판단할 수 있겠습니다.

그런데 남편의 직업이 체인점 관리자인 것은 사(巳)중의 경금(庚金)이 역마성(驛馬星)을 띤 것이므로 내 남편은 역마충으로 만날 확률이 높은 것입니다. 그 결과 이동이 잦은 직업 중에서 남편을 만나거나 혹은 남편 직업 자체가 영업관리가 될 수 있습니다.

▶ 근황

직업은 미용업을 하는데 남편은 체인점 관리자이다.

04 관고(官庫)를 가진 여자는 남편운(男便運)이 불리해진다

時	日	月	年	곤명
정관		편재	정관	六神
庚	**乙**	**己**	**庚**	天干
辰	**卯**	**丑**	**戌**	地支
정재	비견	편재	정재	六神

▶ 사/주/분/석

년간(年干)의 경금(庚金)은 월지(月支)의 축토(丑土)가 입고처(入庫處)에 해당하므로 이 명조는 축토(丑土) 관고(官庫)를 가지 명조가 됩니다. 그런데 여자 사주에서는 남편성이 관고(官庫)를 가지게 되면 남편운(男便運)이 불리해지는 것입니다.

더구나 년지(年支)와 월지(月支)가 축술형(丑戌刑)이므로 관고(官庫)가 심하게 동(動)하는 팔자라서 남편의 입고가 분명한 것입니다. 또한 년간(年干) 경금(庚金)과 시간(時干) 경금(庚金)이 투출했는데 모두 관고지에 놓인 팔자이고 진술충이므로 서로 밀어내는 겁니다.

이러한 구조를 관성(官星) 이위(二位)라고 말하는 것인데 고로 이러한 팔자에서는 남편이 있어도 없는 것이니, 이것은 남편성이 공망을 맞은 것처럼 주변 생활에서 나타나게 됩니다.

그러므로 남편의 직업은 목수인데 몇 년 전에 집을 가출(家出)하여 소식(消息)이 없고 두절(杜⌐)이 된 상태라고 말하고 있습니다.

05 정관(正官)이 금다화식(金多火熄)인데 개두(蓋頭)가 되어 있다

時	日	月	年	곤명
식신		비견	편인	六神
壬	**庚**	**庚**	**戊**	天干
午	**申**	**申**	**申**	地支
정관	비견	비견	비견	六神
丙 己 丁	戊 壬 庚	戊 壬 庚	戊 壬 庚	支 裝 干

▶ 사/주/분/석

이 명조에서는 시지(時支)의 오화(午火) 정관(正官)이 남편성에 해당이 됩니다. 그런데 오화(午火) 정관(正官)이 금다화식(金多火熄)의 상이고 임오(壬午)라는 간지는 개두(蓋頭)에 걸려 있습니다.

금다화식(金多火熄)은 금(金)이 많아서 오화(午火)가 꺼지는 현상을 말하는데 고로 정관이 무력(無力)한 것이 됩니다. 또한 오화는 천간 임수(壬水)로 덮혀 있으므로 개두(蓋頭)라고 말하는데 수(水)의 극(克)을 받는 정관은 위태롭다고 보면 됩니다.

그런데 이 사주를 분석해 보면 비견(比肩)이 태과(太過)한 것으로 오화(午火) 정관(正官)을 놓고 비견들이 서로 다투는 상(像)이니 곧 분관(分官)의 상(像)을 가지고 있습니다. 분관(分官)이 된다고 하는 것은 내 정관을 여러 명에게 나눠야 하는 상황에 처할 수 있다는 것인데 고로 나는 남편과는 인연이 약하다고 보는 것입니다.

육친적으로 자세히 분석하여 살펴보면 오중(午中)의 정화(丁火)가 일지(日支) 신중(申中)의 임수(壬水)와 정임(丁壬)암합(暗合)을 합니다. 이것은 신중(申中)의 임수(壬水)는 식신(食神)이므로 나의 숨은 자녀성이 됩니다. 그런데 월지(月支)와 년지(年支)의 신금(申金)에서도 마찬가지로 오중(午中)의 정화(丁火)와 정임(丁壬) 암합(暗合)을 하니 나의 남자는 남의 자녀와 숨은 암합을 놓고 있다는 사실입니다. 다시 말해서 임수(壬水)는 나의 자녀성이므로 신금(申金) 비견 속에 있는 자식은 내 경쟁자들이 낳은 자식이라고 보는 것이죠.

그래서 그녀의 자식들과 내 남편이 정임(丁壬)암합(暗合)하는 상(像)은 또 다른 집에 거주하는 남편이 됩니다. 이것은 두 집 살림을 의미하는데 곧 내가 경쟁자인 비견과 다툼이 있는 팔자가 되기 때문인 것입니다. 그러므로 이분은 일찍 이혼하였다고 합니다.

06 재관(財官)의 고(庫)를 가진 사람은 삶이 일장춘몽(一場春夢)과 같다

時	日	月	年	세운	대운42	곤명
편재		인수	정관	인수	식신	六神
乙	辛	戊	丙	戊	癸	天干
未	丑	戌	辰	戌	巳	地支
편인	편인	인수	인수	인수	정관	六神

▶ 사/주/분/석

이 사람은 을미(乙未) 동주고(同柱庫)와 신축(辛丑) 동주고(同柱庫)를 가진 명조인데 또한 병화(丙火)는 정관(正官)인데 축토(丑土)는 관고(官庫)에 해당이 되는 것이니 관고(官庫)를 가진 운명의 소유자가 됩니다.

그런데 지지가 축술미(丑戌未) 삼형(三刑)이니 관고(官庫)가 열린 겁니다. 그래서 무술년(戊戌年)에 진술충(辰戌沖)으로 재충(再沖)되면 관고(官庫)는 작동을 하게 됩니다.

이런 경우는 일간 매금(埋金)의 상(像) 그리고 재성(財星)의 입고처(入庫處)도 있어서 힘든 삶이죠. 일단 관고(官庫)가 작동되면 을미(乙未)동주고(同柱庫)는 재성 손재수(損財數)를 발생시키면서 일간은 매금(埋金)을 당할 수가 있는 구조입니다.

▶ 근황

직업은 선생님인데 남편이 뒤늦게 한의사가 되었지만 개업을 앞두고 사망을 했다.

동주고(同柱庫)와 동주묘(同柱墓)는 다른 구조이다.

동주묘(同柱墓)는 12운성을 기준으로 찾은 간지를 말한다.
동주고(同柱庫)는 신축(辛丑), 을미(乙未), 병술(丙戌), 임진(壬辰)를 말하고,
목화금수(木火金水)의 오행을 기준으로 한다.

그러므로 동주고(同柱庫)는 육십갑자(六十甲子) 중에서 천간이 지지에서 삼합
(三合) 오행의 고지(庫地)가 되는 간지가 해당된다.
즉 목화금수(木火金水)의 음양(陰陽)을 구분치 않고
목(木)의 고(庫)는 미(未)
화(火)의 고(庫)는 술(戌)
금(金)의 고(庫)는 축(丑)
수(水)의 고(庫)는 진(辰)로써 일률적으로 사용한다.

07 제살태과(制殺太過) 된 남편성이 위태롭다

時	日	月	年	세운	대운38	곤명
편인		편관	겁재	식신	식신	六神
己	辛	丁	庚	癸	癸	天干
丑	亥	亥	申	卯	未	地支
편인	상관	상관	겁재	편재	편인	六神

▶ 사/주/분/석

제살태과(制殺太過) 된 남편성이 위태로운데 왜 여자가 유방암에 걸리는 것일까?

이유를 찾아보면 일간의 입고처 축토(丑土)를 가지고 있기 때문입니다.

이 명조는 월간(月干)의 정화(丁火) 편관(編官)이 남편성에 해당합니다.

그런데 해해월(亥亥月)에 앉아 있는 정화(丁火)는 풍랑(風浪)에 휩쌓인 남편인데 겁재(劫財)도 강하고 편인(偏印)도 강한지라 설기태과(泄氣太過)하니 제살태과(制殺太過)가 두려운 사주가 됩니다.

고로 정화(丁火)가 위태롭다고 하는데 계미(癸未)대운을 만나면 정계충거(丁癸沖去)와 축미충(丑未沖)이 발생하므로 정관(正官)은 미토(未土)에 입고(入庫)되고 신금(辛金)일간은 축토(丑土)에 입고(入庫)할 수 있습니다 정관 손상으로 인한 일간 입고이므로 이 사람은 직업 생활이 어렵다고 보는 것입니다.

그러므로 계미(癸未)대운에 부부(夫婦) 불화(不化)가 심화(深化)가 되더니 직장 근무중에 유방암에 걸려 투병중인 여자입니다.

08 편관(編官) 백호(白虎)가 동(動)한 즉 남편이 자살(自殺)하였다

時	日	月	年	세운37	대운43	곤명
정재	비견	편재	편관	편관	편재	六神
丙	癸	癸	丁	己	丁	天干
辰	未	丑	未	丑	巳	地支
정관	편관	편관	편관	편관	정재	六神

▶ 사/주/분/석

월주(月柱)의 계축(癸丑)은 백호살(白虎殺)인데 정계충(丁癸沖)과 축미충(丑未沖)을 당하고 있으므로 편관(編官)백호(白虎)에 걸려 있다고 판단하면 됩니다. 그런 즉, 남편의 혈광사(血狂死)를 근심해야 합니다. 또한 일주 계미(癸未)는 동주묘(同柱墓)이므로 남편 혈광사로 인한 충격을 당할 수 있는 구조라 충분히 의심이 될 만한 사항입니다.

고로 기축년(己丑年)에 기토(己土) 칠살(七殺)이 투출하여 재살(財殺)이 태왕(太旺)하여 위험하였는데 다시 지지의 축미충(丑未沖)을 당하니 계축(癸丑) 백호(白虎)가 동(動)하게 된 것입니다. 그런 즉, 남편이 이 해에 자살을 하게 됩니다.

▶ 핵심키워드

백호살은 무진(戊辰), 정축(丁丑), 병술(丙戌), 을미(乙未), 갑진(甲辰), 계축(癸丑), 임술(壬戌)이다. 백호살을 사주에서 응용하는 방식에는 백호(白虎)가 좌(坐)한 글자의 십신(十神)을 보고 그 운명을 논하는 법이 있다. 백호(白虎)는 형충파해(刑沖破害)하여 일어나는 충극(沖剋)을 살펴야 하는 것이므로 형충(刑沖)이 되면 백호가 작동한다고 보면 된다.

09 화다수증(火多水烝)으로 처성(妻星)의 수기(水氣)가 메마르다

時	日	月	年	세운	곤명
겁재		식신	편인	상관	六神
己	**戊**	**庚**	**丙**	**辛**	天干
未	**申**	**寅**	**午**	**未**	地支
겁재	식신	편관	비견	겁재	六神
丁 乙 己	戊 壬 庚	戊 丙 甲	丙 己 丁	丁 乙 己	支 裝 干

▶ 사/주/분/석

이 명조는 일지 신중(申中)의 임수(壬水)가 처성(妻星)이 됩니다.

그런데 인신충(寅申沖)이므로 충기(沖起)로 인해 임수(壬水)를 내가 취할 수가 있어서 결혼에 성공할 수 있었습니다.

그런데 병화(丙火)가 투간하고 인오합(寅午合)이니 화국(火局)을 이루어 인수(印綬)태왕(太旺)하니 수(水)를 메마르게 하므로 이 사주는 처성(妻星)을 위협하는 사주가 되고 극처(剋妻)할 수 있는 팔자가 되는 것입니다.

단지 비견만 극처(剋妻)의 대상자가 아니라 화(火)가 태왕한 즉 수(水)가 메마르므로 화다수증(火多水烝)의 현상이 된 팔자입니다. 고로 이 사주에서는 임수(壬水)가 메말라 위협을 당하는 것이니 다른 곳에서 안식처를 구할 수 밖에 없는 것이 내 아내가 처한 상황입니다. 그러므로 신미년(辛未年)에 외도를 하였는데 그 까닭은 병신합(丙辛合)과 오미합(午未合)으로 병오(丙午) 년주(年柱)를 묶어 주기 때문에 화국을 무너지게 하여 화다수증(火多水烝)을 깨뜨리는 시기라 처(妻)는 어떤 해방감을 느끼게 됩니다.

고로 임신년(壬申年)에 남편이 아내의 외도를 알아차리고 외도상대를 찾아 폭행하였습니다. 남편은 폭행상해죄로 재판에 넘겨졌다고 합니다.

▶ 핵심키워드

수능극화(水能剋火)라도 화다수증(火多水烝)이 된다는 말이 있다.

이것은 수(水)는 능히 화(火)를 극하지만 화(火)가 많으면 수(水)는 오히려 증발(增發)한다는 뜻이다.

고로 화다수증(火多水烝)에 처한 육친은 메말라 수기(水氣)가 없으므로 생육(生育)에 성공할 수가 없다. 그러하니 잘못하면 요절하거나 질병으로 곤궁하여 반드시 다른 살 자리를 찾아 떠나려고 하는 것이다

10 재성이 투고(投庫)가 되면 처성(妻星)의 안위(安位)가 위태롭다

時	日	月	年	세운54	대운54	건명
편관		정인	편관	비견	정재	六神
甲	**戊**	**丁**	**甲**	**戊**	**癸**	天干
寅	**寅**	**丑**	**辰**	**戌**	**未**	地支
편관	편관	겁재	비견	비견	겁재	六神
戊	戊	癸	乙			支
丙	丙	辛	癸			裝
甲	甲	己	戊			干

▶ 사/주/분/석

이 사주에서는 처성(妻星)의 존재가 드러나지 않은 것이므로 무재(無財) 사주입니다. 그러나 축(丑)중의 지장간 계수(癸水)는 숨어 있는 재성(財星)으로 처성(妻星)에 해당 됩니다.

그런데 계수(癸水) 처성(妻星)이 일간과 무계(戊癸) 상합(相合)하므로 유정(有情)하다고 볼 수 있습니다. 그러므로 지장간에 숨은 처성(妻星)은 형충(刑沖)으로 이끌어 내는 것이 마땅한 것이므로 계미(癸未)대운에 축미충(丑未沖)은 계수(癸水)를 인출(引出)하는데 성공하여 무계합(戊癸合)으로 득재(得財)할 수 있는 좋은 기회가 됩니다. 그러나 계수가 투고가 되어 등장하는 시기는 실자입고에 해당하여 오히려 입고당할 수가 있는 것이라 위험에 처해 질 수가 있는 것입니다.

이 경우는 이미 사주에 없던 계수(癸水)가 천간에 새롭게 등장한 것입니다. 이런 경우는 형충(刑沖)을 하면 실자입고(實字入庫)를 당할 우려가 높은 것인데 고로 투고(投庫)에서는 축미충(丑未沖)을 대기(大忌)하는 겁니다.

그러므로 무술년(戊戌年)에 축술미(丑戌未)삼형으로 계수(癸水)가 인출(引出)이 되면 무계합거(戊癸合去)로 강탈을 당하면서 대운 계수(癸水)도 입고(入庫)를 당하게 됩니다.

계수(癸水)는 재성(財星)이므로 재성(財星)입고(入庫)시에는 반드시 재물의 손괴(損壞) 혹은 아내의 변고(變故)를 동반하게 됩니다. 이런 재성 입고(入庫) 혹은 합거(合去)의 상(像)에서는 재성(財星)인 처성(妻星)이 다시 입고처(入庫處)에 귀속(歸屬)하는 운명이라 부부 이별(離別) 혹은 병고(病苦) 등으로 나타날 수 있습니다.

▶ 근황

초년 동방운에는 어렵게 살았고 중년의 남방운에 다리를 좀 펴고 사는데 계미운(癸未運) 무술년(戊戌年)에 아내가 희귀병을 얻어 몇 년째 고생하고 있다.

▶ 핵심키워드

투고(投庫)란 무엇인가. 명리학에서 말하는 투고(投庫)는 고지(庫地) 내부의 지장간(地藏干)의 물건이 천간에 투출하는 행위를 말한다. 고로 진토(辰土)가 천간에서 임수(壬水)를 만나면 임수(壬水)가 투고(投庫)되었다고 말한다.

그래서 진중(辰中)의 계수(癸水)는 암신(暗神)에 해당이 되고 천간에 투간하면 실자(實字)가 되는 것이다. 만약 술토(戌土)에서 천간에 숨은 정화는 암신이 되는 것인데 만약 천간에 병정화(丙丁火)가 투출했다면 병정화(丙丁火)는 투고(投庫)가 되었다고 말을 한다.

고로 병정화(丙丁火)는 천간에 투간하였은 즉, 실자(實字)가 되는 것이라, 형충하면 입고(入庫)를 당할 수가 있다는 것이다.

11 관살혼잡(官殺混雜)이 뚜렷하니 이부종사(二夫從事)의 상(像)이다

時	日	月	年	곤명
정관		편관	정관	六神
辛	**甲**	**庚**	**辛**	天干
未	**戌**	**寅**	**酉**	地支
정재	편재	비견	정관	六神
丁 乙 己	辛 丁 戊	戊 丙 甲	庚 辛	支 裝 干

▶ 사/주/분/석

이 명조는 년주(年柱)가 신유(辛酉)인데 유금(酉金) 정관 록(祿)에 앉아 있고 월주(月柱)는 경인(庚寅)인데 지지가 절각(折脚)입니다. 그런데 인유(寅酉) 원진(元嗔)이 되어 갈등 관계에 놓여 있습니다. 고로 관살혼잡(官殺混雜)이 뚜렷하니 이부종사(二夫從事)의 상(像)이라고 판단하시면 됩니다.

그러나 이것만 보고 이부종사(二夫從事)한다고 쉽게 판단하면 안 됩니다. 시지(時支) 자녀궁(子女宮)의 미토(未土)는 술미형에 놓인 관계로 일간의 수시(隨時) 입고처(入庫處)가 됩니다. 이것은 다른 아버지로부터 양육(養育)을 받아야 하는 어린 자식들의 근심이 엿보이는 겁니다.

곧 자녀를 낳게 되면 미토(未土)가 동(動)하여 술미형(戌未刑)으로 고장지가 동(動)한 즉, 일간이 입고하므로 남편과는 생사(生死) 이별(離別)이 따릅니다. 그런데 일간 입고의 고충을 남편과의 이별로 보는 이유는 천간의 관살혼잡 때문입니다. 그래서 이부종사(二夫從事)해야 할 운명이라 판정이 나올 수가 있는 것입니다.

재혼 후 이혼하고, 3번째 결혼을 고민 중입니다.

▶ 핵심키워드

천간의 관살혼잡이 이직(移職)을 뜻하는가 아니면 다혼(多昏)의 상(像)인가 무엇을 보고 판단할 수 있을까?

미토(未土)가 일간의 고장지인데 자녀궁(子女宮)에서 출현(出現)을 하였다. 곧 자식을 낳게 되면 일간의 고(庫)가 동(動)한 즉, 남편과 생사이별로 추리할 수 있다. 근묘화실(根苗花實)에 놓인 육친궁의 특징을 파악하고 고장지 동태를 보면 관살혼잡의 흐름을 추리할 수 있다.

12 급신이지(及身而止)이면 식상법(食傷法)이 있다

時	日	月	年	곤명
겁재		겁재	겁재	六神
戊	**己**	**戊**	**戊**	天干
辰	**巳**	**午**	**申**	地支
겁재	정인	편인	상관	六神

77	67	57	47	37	27	17	7	대
庚	辛	壬	癸	甲	乙	丙	丁	운
戌	亥	子	丑	寅	卯	辰	巳	수

▶ 사/주/분/석

사주 중에서 비견이 많아 왕(旺)한데 식상으로 설기 시켜주지 못하면 사주가 정체(停滯)가 되어 흐르지 못하면 위태롭다고 말을 합니다. 그 결과로 나오는 용어가 **"급신이지(及身而止)이면 식상법(食傷法)"**인 것입니다. 고로 비견겁(比肩劫)이 왕하면 식상으로 수기(秀氣) 설기(泄氣)해야 마땅합니다.

그래서 이 사주는 왕한 비겁을 수기(秀氣)설기(泄氣)하는 년지의 신금(申金) 상관이 매우 중요하게 됩니다. 곧 이 사람은 신금(申金)과 관련한 보직을 찾는게 급선무입니다. 또한 화토(火土)가 중한 가운데도 화다토초(火多土焦)의 우려가 있겠지만 신중(申中)의 임수(壬水)와 진중(辰中)의 계수(癸水)가 가뭄을 해소하고 있으므로, 이 사람은 신금(申金) 상관(傷官)을 사용하면 신중(申中)의 임수(壬水)가 재성이므로 재물을 모을 수 있습니다. 그러므로 인수용상(印綬用傷)의 격국으로 보는데 곧 오화(午火)가 용신이며 신금(申金)은 상신에 해당된다고 보면 됩니다.

그런데 오화(午火)의 특징은 한 여름의 중심이니 쾌활 명랑하며 적극성과 충동성이 있습니다. 고로 일찍 부군(夫君)을 만난 것은 역시 사신형합(巳申刑合)으로 자녀가 되는 상관의 신금(申金) 상신(相神)을 형동(刑動)하게 해주는 시기에 만난 것으로 보여 집니다. 즉 원국에 일지 사화(巳火)가 년지(年支)의 신금(申金)을 사신형(巳申刑)하는 구조가 됩니다. 그런데 16세 사화(巳火)대운에 재차 사신형동(巳申刑動)하므로 신금(申金) 상관(傷官)을 재차 동(動)하게 만들고 있는 것입니다. 이것은 여자에게는 상관은 자식성에 해당하므로 정관(正官) 혹은 식상운(食傷運)에 특히 남자를 만나는 사건들이 많이 발생하게 됩니다.

▶ 근황
전 남편은 16세에 만나서 결혼하고 인목(寅木)대운 무렵에 이혼하였다. 현재 어린이집을 운영하는데 새로 만나 동거 중인 남자는 종교인이다.

▶ 핵심키워드
"급신이지(及身而止)이면 식상법(食傷法)"
이것은 본래 배필자(配匹者)를 취하는 법식이다. 즉 원래는 급신이지(及身而止)하면 식신정배(食神定配)라고 말한다. 모든 기운이 일신(日身)에 모여 신왕(身旺)하면 식신(食神)이 나의 배우자가 된다는 뜻인데 이런 명조(命造)는 강한 기운(氣運)이 일간(日干)에서 멈춰 버린 경우가 되는데 따라서 이 왕한 기운을 설기(泄氣) 시켜주는 식상(食傷)의 글자를 나의 배필(配匹)로 삼으면 길명(吉命)이 된다는 것이다.
그러므로 위 명조는 신금(申金) 상관(傷官)을 사신형동(巳申刑動)하게 하는 사화(巳火) 대운에 남편을 만난 것이다. 그런 즉 이것을 가리켜
"급신이지(及身而止)하면 식신정배(食神定配)"라고 말한다.

13 분관(分官)의 구조는 여러 명이 다투는 부동산 경매사도 가능하다

時	日	月	年	곤명
정관		비견	비견	六神
己	壬	壬	壬	天干
酉	午	寅	寅	地支
정인	정재	식신	식신	六神

▶ 사/주/분/석

부동산 경매로 돈을 벌었다고 하는데 어디를 보고 알 수 있을까요.

이 사람은 일단 다비견(多比肩)의 구조이므로 사주를 보면 분관(分官)의 상(像)을 구성합니다.

분관(分官)이라 함은 나의 정관을 여러 명이 쪼개서 나누는 것을 말하는데 3개의 비견이므로 1개의 기토(己土) 정관을 놓고 경쟁하는 관계임을 알 수 있는 대목입니다. 그런데 이 명조는 식신격인데 오화(午火) 정재를 보았으므로 화식위재(化食爲財)의 상(像)으로써 식신생재(食神生財)하는 구조입니다. 이것은 자신의 노력으로 활동하여 재물을 이루는 사람이라는 말인데 그 결과 시지(時支)에 유금(酉金) 정인 문서를 소유한 사람이라고 보는 겁니다.

그러나 기유(己酉)는 문서 위에 세워진 정관(正官)이므로 실제 건물의 상(像)이라기보다는 문서 위에 세워진 가상(假像)의 등기부(登記簿) 문서 건물이고 다비견(多比肩)에서는 분관(分官)으로 여러 명을 상대로 문서로 된 건물을 경쟁해야 합니다. 고로 이 분의 직업은 부동산 경매사입니다. 또한 이러한 경매사의 직업을 얻음으로써 남편에 대한 분관(分官)의 액땜을 할 수 있다는 점도 깨달을 수 있습니다.

▶ 핵심키워드

사주학에서는 물상대체(物像代替)라는 용어가 있다.

이것은 고전의 상보(相補)의 이론과도 유사하다. 즉 부자에게는 자식이 없거나, 귀하다 던지, 혹은 벼슬이 높으면 수명이 짧거나 평범해지면 수명이 늘어난다는 그런 이치를 말한다.

그래서 종교가들이 말하기를 하늘은 공평하다고 주장을 한다.

이것을 사주학에서는 물상대체(物像代替)라고 부르기도 하는데 어떤 여자가 분관(分官)의 명(命)으로 인해 이혼(離婚)후 재혼(再婚)하거나 삼혼(三婚)할 팔자라면 분관(分官)의 상(像)을 "경매"를 직업으로 선택하여 액땜을 한다는 식을 말한다. 고로 직업으로 분관을 사용함으로써 남편에게는 화(禍)가 미치지 못 하게한다. 그런 의미다.

14 천간은 분재(分財)이고 지지는 편재(偏財) 이위(二位)이니 이혼이 있다

時	日	月	年	건명
비견		정재	편인	六神
甲	**甲**	**己**	**壬**	天干
戌	**子**	**酉**	**辰**	地支
편재	인수	정관	편재	六神

▶ 사/주/분/석

천간은 일간 갑목(甲木)이 월간의 기토(己土) 정재를 갑기합(甲己合)하니 일간 득재(得財)의 상(像)이라 할 수 있습니다.

그래서 일간은 유리한 고지(高地)를 선정(先定)해 있다고 볼 수 있지만 시간 (時干)의 갑목(甲木) 비견(比肩)이 내 정재(正財)를 빼앗으려고 노리고 있는 모습입니다. 이것은 기토(己土) 정재(正財)가 분재(分財)의 상(像)에 걸려 있다는 말이 됩니다.

즉 갑목(甲木)이라는 두 사람의 경쟁으로 인해 기토(己土) 정재(正財)가 쪼깨 질 수도 있는 상황이라는 뜻입니다. 그런데 기토(己土)정재의 발원지는 두 곳인데 하나는 년지 진토(辰土)편재이고 다른 한 곳은 시지(時支) 술토(戌土) 편재(偏財)에서 기원(起源) 합니다.

그런데 년지의 진토(辰土)는 진유합(辰酉合)이니 묶인다는 뜻이 있으므로 이 것은 월간의 기토(己土)가 비록 진토(辰土)에 뿌리를 내리지만 진유합금(辰酉 合金)으로 변질이 되어 거주지의 인연지가 약해진다고 생각하면 됩니다.

곧 내가 잠시 소유하다가 이동, 이별이 발생하여 멀어져 간다고 볼 수 있습니다. 고로 비견(比肩) 갑목(甲木)의 분탈(分奪)하는 사건이 발생하게 되면 진유합(辰酉合)으로 단절이 된 까닭에 나와 본처(本妻)는 이별할 수 있습니다. 그런 연후에 시지(時支) 술토(戌土)에서 발원하는 새 기토(己土)를 만나야 합니다.

▶ 근황
처와 자산도 교직에 몸담고 이다. 계해(癸亥)생의 장녀(長女)가 있고 아들은 없다. 34세 을축(乙丑)년에 이혼하고, 재혼하였다. 본처를 싫어하고 외도를 많이 하였다.[박도사건명지]

▶ 핵심키워드
분재(分財)라 함은 재물을 나눈다는 뜻이다. 사주에 재물은 작은 경우에 비견이 2개라면 작은 재물이라도 서로 나눠야 한다. 만약 비견이 3명이라면 나눠야 할 재물의 한계에 봉착하여 위기상황이 올 수도 있다. 즉 형제끼리 서로 원수가 되어 버리는 것이다. 비견이 3ㆍ4개가 동시에 나타나면 비견이 겁탈자로 변할 수 있다. 이러한 관계로 인해 비견이 많은 사람들에게 형제들의 재산 분배 다툼이 많다.

그러나 한편으로는 비견과 비견이 존재해도 서로에게 힘이 되어 주는 경우는 분재(分財)라고 말하지 않는다. 특히 이것은 공동의 적이 존재할 경우에 발휘가 된다. 곧 재성과 칠살이 당(黨)을 이룬다면 재당생살(財黨生殺)이라 일간을 공격하기 마련이다. 이런 경우에 공동의 적을 비견과 협력하여 대항을 하게 되면 일간에게는 싸움이 쉬워질 수가 있다는 뜻이다. 고로 이런 비견은 분재보다는 협력자, 동업자이므로 협동조합으로 특화가 된 직업을 가지는 것이 유리해진다.

그러나 비록 협력한다고 하더라도 나중에는 재물을 나눠 협력한 댓가를 지불해야 한다. 고로 이것을 자발적인 분재라 할 수 있다.

15 윤하격(潤河格)을 훼방하는 관성 남자가 기신(忌神)이 된다

時	日	月	年	곤명
겁재		비견	비견	六神
壬	**癸**	**癸**	**癸**	天干
戌	**亥**	**亥**	**丑**	地支
정관	겁재	겁재	편관	六神
백호	역마	역마	백호	신살

75	65	55	45	35	25	15	5	대
辛	庚	己	戊	丁	丙	乙	甲	운
未	午	巳	辰	卯	寅	丑	子	수

▶ 사/주/분/석

이 명조는 천간에는 임계수(壬癸水)가 가득하고 지지는 해해(亥亥)형살이므로 윤하격(潤河格)을 구성할 수 있습니다. 다만 축술형(丑戌刑)이 큰 부담이 됩니다.

왜냐하면 윤하(潤河)를 이루는데 있어서는 토(土) 관성(官星)의 방해로 패격(敗格)이 되기 때문입니다. 고로 관성의 존재는 나에게는 흠집이 되는 것이니 남자와의 인연은 깊지 않습니다.

특히 계축(癸丑)과 임술(壬戌)이라는 두 관성(官星) 백호(白虎)는 혈광사(血狂死)를 일으킬 소지가 있어서 변동성이 많아 정상적인 접근이 이루어지기에는 어려운 점이 있습니다. 이런 사주는 해해(亥亥)가 역마지상(驛馬之像)이라 타향에서 성공할 수 있으니 해외 거주를 하게 되는데 해외에서 남자를 만날 수 있습니다.

따라서 이 사주는 백호살인 토(土)를 중재해 주는 경금(庚金)으로 가던가 아니면 식상(食傷) 목기(木氣)로 가서 토(土)를 제압할 수밖에 없습니다. 고로 이 여자 분은 두 가지 길을 모두 얻었습니다.

남미 아르헨티나는 위치상으로 경금(庚金)에 해당하고 대운은 동방목(動方木)운을 지나가니 토(土)가 제복(制伏)이 됩니다. 그러므로 이 시기 작은 결실을 얻을 수 있었습니다.

만약 이 사주가 병정화(丙丁火) 일색이였다면 발산(發散)하는 성질로 인해 연예, 방송, 언론을 생각할 수 있겠지만, 임계수(壬癸水)는 음적(陰的)으로 수축하는 성향이 있으므로 은밀한 직업이 좋습니다.

그런데 동방목(東方木)으로 향하여 식상관(食傷官)으로 설기하는 것이니 이것은 아이들에 해당하여 성장(成長)을 말하는 바, 교육이 올바릅니다. 특히 해해(亥亥)형은 역마지상(驛馬之像)이니 외국어강사가 될 수 있습니다. 만약 경금(庚金)대운을 얻었다면 금융업(金融業), 경제인(經濟人)으로 실력 발휘할 수도 있었습니다.

▶ 근황

병인(丙寅) 대운에 남미 아르헨티나에서 외국생활을 좀 했다고 합니다. 알고 있던 아르헨티나 남자를 기다리는 모습인데 계묘년 현재 51세로 아직 미혼입니다. 직업은 프리랜서 영어강사입니다.

16 음닐지합(淫暱之合)과 도화지합(桃花之合)이 연결이 되어 있으니 애정사가 남다르다

時	日	月	年	곤명
비견		인수	겁재	六神
壬	**壬**	**辛**	**癸**	天干
寅	**戌**	**酉**	**卯**	地支
식신	편관	인수	상관	六神
			도화	신살

▶ 사/주/분/석

이 명조에서 계묘(癸卯)와 임술(壬戌)은 비겁(比劫) 이위(二位)의 상(像)을 취(取)합니다. 그런데 일지궁의 술토(戌土) 편관(偏官)은 계묘(癸卯)의 여자와 묘술합(卯戌合)으로 상관(傷官)과 도화지합(桃花之合)을 구성하였습니다. 고로 나의 남자는 다른 계수(癸水) 여자 사이에 낳은 자식 묘목(卯木) 상관(傷官)이 있다는 뜻이 됩니다. 또한 술토(戌土) 편관(偏官)은 일간 임수(壬水)와는 정임(丁壬) 명암합(明暗合)이니 음닐지합(淫暱之合)으로 연결이 되었고 년지(年支) 상관(傷官)과는 도화지합(桃花之合)으로 연결이 되어 있습니다. 그러므로 이 사주의 주인공의 남자는 양다리를 걸치고 있는 셈입니다. 무슨 뜻인가하면, 이 여자를 사랑하는 남자는 일편단심(一片丹心)이라기 보다는 먼저 이 여인을 취한 후에 또 다른 여자를 탐(探)할 수 있다는 분석이 나오는 것입니다. 왜냐하면 이 여자의 일지궁 남자는 양다리를 걸치려는 속셈이 분명하기 때문입니다.

▶ 근황

1년 반 동안에 빠질 것도 없고 인물도 출중한 남자가 40대의 유부녀인 애엄마를 사랑한다고 합니다.

▶ 핵심키워드

정임합(丁壬合)을 음닐지합(淫暱之合)이라 말하는 이유는 무엇인가. 말하기를 "정임합(丁壬合)이 구성이 된 사람은 정신은 교태(嬌態)하고 감정에 따라 흐르기 쉽다"는 것을 주장하는 것이다. 그래서 임수(壬水)라는 여러 포태(胞胎)의 막(膜)을 향해 정화(丁火)가 난입하는 것은 "정자(精子)와 난자(卵子)의 교태(嬌態)이니 색(色)의 힘을 취하여 생명을 만드는 것이다" 라고 설명을 한다. 그러므로 "정(情)에 쉽게 움직이고 고결(高潔)함에 구애(拘礙)를 받지 않는다" 하였는데 고로 "갈등과 혼란에서 새로운 생명이 탄생한다"고 하여 이것을 정임합목(丁壬合木)이라 하였고 이것을 음란(淫亂)하다하여 음닐지합(淫暱之合)이라 말을 하였다. 특히 이 사주에서는 쌍봉(雙峯) 비견(比肩)을 만난 임수(壬水)이므로 비견 분관(分官)의 상(像)도 갖추고 있다. 이것은 비견(比肩)이라는 경쟁자인 임수(壬水) 혹은 겁재의 대결이 있게 되는 것이니 내 남편을 빼앗길 수도 있는 상황에 처할 수 있다는 점이다. 즉 이것은 남녀의 연분(緣分)이 변동이 발생한다는 뜻이기도 하다. 그래서 이 사람은 묘술합(卯戌合)에서는 발생하는 도화(桃花)의 열기(熱氣)와 정임합(丁壬合)에서 일어나는 색(色)의 교태(嬌態)에 구애 받지 않는 특이점이 발견이 된다. 즉 이 사람의 도화(桃花)는 주변의 도덕적인 장애를 인식하지 않는다는 뜻이 된다.

17 겁재가 병탈정광(丙奪丁光)이 되면 극부극처(尅父尅妻)할 수 있다

時	日	月	年	세운43	대운38	건명
인수		겁재	식신	편재	정관	六神
甲	丁	丙	己	辛	壬	天干
辰	亥	子	亥	巳	申	地支
상관	정관	편관	정관	겁재	정재	六神

▶ 사/주/분/석

이 명조에서 정화(丁火) 일간에게는 갑목(甲木)은 진신(眞神)에 해당이 되는 물건인데 월간의 병화(丙火) 겁재(劫財)가 있으므로 인수(印綬)의 조력(助力)을 분산(分散)시키고 있습니다. 그런데 병정화(丙丁火)의 관계에서는 병탈정광(丙奪丁光)의 현상이 일어나는데 태양의 빛이 너무 강렬하니 달의 모습이 그 자취를 감추어지는 것을 뜻합니다. 그런 즉 일간 정화(丁火)는 인수(印綬)의 도움을 제대로 받지 못하는 것이니 모친의 도움은 단절되고 생사이별이 일어날 수 있습니다. 특히 년간(年干)의 기토(己土)와 갑기합(甲己合)하므로 그러한 육친적인 특징이 뚜렷합니다. 무슨 말인가 하면 이 사람은 병정화(丙丁火)가 붙어 있어서 병탈정광(丙奪丁光)의 상(像)을 가지고 있습니다.

겁재(劫財)가 병탈정광(丙奪丁光)의 말썽을 일으키므로 이 사람은 겁재(劫財)로 인해 탈재(奪財)하는 까닭에 극부극처(尅父尅妻)하니 처(妻)를 극하여 결혼이 힘들고 또한 모친(母親)과 생사이별 당할 수 있는 운명이라고 보는 것입니다. 그런데 신사년(辛巳年)에 병신합거(丙辛合去)가 되었고 사해충(巳亥沖)으로 암충(暗沖)이 되는 해입니다. 신사년(辛巳年)에 병신합거(丙辛合去)로 겁재(劫財)가 제거가 되니 병탈정광(丙奪丁光)으로부터 벗어났고 그런 즉 남에게 빼앗기지 않습니다. 이 시기에는 사중(巳中)의 경금(庚金)이 해중(亥中)의 갑목(甲木)을 암충(暗沖)하므로 암충암기(暗沖暗氣)가 일어납니다. 충기(衝起)가 일어나면 그 해에는 목기(木氣)라는 기운을 얻게 되는 것입니다. 년지(年支)와 일지(日支)의 해수(亥水)를 2번에 걸쳐 사해충(巳亥沖)하므로 두 번의 행운을 얻었습니다. 충기(衝起)하여 목기(木氣)가 일어나면 시간의 갑목(甲木)이 왕기(旺氣)를 띄게 되어 동(動)하는 현상이 발생하는데 그 결과 갑목(甲木)이라는 물건이 내 주변에 분명하게 나타나므로 내가 이를 취하게 됩니다. 여기서 숨은 해중(亥中)의 갑목(甲木)을 산삼(山蔘)으로 보는 것입니다.

▶ 근황

이 남자 분은 2001년 신사년(辛巳年) 43세에 2번에 걸쳐서 산삼을 채취하였습니다. 신사년(辛巳年)에 2번의 횡재(橫財)를 얻은 이유를 알 수 있겠습니까. 정식 결혼은 못했으며 부인은 없으며 자녀도 없습니다. 바람직한 삶은 살아오지 못하고 의탁하는 삶을 살아온 듯하며 6ㄱ7년 전 사업실패로 빚이 많습니다.

▶ 핵심키워드

암충암회(暗沖暗會)라는 것은 지장간 속에 있는 숨은 십간들의 합과 충을 말합니다. 이와 반대로 명충명합(明沖明會)이라는 것은 팔자에 드러난 천간이나 지지의 합과 충을 말합니다. 그러니까 명충명합(明沖明會)은 팔자의 합충이고, 암충암회(暗沖暗會)는 장간의 숨은 합충을 의미하는 것이라 이해하면 됩니다. 또한 팔자 천간의 명신(明神)과 지장간의 암신(暗神)이 결합하는 것을 명암충, 명암합이라고도 합니다. 이러한 암충암회가 길(吉)하다고 하는 것은 충기(沖起)하거나 충발(沖發)하기 때문인데 기(起)라는 것은 "일어난다"라는 의미로 지장간의 십간 육신이 천간으로 확연히 드러난 것을 말합니다. 그래서 만약에 사길신(四吉神)이 드러나면 긍정적 결과가 오겠지만, 살상겁효(殺傷劫梟)의 흉신이면 불리해질 수도 있습니다.

18 남편과 자식이 천간합이 되면 부부인연이 깊지 않다

時	日	月	年	곤명
편재		식신	정관	六神
壬	**戊**	**庚**	**乙**	天干
戌	**子**	**辰**	**卯**	地支
비견	정재	비견	정관	六神
辛 丁 戊	壬 癸	乙 癸 戊	甲 乙	支 裝 干

▶ 사/주/분/석

월간의 경금(庚金)은 자식성인데, 일지궁(日支宮)의 자수(子水)는 자식의 사지(死地)가 됩니다. 또한 을묘(乙卯) 정관(正官)은 나의 남편성(男便星)인데 일지의 배우자궁과는 자묘형(子卯刑)을 하고 있습니다. 이것은 배우자성이 배우자궁을 자묘형(子卯刑)으로 밀어내고, 자식성은 배우자궁에 사지궁(死地宮)으로 놓여 있다는 것을 말합니다.

그런데 천간은 을경합거(乙庚合去)이니 이것은 내 자식과 남편은 합으로 묶여 있다는 뜻이죠. 즉 합으로 묶이고 형으로 밀어내니 내 자식과 남편이 함께 나를 떠나간다고 보는 것입니다. 보통 이런 구조는 시지(時支)의 술토(戌土)가 비견(比肩)으로 나의 경쟁자인데 나의 정관(正官) 묘목(卯木)을 묘술합(卯戌合) 하였기 때문에 분관(分官)의 상(像)으로 파악할 수 있습니다. 그러므로 아내는 이혼을 하고 집을 떠나고, 자식은 남편이 맡아 기르는 형태로 분관(分官)의 물상이 나타날 수가 있습니다.

그런데 배우자의 궁성(宮星)이 자묘형(子卯刑)으로 수술(手術)의 물상(物像)을 가지면 천간의 을경합거(乙庚合去)는 남편의 질환으로 발생하는 분리(分離)생사(生死)로 파악 할 수 있는 것입다.

▶ 근황

계사년(癸巳年) 봄에 결혼하여, 갑오년(甲午年) 초에 아이를 유산하였다. 그 이후로 임신이 안 된다. 경자년(庚子年) 말에 남편에게 전립선 암이 발생하여 수술하였고 계묘년 초여름에 사망하였다. [고려기문학회]

19 비견겁(比肩劫)이 많은데 사술(巳戌)원진 (元嗔)이니 극처(剋妻)한다

時	日	月	年	건 명
겁재		비견	정인	六神
甲	乙	乙	壬	天干
申	卯	巳	戌	地支
정관	비견	상관	정재	六神

▶ 사/주/분/석

이 명조는 월지(月支) 사화(巳火)가 상관격(傷官格)을 구성하는데 시지(時支)의 신금(申金) 정관(正官)이 노출이 되면 파국(破局)이 될 수 있습니다. 왜냐하면 상관은 정관을 극하니 상관견관(傷官見官)이 되기 때문입니다.

그러므로 이 사람이 고물상(古物商)을 경영하였다는 말은 역시 사신형합(巳申刑合)하는 구조를 따라 살아갔다는 이야기가 될 수 있습니다. 곧 신금(申金)은 고철(古鐵)이고 사화(巳火)는 용접기에 해당하여 사신형합(巳申刑合)을 하므로 고철(古鐵)을 분해(分解), 조각내어 폐품처리하는 일련의 과정을 말하는 것입니다. 이러한 과정들이 이 사람의 상관견관(傷官見官)을 액땜하는 것이니 직업이 고철상이 되는 것입니다.

또한 을묘(乙卯)일주가 간여지동(干與之同)인데 좌우로 갑을(甲乙)의 비겁(比劫)이 연결이 되어 있습니다. 이러한 구조에서는 목(木)이 뭉쳐 강화가 되었으니 곧 비견겁(比肩劫)이 다자(多者)가 되어 재성(財星)인 토(土)를 극할 수가 있게 됩니다. 그런데 또한 사술원진(巳戌元嗔)이 된 구조이므로 재성(財星)을 심하게 원진(元嗔)하였으므로 이 사람은 극재(剋財)하는 팔자가 되어 파재(破財)의 상(像)이 나타나 이혼하였습니다.

▶ 근황

고물상으로 돈을 벌었는데 투자 실패하여 이혼하였습니다.

▶ 핵심키워드

사신형(巳申刑)은 가공하는 물상이다.

불로 금을 녹여 제련하는 상(像)인 것이다. 그래서 사신형합(巳申刑合)은 형(刑)으로 가공이 된 물건을 합(合)으로 사용하는 날카로운 물건이다. 그런데 신금(申金)은 숙살지기(肅殺之氣)이다. 금기(金氣)의 날카로움으로 무언가를 절단(切斷)하려는 성향이 강하다. 또한 역마를 지닌 속성으로 마치 원숭이처럼 매우 날렵한 것이다.

사신형합(巳申刑合)의 직업으로는 행정, 세무, 사법, 법무, 교도관, 의료, 군인, 경찰, 권력성이 강하다. 이 길로 가야 사신형(巳申刑)이 액땜이 되고 방황하지 않게 된다.

20 시지(時支) 인미귀문이 일간(日干)고(庫)인데 인신충(寅申沖)이면 객사(客死)를 두려워한다

時	日	月	年	세운56	건명
정관		식신	편재	인수	六神
辛	甲	丙	戊	癸	天干
未	寅	辰	申	卯	地支
정재	비견	편재	편관	겁재	六神
귀문	역마 공망		역마		신살

▶ 사/주/분/석

이 명조는 진토(辰土)에서 무토(戊土)가 투출하였으니 재격(財格)을 구성합니다. 그런데 병화(丙火) 식신(食神)이 있어서 재용식생(財用食生)으로 볼 수 있겠지만 식신(食神)을 사용하는 팔자에서 정관(正官)을 보면 식신이 정관을 극하기 때문에 파격(破格)이 됩니다.

따라서 년지의 신금(申金) 칠살(七殺)이 노출이 되어 있으니 우선적으로 칠살제압이 필요합니다. 그런데 병화(丙火) 식신(食神)이 병신합(丙辛合)으로 합관류살(合官留殺)이 되어 탐합망극(貪合亡剋)하는 바람에 칠살을 방치하고 있어서 재왕생살(財旺生殺)의 화(禍)를 키우고 있는 셈입니다. 따라서 이 명조의 편재(偏財)는 병재(病財)가 됩니다.

자기 사주에서 재성(財星)이 병재(病財)로 판단이 되면 부건파처(夫健怕妻)의 운명이거나 혹은 여난상(女難像)이 있게 됩니다.

또한 병재(病財)가 되는 처(妻)의 운명은 아내가 도박 중독에 걸려 파재(破財)할 수도 있고 아내의 부정한 행실을 목격하기도 합니다.

그 결과 본인은 재물의 축재(蓄財)가 어려워 말년이 힘들게 됩니다.

특히 이 사주에서 두려운 것은 파격(破格)에서 만나는 시지 미토(未土)가 목고(木庫)라는 점입니다. 이것은 인미(寅未) 귀문(鬼門)이므로 파격(破格)으로 인해 귀문(鬼門) 발동이 되면 자살할 수 있는 원인이 됩니다. 고독사가 56세에 일어난 이유는 근묘화실(根苗花實)법에 따라 시지(時支)에 목고(木庫)가 인미(寅未)귀문(鬼門)으로 존재하기 때문인데 인신충(寅申沖)으로 역마(驛馬)가 움직이면 인미(寅未)귀문(鬼門)이 발동하여 일간이 입고(入庫) 될 수 있습니다. 따라서 인신충(寅申沖)을 일으키는 업(業)은 하지 않도록 해야 합니다. 만약, 택시기사를 하면 죽는 코스를 자동으로 밟고 있는 것과 같으니 이런 사주는 객사(客死)하기 쉬운 팔자라고 보면 됩니다.

▶ **근황**

2015년쯤에 잠들다 눈을 뜨는데 부인이 칼을 들고 자신을 죽일까 말까 망설이고 있었다고 합니다. 그 일로 변호사를 통해 이혼을 상담하고, 택시 운전기사를 시작한지 한 달 만에 사고로 갈비뼈가 부서지고, 얼마 후 사망소식이 들었는데 홀로 고독사 하였다고 합니다.

21 정화(丁火)가 겁재(劫財)를 두고 쟁투(爭鬪)하니 남의 자식이 있을 수 있다

時	日	月	年	곤명
상관		상관	편인	六神
壬	**辛**	**壬**	**己**	天干
辰	**未**	**申**	**未**	地支
정인	편인	겁재	편인	六神
乙癸戊	丁乙己	戊壬庚	丁乙己	支裝干

▶ 사/주/분/석

이 사주의 주인공은 남편이 두 집 살림한 사주입니다. 사주팔자에서 외도 (外道)를 한 정황을 어디서 알 수가 있겠습니까.

이 명조는 일주가 신미(辛未)인데 년주는 기미(己未)이니 두 편인(偏印)이 다른 장소에 거주하는 것이 나타납니다. 두 장소에 동일한 편인(偏印)이 존재하는 것은 양모(養母)를 모실 운명이 될 수 있습니다.

그런데 이 사주의 주인공은 신금(辛金)인데 미중(未中)의 정화(丁火)가 남편성 (男便星)이 되는 것이니 또한 두 사람의 남편을 섬겨야 한다는 뜻도 됩니다. 곧 이부종사(二夫從事)하게 됨을 말하는 것입니다.

왜냐하면 월지의 임수(壬水)는 상관(傷官)이므로 내 자녀가 되는 것인데 년지 (年支)의 미중(未中) 정화(丁火)가 월지 신중(申中)의 임수(壬水) 상관(傷官)과 암합(暗合)하기 때문입니다.

또한 일지의 미중(未中) 정화(丁火)도 내 남편성인데 미중(未中)의 정화(丁火)가 신중의 임수(壬水)와도 정임(丁壬)암합(暗合)하니 월지 신중(申中) 임수(壬水)

를 두고 양쪽의 남편이 쟁투(爭鬪)하는 관계를 보여주고 있는 것입니다.

그러므로 이 사람의 남편은 이심(二心)을 품은 사람으로 외도(外道)로 보는 것입니다.

그러나 다만 상관은 내 자식인데 나의 자녀가 월지 신중(申中)의 경금(庚金) 겁재(劫財)에 숨어 있는 것이므로 이것은 나의 경쟁자입니다. 곧 겁재 속에 숨은 자녀를 암합하여 따라 가는 남편이므로 남의 자식을 낳거나 혹은 남의 여자가 나의 자녀를 데리고 떠난 것을 말해주고 있습니다.

▶ 핵심키워드

일지(日支)와 년지(年支)에 동일한 식신 혹은 정관이 동궁(同宮)한 자리는 세 대주가 두 곳이므로 외도(外道)를 의심할 수 있다.

이것은 편인(偏印)이 동궁(同宮)이면 두 양모(養母)를 모시는 것이고 지장간을 찾은 즉 두 정화(丁火)라면 이부종사(二夫從事)함을 말했던 것이다. 그러므로 자매강강(姉妹鋼强)이면 전방지부(塡房之婦)라 했고 중관(重官) 중살(重殺)이면 여러 명의 남편과 인연이 있음을 알려주고 있다.

22 절처(絶處)에 앉은 편재(偏財)의 충(沖)이니 파재(破財)가 분명하다

時	日	月	年	대운36	건명
정관		편재	비견	편인	六神
丁	庚	甲	庚	戊	天干
丑	午	申	戌	子	地支
정인	정관	비견	편인	상관	六神

▶ 사/주/분/석

월지의 신금(申金)에서 경금(庚金)이 투출하였으나 원칙적으로 일간(日干)과 월령(月令)이 동일한 오행 비견은 용신(用神)으로 삼지 못하므로 월령에서 투출한 다른 용신을 찾아봅니다.

그런데 신중(申中)에서 투출한 다른 글자가 없으니 어쩔 수 없이 비견을 용신으로 다시 잡게 되는데 이 경우는 반드시 재관(財官)의 귀기(貴氣)를 보아야 격국을 이룰 수가 있게 됩니다. 고로 이 사주는 록겁격(祿劫格)으로 잡는데 정화(丁火)가 오화(午火)에 뿌리를 내렸고 월간의 갑목(甲木) 재성(財星)이 정화(丁火)를 생조하여 재관(財官)을 만나 정관(正官)의 귀(貴)함을 보았으므로 록겁용관(祿劫用官)으로 성취할 수 있게 됩니다.

그런데 이 사람의 갑목(甲木) 편재(偏財)는 문제가 있습니다. 갑신(甲申)월주는 갑목(甲木)이 절처(絶處)에 놓여 있는데 일지 오화(午火)는 사지(死地)이고 술토(戌土)는 쇠지(衰地)입니다. 그런데 갑목(甲木)의 양쪽에서 경금(庚金)이 갑경충거(甲庚沖去)하므로 이 사람의 재성은 병재(病財)임을 알게 됩니다. 고로 이 사주의 주인공은 극부극처(剋父剋妻)하는 팔자가 됩니다. 그러므로 이 사람은 어렵게 변호사 시험에 합격하여 결혼에 성공하였으나 수십억을 파재

(破財)하였고 이혼(離婚)도 하게 됩니다. 그것은 정화(丁火)는 오화(午火)에 의지하는데 축오(丑午) 귀문(鬼門)이니 축(丑)중의 계수(癸水)가 오중(午中)의 정화(丁火)를 정계충(丁癸沖)으로 암충(暗沖)하였는데 이미 정화(丁火) 정관(正官)이 손상당하므로 맑지가 않다는 사실입니다.

그러므로 무자(戊子)대운에 자오충(子午沖)과 갑경충(甲庚沖)을 만나게 되면 천충지격(天沖地擊)의 상(像)이라 갑목(甲木) 편재(偏財)는 파재(破財)가 분명하고 정화(丁火) 정관도 지지의 자오충(子午沖)으로 정계(丁癸) 암충(暗沖)하니 정화(丁火)의 피상(彼傷)이 뚜렷해지기 때문입니다.

고로 36세 이전인 정해(丁亥)대운에는 정화(丁火)가 비견(比肩) 경금(庚金)을 극충하였고 지지 해수(亥水)는 절처봉생(絶處逢生)을 만난 것이니 인생의 최전성기를 누리다가 무자(戊子)대운에도 절처봉생(絶處逢生)을 만나 길한 것처럼 보였으나 지지의 자수는 오화를 자오충(子午沖)하니 정관을 피상시켰고 또한 천간의 갑경충거(甲庚沖去)도 일어나 상신(相神)인 재관(財官)의 몰락(沒落)이 분명하니 파재(破財)로 대패(大敗)하게 되었습니다. 현재까지 재산을 이룬 것이 별로 없다고 합니다.

▶ 핵심키워드

절처봉생(絶處逢生)이라 함은 무엇을 말하는가. 죽을 자리에서 다시 살아난다는 뜻이다. 12운성에서 살펴보면 절지(絶地) 다음에 순행(順行)하는 방향에는 태지(胎地)가 놓이고 역행(逆行)하는 방향에서는 묘지(墓地)를 두고 있다. 묘지(墓地)와 태지(胎地) 중간에 절지(絶地)가 놓여 있다. 이것은 앞으로 나아간다면 생(生)을 이어가는 것이고 후퇴하면 죽음에 이른다는 뜻이기도 하다. 매사가 그렇듯이 인생은 중대한 고비에서 절망에 빠질 수 있게 되는데 이것을 절처(絶處)에 들었다고 말을 한다. 죽느냐 사느냐의 갈림길에서 중대한 선택을 해야 한다. 요행이 생을 만나게 된다면 절처봉생(絶處逢生)이라 말을 한다. 명리학에서는 갑신(甲申) 을유(乙酉) 경인(庚寅) 신묘(辛卯)의 간지가 절처(絶處)가 된다.

23 년주, 일주가 편관(偏官)과 식신(食神)의 동궁(同宮)이면 남편은 가족관계증명서가 2개이다

時	日	月	年	곤명
상관		편재	편관	六神
戊	**丁**	**辛**	**癸**	天干
申	**丑**	**酉**	**丑**	地支
정재	식신	편재	식신	六神
	백호		백호	**神殺**
戊 壬 庚	癸 辛 己	庚 辛	癸 辛 己	**支裝干**

▶ 사/주/분/석

남편이 외도(外道)하여 외방(外房) 자식을 만들었습니다. 어디를 보고 그런 사실을 알 수 있겠습니까?

이 명조는 년간의 계수(癸水) 편관(編官)이 남편성(男便星)에 해당이 됩니다. 그런데 이 계수(癸水)는 년지궁(年支宮)의 축토(丑土)와 일지궁(日支宮)의 축토(丑土)에서 발원(發源)이 되어 있습니다. 즉 장소가 다른 두 곳에서 출현이 된 계수(癸水)인 것입니다.

그런데 축토(丑土)는 식신(食神)이므로 이것은 나의 자녀성이 됩니다. 곧 내 남편은 식신인 축토(丑土)가 두 장소에서 나온 계수(癸水)이니 외방(外房) 자식이라고 봐도 됩니다.

왜냐하면 동일한 글자의 반복 출현은 특정한 암시(暗示)가 따른다고 하였는데 이것은 글자가 비견(比肩)이거나 혹은 식신(食神)에 해당이 되면 나의 자식과 경쟁자가 다른 장소에 있다는 사실을 알려주는 것입니다.

특히 년주(年柱)의 계축(癸丑)은 식신과 동궁(同宮)한 계수(癸水) 편관(編官)이니 친밀하고 일주(日柱) 정축(丁丑)에서 투출한 계수(癸水)는 정계충거(丁癸沖去)로 밀어내니 나와 합치기가 쉽지 않습니다.

무슨 말인가 하면 이것은 내 남편의 정(情)이 년주궁의 계축(癸丑)에 있다는 사실을 말하고 있는 것입니다. 특히 유금(酉金)은 편재(偏財)이므로 시어머니에 해당하는데 유축합(酉丑合)의 상(像)은 쟁합(爭合)의 구조를 보이지만 종국적(終局的)으로 년지(年支)와 월지(月支)의 선합(先合)이 먼저이므로 유축합거(酉丑合去)가 되는 것입니다.

이것은 남의 외방 자식과 시어머니가 합하여 나와 떨어져 구분이 되어 있다는 점입니다. 이것은 시댁과의 이별수의 상이므로 나와 떨어지는 모습입니다.

24 남편이 두 집 살림하는데 외방(外房) 자식이 있다

時	日	月	年	곤명
식신		정재	비견	六神
乙	**癸**	**丙**	**癸**	天干
卯	**卯**	**辰**	**卯**	地支
식신	식신	정관	식신	六神
甲	甲	乙	甲	支
		癸		裝
乙	乙	戊	乙	干

▶ **사/주/분/석**

남편이 두 집 살림하는데 외방(外房) 자식이 있다고 합니다.

이 명조는 일주(日柱) 계묘(癸卯)와 년주(年柱) 계묘(癸卯)가 동일합니다.

그런데 년주(年柱)의 계수(癸水)는 비견(比肩)이고 묘목(卯木)은 식신(食神)에 해당하는데 다른 장소에서 비견이 동궁(同宮)한다는 말은 곧 남의 여자가 내 자녀를 데리고 있다는 뜻을 암시하고 있는 것입니다.

또한 월지(月支)의 진토(辰土)는 정관(正官)으로 내 남편인데 진중(辰中)의 무토(戊土)와 비견(比肩) 계수(癸水)가 명암합(明暗合)하므로 이것은 나의 자매가 내 남편을 사이에 두고 암중(暗中)에서 쟁투(爭鬪)의 상(像)을 보입니다.

그런 즉, 내 자식성과 비견이 동궁(同宮)하거나 남편성을 두고 두 명의 자매성이 다투게 되면, 이것은 분관(分官)의 상(像)이 분명하므로 내 남편의 가족관계증명서는 2개라고 추측이 됩니다.

25 정관이 상문역마로 원진이 일어나면 내 곁을 떠나야 할 사람이다

時	日	月	年	곤명
식신		식신	겁재	六神
己	丁	己	丙	天干
酉	丑	亥	辰	地支
편재	식신	정관	상관	六神
공망	공망	상문	천살	신살
도화	과숙	역마		

▶ 사/주/분/석

해중(亥中)의 임수(壬水)가 나의 남편성이 됩니다. 그런데 정화(丁火)일간이 해중(亥中)의 임수(壬水)와 정임(丁壬)명암합(明暗合)합니다.

이것은 일간(日干)과 남편의 관계가 유정(有情)하다고 보는 것이므로 부부가 다정(多情)하여 행복할 것 같았는데 월령(月令)에는 해수(亥水) 정관(正官)이요. 그 주변에 식상관(食傷官)이 배치(配置)되어 정관(正官)을 끊임없이 위협하고 있습니다. 따라서 해수(亥水)는 진해(辰亥)원진(元嗔)이니 이것은 상관견관(傷官見官)을 일으킨다는 뜻이 됩니다. 그러므로 이 사주의 남편은 진해(辰亥)원진(元嗔)으로 정관을 극하는 중에 정관에 몰린 상문역마가 동(動)하여 떠났는데 일지와 시지가 공망이라 안착할 때가 없으니 불귀(不歸)의 객(客)이 되었습니다. 이 여자분은 21세 결혼하여 25세 경진년에 남편이 암 판정을 받았고 26세에 병사(病死)하였습니다. 공망의 자리는 합(合)으로 해공(解空)이 된다 해도 육친의 손실은 있게 마련입니다. 왜냐 하면 합은 언제든지 깨질 수 있기 때문입니다. 한 동안 실의에 빠져 괴로운 삶을 살다가, 부처님께 귀의하여 비구니가 되었습니다.

26 일간의 고지(庫地)를 동반한 백호(白虎)가 있으면 육친(六親)의 고통이 있다

時	日	月	年	곤명
식신		편관	정재	六神
癸	辛	丁	甲	天干
巳	未	丑	寅	地支
정관	편인	편인	정재	六神

▶ 사/주/분/석

이 명조는 월간의 정화(丁火)가 편관(編官)이므로 남편에 해당합니다. 그런데 정축(丁丑) 백호(白虎)를 놓고 있으므로 남편(男便)의 혈광사(血狂死)를 의심할 수 있습니다. 그런데 월지의 축토(丑土)는 일간(日干)의 고지(庫地)가 되는 경우입니다. 이런 경우에는 남편의 혈광사로 인해 일간의 고충이 따를 수 있다고 간명(看命)할 수 있다는 것입니다.

그런데 일지(日支)가 월지(月支)를 충하게 되면 고지(庫地)가 작동하는 것이므로 백호(白虎)를 움직여 혈광사(血狂死)를 일으키게 됩니다. 이것은 본인 사고가 아니라면 타인(부모형제)의 사건들이 발생할 수 있는데 특히 천간의 정계충(丁癸沖)과 지지의 축미충(丑未沖)이면 갑목(甲木) 진신(眞神)이 정화(丁火)를 돕는다고 해도 미토(未土)라는 목고(木庫)도 움직일 수 있는 것이라 이것은 정화(丁火)의 피상(彼傷)이 뚜렷하기 때문에 정화(丁火)가 살아나기 어렵습니다.

또한 시지(時支)의 사화(巳火)로 인해 인사형(寅巳刑)이 되면 축미충(丑未沖)은 속도가 빨라지게 됩니다. 즉 축미충(丑未沖)으로 축(丑)중의 계수(癸水)가 미중(未中)의 정화(丁火)를 정계충(丁癸沖)으로 손상(損傷)시키는데 천간에 정계충거(丁癸沖去)가 출현(出現)한 것이므로 그 사건은 구체적으로 나타난다는 사실을 알 수가 있다는 것입니다.

그렇게 되면 백호(白虎)는 쉽게 발동하게 되는 것입니다. 임신(妊娠)후에 사별(死別)이라는 말은 정계충거(丁癸沖去)를 말하는 것입니다. 곧 계수(癸水) 식신(食神)은 나의 자녀가 되는 것이니 곧 자녀를 얻게 되면 계수(癸水)가 동(動)하여 정계충(丁癸沖)이 실현화된다는 뜻입니다.

무슨 말인가 하면 계수(癸水) 식신(食神)은 자녀성(子女星)이고 정화(丁火) 편관(編官)은 남편이므로 정계충이 일어나려면 계수(癸水)를 생왕(生旺)하는 사건이 발생해야 한다는 뜻입니다. 따라서 계수(癸水) 식신을 동하게 하는 조건은 임신, 자녀 생산, 입양 등이 있을 수 있으므로 이 사람은 임신한 후에 남편이 사별하게 된 것입니다.

▶ 근황

20대 초에 결혼하였으나 임신(妊娠) 후에 사별하였습니다. 그 이후에 재혼에 성공하였는데 2023년에 이혼하게 됩니다.

▶ 핵심키워드

이것은 백호살은 무진(戊辰) 정축(丁丑) 병술(丙戌) 을미(乙未) 갑진(甲辰) 계축(癸丑) 임술(壬戌)의 구조를 말하는데 특히 백호(白虎)가 동주묘고(同柱墓庫)가 되는 경우를 말한다.

그래서 정축(丁丑) 병술(丙戌) 을미(乙未)를 가리킨다. 이런 자리들은 지지가 분묘(墳墓)이고 천간에는 해당되는 주인이 앉아 있는 까닭에 백호(白虎)로 인한 육친의 근심이 있을 수가 있습니다.

그러므로 정축(丁丑)은 구조상 혈광사(血狂死)를 일으킬 수 있는 분자(分子)이므로 천간과 지지의 형충(刑沖)이 있는가를 우선적으로 살피고 해당이 되는 육친의 쇠왕(衰旺)도 눈여겨보아야 한다.

27 도화양인(桃花羊刃)에서는 남자라면 호색손명 (好色損命)이고 여자는 탈부(奪夫)가 발생한다

時	日	月	年	곤명
정인		편재	상관	六神
辛	壬	丙	乙	天干
丑	子	戌	卯	地支
정관	겁재	편관	상관	六神
자축공망	도화양인	백호		신살

▶ 사/주/분/석

이 명조는 월지의 편관(編官)이 있고 시지(時支)에는 정관(正官)이 놓여 있는데 한쪽은 묘술합(卯戌合)이고 다른 정관(正官)은 자축합(子丑合)이니 2번의 인연은 분명합니다.

그러므로 두 명의 관살혼잡(官殺混雜)을 놓고 있으므로 관살이위(官殺二位)에 해당합니다. 그런데 묘술합(卯戌合)이라는 것은 상관 자식이 남편을 잡고 떨어져 나간 부분이므로 내 자식을 데리고 떠난 남자라는 뜻이 됩니다.

특히 병술(丙戌)이 편관(編官)백호(白虎)이니 더욱 그러합니다. 더구나 일지(日支)의 양인도화는 정관과 합이 되면 탈부가외(奪夫可畏)가 일어날 수 있습니다. 곧 남자는 호색손명(好色損命)하거나 여자는 탈부(奪夫)가 발생합니다.

탈부(奪夫)라는 것은 나의 남자를 경쟁자인 비겁에 도화사건으로 빼앗길 수 있다는 뜻입니다.

▶ 근황

자녀가 초등학교를 졸업할 무렵부터 사이가 틀어져서 중학교 다니는 시기에 이혼했다.

▶ 핵심키워드

도화양인(桃花羊刃)은 학문연구(學問硏究), 신체허약, 호색손명(好色損命)이고 비겁도화(比劫桃花)이면 탈재파산(奪財破産)이고 탈부가외(奪夫可畏)라 한다.

이를 설명한다면 남자의 경우 비겁(比劫)이 도화(桃花)이면 비겁이 재성을 탈재(奪財)하므로 도화로 인해 탈재파산(奪財破産)이라 하였고 재물이 흩어지기 쉽다고 본 것입니다.

여자의 경우에는 비겁도화(比劫桃花)이면 탈부(奪夫)가 일어나는데 분관(分官)이 발생하는 것이다. 즉 비겁(比劫)이란 경쟁자이고 자매(姉妹)이며 첩실(妾室)이 되는 육친성이다.

그런데 비겁도화(比劫桃花)가 되면 경쟁자인 첩실(妾室)이 도화(桃花)로 인해 남편을 사로잡는다는 이야기가 된다.

그러므로 비겁도화는 남편을 빼앗기는 운이라 탈부(奪夫)라 하였다.

28 유술(酉戌)상천(相穿)에 앉아서 분관(分官) 하는 구조이니 이별수다

時	日	月	年	곤명
정관		비견	편인	六神
甲	己	己	丁	天干
戌	酉	酉	酉	地支
겁재	식신	식신	식신	六神
상천살				신살

▶ 사/주/분/석

시간의 정관(正官) 갑목(甲木)이 남편성에 해당합니다. 그런데 일주(日柱)와 월주(月柱)의 동일한 기유(己酉)의 물상(物像)이 반복이 되고 있습니다. 이것은 육친의 특이성이 나타난 것을 말해 주고 있는 것입니다. 무슨 말인가 하면 월간(月干)의 비견(比肩) 기토(己土)는 경쟁자이며 유금(酉金) 식신(食神)은 자녀성(子女星)에 해당이 됩니다. 그래서 기유(己酉)의 물상은 내가 자식에 앉아 있는 모습인데 기토(己土) 비견(比肩)에서는 다른 여자가 내 자식 자리에 걸터앉아 있는 모습을 하고 있는 것입니다. 곧 이것은 경쟁 관계에 놓여 있음을 알게 해줍니다. 그런데 무슨 경쟁관계인가 하면 갑목(甲木)이 정관(正官)인데 서로 갑기합(甲己合)으로 정관을 놓고 다투고 있는 모습이니 이것을 분관(分官)의 상(像)이라 말을 합니다. 곧 내 정관은 나의 독차지가 아니며 상대방과 나누어 쪼개어 분할(分割)하거나 아니라면 남에게 양보할 수밖에 없다는 것을 말하는 것입니다. 또한 지지가 유술(酉戌)상천(相穿)을 하고 있으니 서로에게 상처를 줄 수 밖에는 없다는 사실입니다. 이러한 것들은 모두 분관(分官)의 상(像)을 가속화하여 정(情)이 깨지기 쉽게 하는 것입니다.

그런데 갑목(甲木) 정관은 기유(己酉)일주가 월주의 기유(己酉) 비견보다 더 가깝기 때문에 내가 처(妻)가 되고 월주 비견은 애인의 구성이 됩니다. 따라서 이런 경우는 내가 먼저 갑목(甲木)과 결혼한 후에 새로운 여자의 등장으로 이혼할 수 있다는 이야기가 나올 수 있겠습니다.

▶ 근황
동네에 오빠가 끈질기게 결혼하자고 해서 결혼하였는데 결국에는 다른 여자와 바람피우다 발각이 되어 이혼(離婚)하게 되었습니다.

▶ 핵심키워드
비견겁(比肩劫)이 하나의 정관(正官), 또는 하나의 정재(正財)를 놓고 쪼개 가지려고 다투는 상황이 분탈(分奪)이다. 다비견(多比肩)이 재성을 두고 다투면 분재(分財), 분탈(分奪)이라 말하고 다비견(多比肩)이 정관을 두고 다투면 분관(分官)이라 말한다. 이 용어는 "나눌 분(分)"을 말한다. 일간과 동류(同類)인 비견겁(比肩劫)이 나눠 가지려는 상황이 발생하기 때문에 분리 이별의 속성이 나타난다.

일찍이 여자 명조에서는 자매강강(姉妹鋼强)이라는 숙어를 사용하였다. 태왕(太旺)한 다비견(多比肩)이 하나의 관성을 쪼개 가지는 결과로 인해 처첩(妻妾)의 상황에 놓일 수가 있다는 말이다. 그로 인하여 자매강강(姉妹鋼强)이면 나는 전방지부(塡房之婦)가 된다고 말하였다. 이러한 경우들은 일간과 비견들이 주체가 되는 것이므로 이것들은 반드시 다비견(多比肩)이 하나의 정관(正官), 하나의 정재(正財)를 놓고 다툴 적에 사용해야 한다. 일간(日干)과 동종(同種)인 비견겁(比肩劫)이 아닌 다른 십신(十神)이 일간을 놓고 다투는 상황에서는 나눌 분(分) 글자를 사용 못한다. 그러므로 분쟁(分爭) 분탈(分奪) 분관(分官)이 들어간 용어는 모두 다비견임을 알 수가 있는 것이다. 반면에 2개의 정관(正官)이나 2개의 정재(正財)가 하나의 일간을 놓고 다투게 되면 이것은 하나의 일간을 놓고 2개의 정관이나 재성이 다투는 것이므로 쟁합(爭合), 투합(妬合)이라 말한다. "나눌 분(分)" 글자를 사용 못하므로 분재(分財) 분관(分官)과 다르게 보는 것이다.

29 일지(日支)에 관고(官庫)를 가진 여자는 남편운이 불리해진다

時	日	月	年	세운55	대운48	곤명
정관		편인	정관	겁재	상관	六神
丁	庚	戊	丁	辛	癸	天干
丑	戌	申	未	丑	丑	地支
정인	편인	비견	정인	정인	정인	六神

▶ 사/주/분/석

이 명조에서는 년간(年干)과 시간(時干)의 정화(丁火)가 남편성입니다. 정미(丁未)와 정축(丁丑)으로 구분이 되는데 축미충(丑未沖)을 하여 서로 밀어내므로 관성(官星)이 위(二位)가 될 수 있습니다. 이것은 부부 인연(因緣)의 변동(變動)을 말하는 것입니다. 이런 경우는 년간(年干)의 정관(正官)이 우선 배치가 되어 있기 때문에 조기(早期)에 남자를 만 날수 있다는 말이 됩니다. 따라서 관성이위(官星二位)에서는 일찍 결혼을 서두르게 되면 중년 후에 이르러 부부 위기에 봉착할 수가 있게 됩니다. 그럴 경우에는 차라리 늦게 결혼한다면 이별수를 액땜하는 것이라 개운(開運)이 될 수 있습니다.

그런데 일지궁의 술토(戌土)는 정화(丁火)의 무덤이라고 말하는데 곧 남편의 무덤 자리가 배우자궁에 앉은 명조입니다. 이것은 일지에 관고(官庫)를 가진 여자 명조라고 말하여 불리하게 작용하게 됩니다. 그래서 지지에 축술미(丑戌未)의 분묘(墳墓)가 많다는 것은 그만큼 위태로운 구조입니다. 사망 당시가 신축년(辛丑年)입니다.

그러면 사건이 발생한 신축년은 계축(癸丑)대운 중이므로 축(53~57)대운의 말기에 해당합니다. 축(丑)대운 축년(丑年)을 만난다는 것은 경금(庚金) 일간(日

干)의 고지(庫地)인 축토(丑土)가 동하여 개문(開門)이 될 수 있다는 점입니다. 이것은 일간의 고충(苦衷)을 암시하는데 그 까닭은 정화(丁火) 남편이 축술형 (丑戌刑)으로 인해 관고(官庫)가 작동(作動)하여 술토(戌土)에 입고(入庫)하게 됨을 알려주는 사건이므로 곧 나도 축토(丑土)에 갇히는 답답한 지경이 발생한다고 보는 것입니다. 남편이 신축년(辛丑年)에 심장마비(心臟痲痺)로 사망하였습니다.

▶ **핵심키워드**

甲	壬	
辰	戌	
乙	辛	支裝干
癸	丁	
戊	戊	

서락오가 말하길 임수(壬水)가 투출(投出)하였는데 지지가 진술충(辰戌沖)이 되면 진(辰)중 계수(癸水)가 극을 당하니 어찌 임수(壬水)가 손상당하지 않으랴?

丁	庚	
丑	戌	
癸	辛	支裝干
辛	丁	
己	戊	

정화(丁火)가 투출(投出)하였는데 지지가 축술형(丑戌刑)이라면 술(戌)중 정화 (丁火)가 극을 당하니 어찌 정화(丁火)의 손상이 되지 않겠는가? 현대 묘고(墓庫)론에서는 이것을 정화(丁火)의 실자입고(實字入庫)로 평가한다.

30 정관도화(正官桃花)가 분관(分官)을 만나면 작첩(作妾)할 수 있다

時	日	月	年	곤명
겁재		비견	상관	六神
戊	**己**	**己**	**庚**	天干
辰	**卯**	**丑**	**午**	地支
겁재	편관	비견	편인	六神
乙癸戊	甲乙	癸辛己	丙己丁	지장간

▶ 사/주/분/석

천간에 무기토(戊己土)로 인해 비견겁(比肩劫)이 많은데 일지의 묘목(卯木) 편관(編官)은 하나이므로 나의 관(官)을 두고 비견겁들이 서로 나눠 가지려하고 있습니다. 이런 경우를 분관(分官)사주라고 할 수 있습니다. 분관(分官)이 되면 나의 남자는 주변의 여러 비견의 경쟁자들이 탈관(脫官)하려는 성향이 노골적으로 나타날 수 있습니다. 이를 다른 말로 하면 내 남자는 바람둥이 일수 있다는 이야기가 됩니다. 왜냐하면 묘목(卯木)은 관성(官星)도화(桃花)이니 주변의 이성들로부터 개방적이라는 뜻이 됩니다. 그러므로 이 명조에서는 묘중의 갑목이 나의 남자입니다.

그런데 문제는 나의 남자는 도화남자라서 한 여자에 만족을 못한다는 점입니다. 이것은 도화관성이 분관의 구조를 만나게 되면 다양한 이성편력을 가진 남자친구가 될 수 있다는 사실입니다. 그러므로 묘중(卯中)의 갑목(甲木)은 축(丑)중의 기토(己土) 비견(比肩)을 갑기암합(甲己暗合)하므로 몰래 만나는 이성친구가 됩니다. 또한 년지(年支) 오중(午中)의 기토(己土)와도 가끔 만나는데 역시 오중(午中)의 기토(己土)가 갑기암합(甲己暗合)하기 때문입니다. 이런 구조가 되면 내 남자는 여러 애인을 두게 될 수 있습니다. 그러므로 "정관도화이면 부군(夫君)이 작첩(作妾)을 한다"고 말했던 것입니다.

31 정해생(丁亥生)과 만나니 편재를 합거하고 정재와 인연이 된다

時	日	月	年	건명
편인		편재	정재	六神
丙	**戊**	**壬**	**癸**	天干
辰	**午**	**戌**	**未**	地支
비견	인수	비견	겁재	六神

▶ 사/주/분/석

이 명조는 무토(戊土)일간이므로 임수(壬水)와 계수(癸水)는 재성에 해당하여 아내성이 됩니다.

그런데 년간(年干)과 월간(月干)이 계수(癸水)와 임수(壬水)로 혼재하고 있는 것은 정편재(正偏財)혼잡이 되어 있다는 점입니다. 만약 여자사주에서 관살혼잡(官殺混雜)이 되면 합거(合去)하여 하나를 남기는 것이 원칙인데 남자 사주에서의 정편재(正偏財)혼잡도 마찬 가지가 됩니다.

그런데 이 명식에서는 정해(生丁亥生)을 만나게 되므로 결과적으로 편재(偏財)를 합거(合去)하고 정재(正財)를 남기는 글자가 배우자성이 되었습니다. 곧 정해(丁亥)생인데 정임(丁壬)합거하여 무토(戊土)일간이 계수 정재를 무계(戊癸)합으로 득재(得財)하게 됩니다.

▶ 근황

이 분은 정해(丁亥)생을 본처(本妻)로 얻고 갑오(甲午)생은 후처(後妻)가 되는데 경자(庚子)생은 외부에서 만났던 여자이다.[진여비결]

32 분관된 구조에서 두 비견의 지지가 진술충으로 밀어내고 있다

時	日	月	年	곤명
상관		비견	상관	六神
丁	甲	甲	丁	天干
卯	戌	辰	酉	地支
겁재	편재	편재	정관	六神

▶ 사/주/분/석

이 명조의 주인공은 본처(本妻)가 있는 남자의 두 번째 첩실(妾室)이라고 하였는데 처첩(妻妾)의 관계를 증명하는 방식이 있을까요.

이 명조는 년지(年支)의 유금(酉金)을 남편성(男便星)으로 보는데 2명의 비견(比肩)이 년지(年支)의 유금(酉金) 정관(正官)을 놓고 다투는 것이므로 분관(分官)의 상(像)이라 말할 수 있습니다.

왜냐하면 년간(年干)의 정화(丁火) 상관 자식이 유금(酉金) 남편에서 장생(長生)을 하여 앉아 있는데 비견 갑진(甲辰)과는 진유(辰酉)합을 합니다.

그런데 갑진(甲辰)은 월주(月柱)가 년주(年柱)를 진유합(辰酉合)을 하는 구조이므로 선합(先合)의 관계상 서열(序列)이 우선이 되므로 본처(本妻)가 되는 것입니다.

그리고 일주(日柱)인 갑술(甲戌)은 갑진(甲辰)을 진술충(辰戌沖)을 하여 서로 밀어내며 남편과 유술(酉戌)상천살이 되니 월주(月柱)와 일주(日柱)가 서로 등을 돌리고 앉아 있는 모습을 하고 있는 것입니다.

고로 이 사주의 주인은 후처(後妻)가 되는 것입니다.

33 부성입고(夫星入庫)가 된 팔자가 백호(白虎)를 범(犯)하다

時	日	月	年	세운42	곤명
편관		상관	식신	편재	六神
丙	庚	癸	壬	甲	天干
戌	申	丑	寅	申	地支
편인	비견	정인	편재	비견	六神
백호	역마	백호	역마		신살

▶ 사/주/분/석

2004년에 남편이 교통사고로 사망하였습니다. 이 명조의 남편성은 병화(丙火)가 됩니다.

그런데 병술(丙戌)은 동주묘(同柱墓)이고 병술(丙戌)은 또한 편관(編官) 백호(白虎)에 걸려있는 육친이므로 이러한 상황을 부성입고(夫星入庫)라고 말을 합니다.

부성입고(夫星入庫)란 남편의 운명이 풍전등화(風前燈火)같다는 뜻입니다. 또 월지(月支)의 축토(丑土)가 일간(日干)의 고(庫)를 가졌다고 보는 것인데 그러므로 평가하기를 "부군(夫君)의 풍전등화(風前燈火)로 일간이 고통을 경험할 수 있을 것이다"라는 간명이 나올 수 있는 것입니다.

인신(寅申) 역마충(驛馬沖)이 집중이 되면 교통사고 물상인데 축술형(丑戌刑)이 동(動)하기 때문에 부부가 함께 이동 중에 사망할 수 있습니다.

▶ **핵심키워드**

부성입묘(夫星入墓)란 무엇인가?

사주첩경에서 말하길 "관성이 묘궁에 들어 있다"라는 뜻이다.

관성(官星)이 묘궁(墓宮)에 들어 있다는 뜻은 가령 갑을(甲乙)생 이라면 그의 관성(官星)은 경신금(庚辛金)인데 금(金)의 묘궁(墓)은 축(丑)이 되는 것이므로 갑을(甲乙)일생인이 사주중에 신축(辛丑)이 있으면 그것을 부성입묘(夫星入墓)라 하는 것이다. 또한 경신(庚辛)일간의 부성(夫星)은 병정화(丙丁火)인데 병술(丙戌)이 되면 이에 해당되는데 특히 신축(辛丑), 병술(丙戌), 을미(乙未), 임진(壬辰)을 모두 부성입고(夫星入庫)라 하였다. 그리고 여기에서 주의할 점은 금목수화토(金木水火土)의 음양(陰陽)을 구분치 않고 오행으로 일률적으로 사용한다는 점이다.

금(金)의 묘고(墓庫)는 축(丑)이고
목(木)의 묘고(墓庫)는 미(未)이며
수(水),토(土)의 묘고(墓庫)는 진(辰)이고
화(火)의 묘고(墓庫)는 술(戌)이다.

이와 같이 부성입묘(夫星入墓)는 남편이 무덤으로 들어간다는 뜻이니 즉 상부(傷夫)하는 팔자가 된다는 것이다. 고로 집설(集說)이라는 글에 말하기를 "여자 사주의 관살(官殺)이 묘궁(墓宮)에 있으면 그의 남편이 이미 황천에 들어갔다." 라고 하였다. 따라서 이 격을 놓은 여명은 부부해로하기 어렵고 또 부군이 있다 하여도 그 부군이 출세하기 어려워 유폐적 생활을 하거나 또는 화목한 가정을 이루기가 매우 어려운 사주다.

34 지장간의 겁재가 나의 재성과 암합하면 부정을 의심해야 한다

時	日	月	年	건명
상관		식신	비견	六神
丙	乙	丁	乙	天干
戌	亥	亥	未	地支
정재	인수	인수	편재	六神
辛丁戊	戊甲壬	戊甲壬	丁乙己	支裝干

▶ 사/주/분/석

이 사람은 을미(乙未)와 을해(乙亥)가 동성(同姓)으로 비견(比肩)을 두었는데 다시 정편재(正偏財) 이위(二位)가 되어 정편(正編)이 뚜렷하게 구분되어, 재혼(再婚)할 팔자가 됩니다. 더구나 월일지(月日地)가 해해형(亥亥刑)으로 출렁이면 그 사람의 부부궁은 무척 불안정한 상황에 처(處)해 질 수 있습니다.

그러므로 첫째 부인은 미중(未中)의 기토(己土)가 됩니다. 그런데 해중(亥中)의 갑목(甲木)은 겁재(劫財)로 갑기(甲己)암합(暗合)한 상태이므로 갑목(甲木) 겁재(劫財)는 부정한 남자가 되는 것입니다. 두 번째 부인은 시지(時支)의 술토(戌土)인데 술(戌)중 정화(丁火) 식신(食神)이 장모(丈母)이고 신금(辛金)칠살은 본인의 자녀성인 동시에 재혼녀의 자녀(子女)가 되므로 장모(丈母)와 자녀(子女)를 데리고 사는 이혼녀(離婚女)로 파악할 수가 있겠습니다.

▶ 근황

첫 부인의 부정으로 출생한 자녀는 유전자 검사 결과 남의 자식으로 판정이 되어 이혼하였다. 그리고 다른 여자와 재혼했는데 그 여자는 본래 전 남편의 자녀가 2명으로 함께 데려와 살고 있다.

35 원국에서 원합(遠合)이 구성이 되면 대운(大運)의 근합(近合)에 합거(合去)가 발생한다

時	日	月	年	곤명
편관		편재	상관	六神
癸	丁	辛	戊	天干
卯	未	酉	申	地支
편인	식신	편재	정재	六神

▶ 사/주/분/석

이 명조는 시간(時干)의 계수(癸水) 편관(編官)이 남편성에 해당합니다. 그런데 년간(年干)의 무토(戊土)가 계수(癸水)를 원합(遠合)하였는데 곧 무계합(戊癸合)이 된 상태입니다. 원합(遠合)에서는 합력(合力)이 10% 이하로 낮아지므로 약하다고 판단하면 됩니다. 그러므로 합거(合去)로 판단하지 말아야 합니다. 따라서 내 사주에서는 결혼에 성공한 남편이 존재한다고 판단하면 됩니다. 그러나 무오(戊午)대운이 다가오게 되면 대운 무토(戊土)가 바로 옆에서 합하는 것과 같으며 무오(戊午)는 왕지(旺地)에 놓인 간지(干支)이므로 능히 계수(癸水)를 합거(合去)로 제거할 수 있습니다. 팔자에서 이혼(離婚)의 내력(來歷)은 원국(原局)에 나타나 있어야 하는데 이 경우는 무계합(戊癸合)이 그 정보라고 볼 수 있습니다. 따라서 무오운(戊午運)이 오지 않았다면 이혼은 하지 않았을 것으로 추측이 되겠지만, 만약 년간(年干)과 월간(月干)의 무계합(戊癸合)으로 근합(近合)이었다면 어떻게 될까요. 군이 대운이 도착하지 않더라도 유년(流年)만으로도 합거가 발생할 수 있게 됩니다.

▶ 근황

무오운(戊午運) 무인년(戊寅年)이 도래하자 남편과 떨어져 살더니 다투고 이혼했다. [명리진보]

36 편재(偏財)가 병재(病財)가 되면 처(妻)의 고통이 심각하다

時	日	月	年	건명
임수		편재	정관	六神
壬	乙	己	庚	天干
午	巳	丑	戌	地支
식신	상관	편재	정재	六神

▶ 사/주/분/석

이 명조는 축월(丑月)에 기토(己土)가 투간한 것이므로 재격(財格)을 구성합니다. 그런데 축술형(丑戌刑)하는 관계로 정편재(正編財) 혼잡(混雜)을 놓고 있습니다. 이것은 재성(財星) 이위(二位)의 상(像)이 축술형(丑戌刑)으로 분리된 모습이므로 반드시 이별의 상(像)을 가지게 됩니다. 그런데 사오화(巳午火)는 식상(食傷)으로 왕(旺)한 편재(偏財)를 크게 생조하므로 편재(偏財)는 병재(病財)가 된 것입니다. 특히 일간(日干) 을목(乙木)은 주변의 많은 화토(火土)에 의해 극설교가(剋洩交加)에 빠진 상황이라 재다신약(財多身弱)한 상황이라서 남자의 무능으로 인해 자신의 처(妻) 혹은 재(財)를 파괴(破壞)할 수 있습니다. 따라서 병재(病財)가 된 처성(妻星)은 남편의 도박, 투기 혹은 사업실패로 인해 큰 고통을 호소하게 되었습니다. 결국 그의 처는 자살로 생을 마감하였다고 합니다.

▶ 근황

노름꾼이다. 최근 2년 동안 빚을 져서 집을 팔았다. 마누라가 힘들어 죽을 지경이다. 그의 아내는 자살하였다.[맹사 하중기]

37 곤랑도화(滾浪桃花)가 드는 년에는 색(色)으로 인한 파가(破家)가 염려가 된다

時	日	月	年	세운	곤명
인수		편인	편재	정관	六神
戊	辛	己	乙	丙	天干
戌	卯	卯	未	子	地支
인수	편재	편재	편인	식신	六神
辛丁戊	甲乙	甲乙	丁乙己		支裝干

▶ 사/주/분/석

이 명조는 미(未)중 정화(丁火)가 남편이고 술(戌)중 정화(丁火)가 정부(情夫)에 해당합니다. 그런데 미(未)중 정화는 묘미(卯未)합목하여 사라졌으므로 그 인연이 다했음을 알 수가 있겠고 그 다음의 인연 술(戌)중 정화(丁火)는 묘술합(卯戌合)하여 일지와 합하여 유정(有情)하므로 일간은 남편보다 정부(情夫)에게 마음이 더 향하는 것입니다.

그러나 남편성이 장간에 모두 숨어있고 오미(午未)공망이니 남자 복은 없다고 봐야 합니다. 그런데 병자년(丙子年)에는 병화(丙火) 정관(正官)이 투간하여 등장하는데 식신(食神) 자수(子水)에 앉아 있는 병자(丙子)의 형상은 곧 상관견관(傷官見官)이라 부르고 그 부군(夫君)을 극하는 사건의 발생이 일어날 수 있습니다.

그런데 이 팔자에서 자수(子水)는 도화살(桃花殺)에 해당합니다.

병자년(丙子年)에는 자수(子水)가 도화살로 들어오는 해이고 또 천간에는 병신합(丙辛合)하고 지지에는 자묘형(子卯刑)이 되었는 바, 이것은 세운에서 들어오는 곤랑도화(滾浪桃花)로 보는 것입니다. 곤랑도화(滾浪桃花)에 들어간 사람은 음란함이 강해져 범죄를 일으키기에 동기부여가 충분하다고 보면 됩니다.

▶ 근황

고등학교를 중퇴한 주부이다. 술만 마시며 무위도식하는 남편을 1996년 병자년(丙子年)에 목을 졸라 살해했다. 정부와 같이 살려는 것이 목적이었고 무기징역형을 받았다.

▶ 핵심키워드

곤랑도화(滾浪桃花)는 일주가 신묘(辛卯), 병자(丙子), 갑자(甲子), 기묘(己卯)가 되면 이를 상합(相合), 상형(相刑)하는 글자가 곤랑도화가 된다. 예를 들면 신묘(辛卯)일주가 있다면 천간 병신합(丙辛合)하고 지지가 자묘형(子卯刑)을 하는 병자(丙子)는 곤랑도화가 된다.

곤랑도화는 황음도화(荒淫桃花)라고도 하는데 일단 곤랑도화에 빠진 사람은 너무나 색(色)을 밝혀 정신을 잃을 정도로 몰입하며 때에 따라서는 정사(情死)하는 수도 있다고 한다. 곧 곤량도화에 들어간 사람은 음란(淫亂)하고 주색(酒色)을 좋아하는 까닭에 사물에 대한 판단력이 흐려져 방탕(放蕩)함에 빠질 수가 있다.

38 남편은 목다화식(木多火熄)이고 관고(官庫)에 처해있다

時	日	月	年	곤명
편인		정관	편재	六神
戊	**庚**	**丁**	**甲**	天干
寅	**寅**	**卯**	**戌**	地支
편재	편재	정인	편인	六神
지살	지살			신살

▶ 사/주/분/석

이 여자 분은 사주에서 남편 복이 없다는 것을 어디서 알 수 있나요?

이 명조는 월간(月干)의 정관(正官)이 남편성이 됩니다. 그런데 정화(丁火)는 갑목(甲木)을 진신(眞神)으로 삼기 때문에 갑목(甲木)을 만난 것은 좋은 현상입니다만 목(木)이 너무 태과(太過)하면 목다화식(木多火熄)에 걸리게 됩니다. 그 결과 정화(丁火)가 꺼질 수가 있게 됩니다.

또한 년지(年支)의 술토(戌土)는 정화(丁火)의 입고처(入庫處)가 되므로 관고(官庫)를 가진 팔자가 되었는데 그러므로 단언하건대 "정관(正官)이 목다화식(木多火熄)과 관고(官庫)를 가진 팔자라면 남편 복이 없다"라고 판단할 수 있습니다.

▶ 근황

병인대운에는 남의 집살이를 하며 고생하였고, 을축대운에 결혼하여 갑자대운 기해(己亥)년에 남편이 공장에서 사고사(事故死)를 당하였다.

▶ 핵심키워드

오행의 상생과 상극에는 변수가 많다. 태과불급(太過卽不及)은 너무 지나치게 많은 것은 오히려 부족하고 모자란 것이나 다름없다는 뜻이다. 즉 오행이 태과(太過)하게 되면 음양오행의 조화에 본래의 작용과는 달리 도리어 역작용(逆作用)이 나타나게 되는 것을 말하였다.

그러므로 목다화식이란 과다생(過多生)을 말하는 것이다. 곧 생(生)이 지나치게 많게 되면 부작용이 발생한다는 것이다. 고가에서 말하길

"화뢰목생(火賴木生)하지만 목다화식(木多火熄)이 된다."

라고 하였는데 이것은 화(火)는 목(木)에 의지해 살지만 목(木)이 많으면 화(火)는 오히려 꺼진다는 가르침이다. 이것은 너무나 당연한 자연의 이치인 것이다.

39 식상의 기운이 남편성을 암암리에 극하 므로 불연(不緣)이다

時	日	月	年	곤명
편인		식신	상관	六神
己	辛	癸	壬	天干
丑	丑	卯	戌	地支
편인	편인	편재	인수	六神

▶ 사/주/분/석

식상(食傷)이 투간했고 효인(梟印)이 중중(重重)하며 부궁(夫宮) 축토(丑土)는 부성(夫星)의 묘지로 복음(伏吟)으로 구성이 되어 있습니다. 이러한 사실로 보면 분명히 남편을 극하는 팔자가 되는 것입니다.

그러나 상부(傷夫)하는 가장 중요한 대목은 사주 중에서 식상(食傷)의 기운이 관성(官星)을 암암리에 극하고 있기 때문입니다. 이러한 이유로 인해 사주팔자에서 만들어진 묘술합의 화(火)기운이 투간한 임계수(壬癸水)에 의해 극(剋)을 받는다는 것이 결정적입니다.

이것은 식상의 기운이 정관(正官)을 해롭게 하는 것이므로 이미 이 팔자는 정관을 극부(剋夫)하는 팔자가 된 것입니다. 또한 부성(夫星) 정화(丁火)가 술(戌)중에 있고 부처궁은 축(丑)이니 정화(丁火)가 부처궁(夫妻宮)에 진입하는 것은 불가능해 보이니 축술형(丑戌刑)하는 관계이기 때문입니다.

그런데도 불구하고 조혼(助婚)한 이유는 묘술합(卯戌合) 때문입니다.

즉, 묘술합(卯戌合)으로 축술형(丑戌刑)을 파(破)했으므로 년지(年支)의 술(戌)중의 정화(丁火)가 부부궁에 진입에 성공할 수 있었던 것입니다.

그런데 남편 사망은 정해년(丁亥年)에 발생하였으므로 정해년(丁亥年)에는 정화(丁火)가 투출이 되어 등장하는 해가 됩니다.

또한, 일지 사유축(巳酉丑)을 기준으로 보면 해(亥)는 역마이고 과숙(寡宿)에 해당하는데 정계충(丁癸沖)을 당하는 상(像)이 됩니다. 이것은 정화(丁火)가 마상(馬上)에 앉았어 극을 당하니 낙마(落馬)하는 사건으로 차화(車禍)의 상(象)에 해당하는 것입니다. 그러므로 남편은 정해년(丁亥年)에 교통사고를 당해 사망하였다고 합니다.[참괴학인]

▶ 핵심키워드

남편의 길흉을 살피는 방법은 먼저 남편에 해당하는 글자가 명국에 나타났는가를 살피고 또 부성(夫星)이 정위(定位)에 있는가를 살핀다.

또한, 부성의 존재가 있다고 하더라도 배우자궁에 진입하는가도 살펴봐야 한다. 만약 축술형(丑戌刑)하게 되거나 부처궁이 남편성에 입묘지가 되면 불연(不緣)이므로 남편과 해로하기 어렵다고 보는 것이다.

40 처덕(妻德)이 없음을 어디에서 확인할 수가 있습니까?

時	日	月	年	세운30	건명
겁재		겁재	편관	정관	六神
壬	癸	壬	己	戊	天干
戌	亥	申	亥	辰	地支
정관	겁재	정인	겁재	정관	六神

▶ 사/주/분/석

1) 처덕(妻德)이 없음을 어디에서 확인할 수가 있습니까?

  (1) 술(戌)중 정화(丁火)가 처성(妻星)이다.

  (2) 무재(無財)사주에 해당한다.

  (3) 팔자에 금수(金水)가 많아 화(火) 재성의 기운이 팔자에 진입하기 어렵다.

  (4) 일지 배우자궁에 겁재 해수(亥水)가 놓여 있으니 처성(妻星)이 처궁(妻宮)에 진입을 못 하게 방해한다.

  (5) 진사(辰巳)공망이니 사화(巳火) 처성(妻星)이 공망이다.

이 명조는 술(戌)중 정화(丁火)가 처성(妻星)이죠. 그런데 일지 배우자궁에 겁재 해수(亥水)가 놓여 있습니다. 뭘 의미하나요?

처성(妻星)이 처궁(妻宮)에 진입을 못하는 겁니다. 일단 무재(無財)사주이고 팔자에 금수(金水)가 많아 재성의 기운이 팔자에 진입할 길이 없습니다. 거기다 처성(妻星) 공망입니다.

이런 것을 모두 통찰해서 간명하는데 말하길 "처덕이 없다" 이렇게 논했던 겁니다. 이 사람의 아내는 일단 그렇게 진단이 나오는 겁니다.

2) 이 사주는 진술충(辰戌沖)이 되면 안 됩니다.

이 사주에서 처성(妻星)은 술(戌)중 정화(丁火)인데 지장간에 숨어 있어야 살 수가 있습니다. 왜냐하면 팔자에 금수(金水)가 많은 것이라 처성(妻星)이 진입(進入)을 못 하는 팔자인 겁니다.

이런 상황에서 진술충(辰戌沖)하면 숨어 있던 술(戌)중 정화(丁火)가 충출(沖出)하는 것입니다. 팔자에 처성(妻星)이 나오는 순간 수극화를 당하면서 정화(丁火)는 정계충거(丁癸沖去)로 박살이 나는 겁니다.

혹시, 무진년(戊辰年)이 무진(戊辰)대운에 진입했다고 보세요. 마찬가지입니다. 진술충(辰戌沖)이 더욱 격렬하게 나타나죠. 틀림없이 처성(妻星) 정화(丁火)에게 사건이 일어나는 겁니다. 많은 물에 의해 처성(妻星) 정화(丁火)가 꺼지게 됩니다.

▶ 근황
30세 무진년(戊辰年)에 처(妻)가 교통사고로 사망하였다고 합니다.

4부

자녀(子女)의 육친론(六親論)

01 자녀에게 저승사자가 존재하면 큰 근심이 될 수 있다

時	日	月	年	곤명
정재		편인	편관	六神
癸	戊	丙	甲	天干
丑	戌	子	辰	地支
겁재	비견	정재	비견	六神

73	63	53	43	33	23	13	3	대
戊	己	庚	辛	壬	癸	甲	乙	운
辰	巳	午	未	申	酉	戌	亥	수

▶ 사/주/분/석

이 명조는 금(金)이 자녀성인데 팔자에 드러난 식상(食傷)이 없으므로 무자(無子)팔자라고 말할 수 있습니다. 그런데 지장간에는 술(戌)중 신금(辛金)과 축(丑)중의 신금(辛金)이 존재하므로 숨어 있는 내 자녀가 될 수 있습니다.

그런데 숨어 잇는 자식을 얻기 위해서는 형충을 해줘야 마땅하므로 일지와 시지가 축술형(丑戌刑)을 하게 된 구조는 길하게 된 것입니다.

고로 나는 자식을 얻는데 성공할 수 있었지만, 우울증 공황장애로 어려워했다고 합니다. 그 이유는 월간의 병화가 내 자녀성의 저승사자가 되기 때문입니다. 즉 축술형으로 형동하여 형출하는 신금을 병화가 병신합거고 가로채가는 역할을 수행하는 것입니다.

그런 즉 자녀가 일찍이 불안 장애를 호소하여 치료를 받았는데 다행인 것은 대운이 서방금(西方金)운으로 흐르고 있다는 점입니다.

대운에서 식상의 투출하였으므로 내 자식은 무자하지를 않은 것이 되어서 치료를 잘 받았고 현재는 직업생활에 전념할 수 있다고 합니다.

또한 비견이 많은데 편관은 하나가 되면 이를 분관(分官)사주라고 합니다. 분관(分官)은 많은 비견들이 나의 관성을 나눠 가지는 형상이므로 남편이 처첩(妻妾)을 두거나 혹은 그로 인해서 부부(夫婦) 이별(離別)이 있을 수 있습니다. 분관이 된 명조가 형동(刑動)으로 식상(食傷)합거(合去)의 상(像)을 보이면 이혼할 수 있게 됩니다.

▶ 근황
본인은 교사로 퇴직하였고, 남편은 자식이 없는 다른 여자와 살고 있다. 자식은 정서적으로 불안정하였지만, 치료를 잘 받고 현재는 직장생활을 하고 있다.

▶ 핵심키워드
병화(丙火)가 갑목(甲木)을 보면 큰 나무가 태양을 보고 꽃을 피운다. 기르는 공덕이 있으니 탈태요화(脫胎要火)의 상(像)이다.

또는 나는 새가 큰 나무를 보고 둥지를 짓고 새끼를 양육한다. 이것을 비조질혈(飛鳥跌穴)의 상(像)이라고 한다.

고로 비조질혈(飛鳥跌穴)은 어미 새가 둥지를 얻으니 새끼를 양육하는 공이 있게 된다. 그러므로 이 여자 분은 교사가 천직이라 말할 수 있다.

02 인수(印綬) 삼합(三合)이면 식상인 자식이 들어 설 자리가 없다

時	日	月	年	곤명
편재		비견	편인	六神
戊	**甲**	**甲**	**壬**	天干
辰	**申**	**辰**	**子**	地支
편재	편관	편재	정인	六神

▶ 사/주/분/석

공기업에 근무하고 있는데 50세가 되어서도 시집을 못가는 이유는 무엇인 가요? 이 명조는 갑목(甲木)일간이므로 화(火)는 식신이고 상관이니 자식성에 해당하는데 무식상(無食傷)입니다.

그런데 팔자(八字)에서 년간(年干)에 임수(壬水)가 투간하였는데 신자진(申子辰) 삼합(三合)을 결성하니 일지궁의 신금(申金) 남편은 화살위인(化殺爲印)으로 변질이 되고 있습니다. 곧 수운(水運)이 너무 강하므로 화운(火運)이 들어설 자리가 없게 됩니다. 이것은 마치 시주(時柱) 자식궁에 강한 편인이 안착하면 인극식(印剋食)이 되어서 자녀가 들어서기 힘든 구조와 마찬가지로 내 자녀를 생육(生育)하기 취약한 팔자가 되는 것입니다.

또한, 오미(午未)가 공망이니까 화(火)공망으로 자녀성(子女星)도 공망이 된 셈입니다. 보통 무식상(無食傷)에 식상 공망이면 자녀 생산이 어렵다고 보면 됩니다. 거기다가 일지궁 신금(申金) 편관이 수로 변질하는 것도 관살이 무력해지는 이유가 됩니다. 고로 중년기 대운이 해자축(亥子丑) 북방수운(北方水運)으로 흐르는 것도 역시 식상인 화운(火運)이 들어서기 힘든 문제가 되는 것입니다.

03 정관(正官)이 화관위상(化官爲傷)이 되면 정관은 없는 것으로 본다

時	日	月	年	곤명
편인		정재	상관	六神
辛	**癸**	**丙**	**甲**	天干
酉	**卯**	**寅**	**辰**	地支
편인	식신	상관	정관	六神

▶ 사/주/분/석

사주첩경에서 말하길 천간에 갑목(甲木)이 투간(透干)한 자리에 인진(寅辰)이 위치하면 진토(辰土)를 대목지토(帶木之土)라 소개하고 있는데 이런 상황에 놓이면 토(土)는 자기의 능력을 상실하고 목(木)의 제재(制裁)하에 있으므로 목(木)의 역량을 조장(助長)해 주는 것이라고 설명하고 있습니다.

고로 이 사주는 진토(辰土)가 대목지토(帶木之土) 아래에 놓여 있으므로 진토(辰土)를 목(木)으로 인식하는데 그렇게 되면 진토(辰土) 정관(正官)은 변질하여 화관위상(化官爲傷)을 이루므로 목국(木局)을 결성하게 됩니다.

고로 원래 임용고시를 앞두고 있지만 공직으로 나가는데 실패하였습니다. 이것은 결국 년지의 정관(正官) 진토(辰土)가 변질하여 무력하게 된 것이 주된 원인이었습니다.

그러므로 목(木)이 태왕(太旺)한 즉, 진토 정관(正官)은 필시 무력해지며 신유(辛酉)의 편인 금(金)으로도 목국(木局)을 제어할 수가 없었는데 이것은 묘유충(卯酉沖)이 되니, 순리를 어긋나게 하여 목(木)은 기신(忌神)이 됩니다. 따라서 이 사주는 목(木) 상관성(傷官星)이 자녀에 해당하는데 태왕(太旺)하니 자식이 있어도 편인(偏印)의 제어(制御)에 순종하지 않고 반항을 한다는 점은 명백한 것입니다.

또한, 거류서배(去留舒配)로 보아도 편인과 상관의 궁성(宮星)의 위치가 서로 반배(反背)하므로 잘못 앉아 있는 것이니 편인(偏印) 조부(祖父)는 자녀를 해치고 상관(傷官) 자식(子息)은 조부(祖父)를 거슬려 조상궁에 대항(對抗)하니 가업(家業)을 이어갈 수 없는 것도 분명한 것입니다.

그러므로 공직(公職)임용(任用)에 실패하고 두 번째로 학원을 운영한 것은 상관생재(傷官生財)로 진행하였기 때문입니다

▶ 근황

명조는 임용고시를 통해 공직으로 나아가지 못하고 학원을 경영하였습니다. 자식도 사회적인 위치는 점하였으나, 모친과는 등을 돌리고 원만하지 못하다고 합니다.

▶ 핵심키워드

대목지토(帶木之土)에서 해당되는 토(土)가 인수면 모친이 약하고 재성이 되면 부친과 처, 그리고 재물이 작아지고 정관(正官)이 되면 남편 병약하거나 직업적 성취가 열악하다.

또한 만약 토(土)가 용신이 될 때에는 그 목(木)은 병(病)이 되는 것이니 그때는 금(金)이나 화(火)로 병(病)이 되는 목(木)을 제거기병(制去棄病)해야 올바르다. 만약, 대목지토(帶木之土)로 토(土)가 병(病)이 되어 있다면 그 상태로 목(木)은 소중한 물건이 된다.

04 부건파처(夫健怕妻)의 상(像)에서는 처자 (妻子)와의 이별이 두렵다

時	日	月	年	세운43	건명
정관		편재	상관	정재	六神
辛	**甲**	**戊**	**丁**	**己**	天干
未	**寅**	**申**	**未**	**丑**	地支
정재	비견	편관	정재	정재	六神

▶ 사/주/분/석

이 명조는 부건파처(夫健怕妻)의 상(像)을 가지고 있습니다. 부건파처(夫健怕妻)란 일주도 건왕(健旺)하고 재(財)도 건왕(健旺)한데 그 재(財)가 관살(官殺)을 생하여 재살이 태강한 즉, 재살(財殺)의 무리가 두렵다는 뜻입니다. 여기서 말하는 부처(夫妻)란 지아비와 아내를 말함이니 곧 남자 일간에 재성과 관살이 무리지어 있음을 말합니다.

그런데 내가 간여지동(干與之同)으로 처(妻)를 극제(剋制)하였는데 처(妻)가 무섭기는 뭐가 무서울 것인가? 생각할 수가 있을 겁니다. 왜냐하면 재(財)가 왕(旺)하여 있는데 그 재(財)가 관살(官殺)을 생(生)하여 재당생살(財黨生殺)로 무리를 지어 나를 공격(攻擊)해 오기 때문에 두려워하는 것입니다.

그러므로 부건파처(夫健怕妻)는 신왕(身旺)에 재성(財星)과 관살(官殺)이 출현(出現)되어 있음을 말하는 것입니다. 따라서 팔자는 재성운을 기피(忌避)해야 마땅한데 진토(辰土)대운 무자년(戊子年)에는 신자진(申子辰)삼합으로 화살위인(化殺爲印)하여 재관(財官)이 모두 인수(印綬)로 변하니 생살(生殺)을 막아주므로 결혼에 성공하였으나 기축년(己丑年)에는 재성이 태과(太過)하였은 즉, 칠살을 재당생살(財黨生殺)하므로 부건파처(夫健怕妻)에 임(臨)하게 된 것입니다.

즉 이 사주에서는 자식을 낳게 되면 관살(官殺)이 동(動)한 즉, 부건파처(夫健怕妻)가 속히 이르게 되는 것입니다. 고로 이 사주는 년지(年支)와 시지(時支)에 미토(未土)라는 일간(日干)의 입고처(入庫處)가 놓인 것이므로 기축년(己丑年)에 축미충(丑未沖)이 되면 미중(未中)의 을목(乙木) 손상(損傷)을 당하고 그 결과로 부건파처(夫健怕妻)를 일으키는데 일간은 그 고충으로 스스로 입고(入庫)하게 되어 있습니다.

▶ 근황

무자년(戊子年) 42세에 결혼하여 기축년(己丑年) 43세에 딸 하나를 두고 이혼하였다

▶ 핵심키워드

부건파처(夫健怕妻)는 일주가 강하더라도 내 자식이 되는 관살(官殺)과 처성(妻星)이 되는 재성(財星)이 무리를 짓게 되면 강한 일주라도 재당생살을 막기에는 역부족이니 큰 부담이 된다는 뜻이다.

그러나 사주첩경에서 말하기를 부건파처(夫建怕妻)는 막언흉화(莫言凶禍)하라 운향부신(運向扶身)에 부귀초양(富貴超群)이라 하였는데 단언(斷言)하면 부건파처(夫健怕妻)를 흉한 재앙이라고 말하지 말라 만약 운이 내 몸을 돕는 방향으로 흐르면 상당히 부귀가 무리 지어 오는 것이라고 말을 하고 있다.

05 탐재괴인(貪財壞印) 된 명조는 재물을 탐하면 안 된다

時	日	月	年	세운14	대운10	건명
상관		편인	식신	정관	편관	六神
戊	丁	乙	己	壬	癸	天干
申	巳	亥	丑	寅	酉	地支
정재	겁재	정관	식신	인수	편재	六神

▶ 사/주/분/석

계수(癸水)대운에는 공부를 잘 했다고 합니다. 그러나 유금(酉金)대운에 진입하자 임인(壬寅)년 부터 갈등이 시작되어 잘하던 공부는 뒷전이고 갑자기 중학생(中學生) 신분으로 돈을 번다고 학교가 끝나면 가방을 팽개치고 중고 거래한다며, 밤 거래까지 하고 있습니다. 요즘은 한술 더 떠서 여자 친구가 있다고 밤늦게까지 연애까지 한다고 합니다. 평범하지 않은 이러한 일들이 발생하는 이유를 알 수 있겠습니까

이 명조는 월령 해수(亥水)가 사해충(巳亥沖)이고 기축(己丑)년주에 의해 정관은 식신(食神)으로 손상(損傷)당했으니 해중(亥中)에서 목(木)이 투간(透干)하였은 즉 을목(乙木) 인수격으로 용신을 잡습니다.

그런데 인수(印綬)를 용신(用神)으로 하는 사주에서 주중(柱中)에 재성이 있게 되면 탐재괴인(貪財壞印)의 상(像)에 걸릴 수 있습니다.

그러므로 계수(癸水)대운에는 신금(申金) 재성이 재생관(財生官)하면서 다시 살인상생(殺印相生)하는 구조라 건실(健實)하였으나 신금(申金) 정재(正財)가 유금(酉金) 편재(偏財)를 만나면서 금(金)이 태강(太强)해지니 탐재괴인(貪財壞印)으로 들어간 흉상(凶像)을 보이는 겁니다.

고로 인수격을 사용하는 학자나 문인이 재성운에 들어가면 재물을 탐하여 그의 명예가 손괴(損壞)가 되는 행동들을 하게 됩니다.

▶ 핵심키워드

사주첩경에서 말하길 탐재괴인(貪財壞印)이라 하는 것은 재(財)를 탐내어 인수(印綬)가 파괴된다는 뜻이다.

인수는 생아지신(生我之神)이요 재는 아극지신(我剋之神)인데 그 재(財)는 인수(印綬)를 극한다. 그런데 인수는 문성(文星).교육. 종교성이요 재는 재물이므로 재왕(財旺)한 즉 문성이 몰(沒)하고, 문성이 왕(旺)함은 재(財)가 없는 까닭이다.

그러므로 돈 많은 부자는 글이 풍부하지 못하고 글이 많은 학자는 돈이 풍부하지 못한 원리가 바로 여기에 있는 것이다. 고로 학자나 문인이 재물을 탐하면 명예가 손괴되는 것이기 때문에 인수 용신으로 이루어진 관공리는 재운이 오면 재물(수뢰)죄를 범하기 쉬운 것이다.

이것을 탐재괴인의 상이라 하여 크게 꺼렸다.

06 여자에게는 식상(食傷)은 자식이며 후배 (後輩)가 되기도 한다

時	日	月	年	곤명
편관		식신	편인	六神
甲	戊	庚	丙	天干
子	子	寅	子	地支
정재	정재	편관	정재	六神

▶ 사/주/분석

이 명조는 갑병(甲丙)의 조합(組合)은 비조질혈(飛鳥跌穴)의 상(像)이므로 생육 (生育), 양육(養育)의 공덕(功德)있으므로 교육계로 진출하는 것이 바람직한데 만약 경금(庚金)의 방해로 갑목(甲木)이 경금(庚金)을 넘어 병화(丙火)를 생조 하기 어려운 구조가 되면 이러한 병경(丙庚)의 구조를 형옥입백(熒獄入白)의 상(像)이라 하는 것입니다.

그러므로 비조질혈(飛鳥跌穴)이 형옥입백(熒獄入白)에 걸려 방해 받는 구조에 서는 순수한 교육자의 길이 어렵다고 보았으므로 다만 배우자들을 연출, 양육, 지도하는 방송국 PD의 길로 나아간 것으로 보면 될 것 같습니다.

그런데 경금(庚金)이 식신(食神)이므로 나에게는 자녀성(子女星)이 되는데 이 것은 곧 내 후배(後輩)들이 될 수도 있습니다. 즉 이 사람들은 내가 관리하여 야 할 배우 및 연출자를 말하는 것입니다.

그런데 경인(庚寅)은 절처(絶處)에 앉아 있고 자수(子水)는 경금(庚金)의 사지 (死地)들이라 내 연출자들이 무력(無力)하니 유명배우들이 아니라 3류 배우 자들을 관리하는 사람입니다.

현재 방송국 PD이며, 대학교 졸업으로 부족함을 느껴 직장에서 퇴사하고 을사(乙巳)년에 외국 유학을 준비하고 있다.

▶ 핵심키워드

형옥입백(熒獄入白)은 병화(丙火)가 경금(庚金)이라는 차가운 산맥에서 가려진 형국을 말하는데 곧 빛을 투영하지 못한 병화(丙火)는 금(金)의 차가운 살기 (殺氣)와 맞부딪치니 사나운 마음이 일어난다.

이것을 미혹(迷惑)이라 하였고 그래서 흔들림이 많아서 주변에서 일관된 정책을 실현하기 어렵다는 점이 문제이다.

그래서 정책 실패로 이어지니 실패가 많아서 발전이 더디게 나타난다. 또한 이 명조에서는 병화에 의지하지만 대운이 북방수운(北方水運)을 거쳐 서방금운(西方金運)으로 흐르는 것도 병화(丙火)에게는 큰 부담이 된다.

07 화다수증(火多水烝)으로 무식상(無食傷)인데 갑신생 남편을 만나 자식을 얻는 것까지는 성공하였다

時	日	月	年	곤명
겁재		편인	정재	六神
庚	**辛**	**己**	**甲**	天干
寅	**巳**	**巳**	**午**	地支
정재	정관	정관	편관	六神

▶ 사/주/분/석

이 명조는 신금(辛金)일주로 사월(巳月)에 났지만 천간에 임계(壬癸)수가 투간되어 있지 않습니다. 곧 무식상(無食傷)에 해당되는데 신금(辛金)일간이 사월(巳月)생이고 년지와 일지에 오화(午火)와 사화(巳火)가 있어 화기(火氣)가 염열(炎熱)하니 수(水)가 증발(蒸發)한 즉, 화다수증(火多水烝)으로 메마른 금(金)이 되어 자식 보기가 힘든 사주입니다. 고로 이 사주의 주인공은 자식이 없거나 홀로 살아가야 하는 명조라고 볼 수 있습니다. 즉 남편과 자식과 인연이 멀다고 생각하였는데 다행히도 갑신(甲申)생 남자를 만난 신(申)중 임수(壬水)가 사신형동(巳申刑動)하므로 수기(水氣)를 일으키니 1명의 아들을 낳을 수 있었습니다.

그런데 곧 인사신(寅巳申) 삼형의 발동으로 남편은 교통사고로 사망하여, 아들을 키우며 혼자 살게 되었습니다. 아들이 장성하고 을유(乙酉)생 남자와 재혼하였는데, 아들은 처음부터 어머니의 재혼(再婚)을 반대하며 집을 나간 후 약 10년째 소식이 없고. 재혼한 남편도 사망한 후에 갑신생(甲申生)의 사신형동(巳申刑動)이 끊어지자 수기(水氣)가 메마른 팔자로 되돌아가니 곧 무자식 명조로 진행이 나갔다는 말이 되는 것입니다.[진여비결]

08 식상고(食傷庫)를 가진 여자는 불효자(不孝子)가 많다

時	日	月	年	곤명
편관		정관	식신	六神
己	癸	戊	乙	天干
未	丑	寅	未	地支
편관	편관	상관	편관	六神
백로			백호	신살

▶ 사/주/분/석

이 명조는 계축(癸丑)이 칠살(七殺) 백호(白虎)로 일지궁의 남편성이 백호에 걸려있는 상황인데 년주(年柱)의 을미(乙未)가 동주고(同柱庫)이면서 식신(食神)백호(白虎)에 걸린 상태입니다. 따라서 자식과 남편의 혈광사(血狂死)를 근심해야 합니다. 고로 기축년(己丑年)에 남편이 사망하였는데 그 이후에 자녀들도 여러 가지 사건들을 일으켜 명주를 괴롭게 됩니다.

고로 자식들의 불안정성은 불효로 이어지는데 이것은 사주의 식상고(食傷庫)에 의해 발생하는 것입니다. 보통 여자 사주에서 식상은 자녀에 해당하기 때문에 식상의 입고처를 가진 명조는 자식들이 어긋나 잘못 된 길을 갈수가 있어서 결국 모친에게는 불효를 저지를 수 있게 됩니다.

▶ 근황

장남이 도둑질을 하다 감옥에 갇혔습니다. 맏며느리는 다른 사람에게 시집을 갔습니다. 둘째 아들 부부는 서로 맞지 않아 별거하더니 이혼했습니다. 셋째 딸의 남편(사위)이 둘째 아들과 비슷하다는 것을 알게 되었습니다. 놀고먹고 게으르고 본업에 종사하지 않았습니다. 또한 사위는 장모와도 관계가 좋지 않았습니다.

09 방국(方局)이 결성이 되면 그 세력에 순종해야 길하다

時	日	月	年	곤명
정관		비견	식신	六神
戊	**癸**	**癸**	**乙**	天干
午	**巳**	**未**	**酉**	地支
편재	정재	편관	편인	六神

▶ 사/주/분/석

지지(地支)가 사오미(巳午未)방국을 결성(結成)하면 이것을 지전삼물(地全三物)이라 하였는데 곧 천하(天下)가 어느 강성(剛性)한 세력을 중심으로 순종(順從)하면 그 뜻에 부합(符合)이 된다고 본 것입니다.

이것을 천복지재(天覆地載)라 하고 그에 순응(順應)해 주면 만복(萬福)을 얻지만 이를 거스르게 된다면 화액(禍厄)이 적지가 않다고 보았습니다. 그러므로 이 명조에서는 사오미(巳午未)방국을 결성하였은 즉, 그 세력을 거스르면 안 되는 것입니다. 즉 종(從)하던가 아니면 순리(順理)에 따라 흘러줘야 길(吉)하게 됩니다.

따라서 이 사주에서는 화국(火局)을 결성하였으므로 금수(金水)의 길은 바람직스럽지 않고 화토(火土)의 길이 올바르게 됩니다. 그런데 무토(戊土) 정관(正官)은 일간과 관합(官合)이 되어 있으므로 유정(有情)한 물건으로 매우 귀(貴)하게 보았으니 화국(火局)의 세력은 무토(戊土)로 설기(泄氣) 유통(流通)하는 길이 참되게 됩니다.

그리하면 오행학적으로 무토(戊土)는 중국(中國)이 되고 유럽은 신유(辛酉)이고 북유럽은 계유(癸酉)이며 러시아는 계해(癸亥)가 됩니다.

고로 이 사주의 주인공이 북유럽 혹은 러시아어를 차단하고 중국어를 우선하는 이유가 여기에 있는 것입니다. 즉 자기의 태왕(太旺)한 세력을 설기해주는 무토(戊土)를 본능적으로 따라간 것입니다.

▶ 근황

딸이 ○○대학교와 한국외국어대학교에 동시 합격하였습니다. 딸은 중국어를 잘하는데 선생님이 러시아어에 소질이 있다고 추천 하는데 어느 학과로 진학하는 게 맞을까요.

▶ 핵심키워드

지전삼물(地全三物)은 천복지재(天覆地載)가 되어야 마땅하다고 한다. 무슨 말인가 하면 만약 지지가 인묘진(寅卯辰)이나 해묘미(亥卯未)인데 천간에서 갑경을신(甲庚乙辛)을 만나게 되면 곧 천간이 서로 싸우는 것이 된다. 이것을 보고 천지가 서로 덮어주지 못하는 것이라 말한다.

모두 하나의 기(氣)라는 것은 삼물(三物)을 말하는 것이니 이것은 모두 천복지재(天覆地載)가 되어야 마땅한 것이다. 통근하거나 통근하지 않는 것을 막론하고 모두 그 강성한 기운의 질서를 따르는 것이 마땅하고 또한 간지가 서로 등을 돌려 배반하지 않아야 묘(妙)함이 있다는 것이다.

10 도화(桃花)에 의지해 낳은 자식이 분관이면 남의 자식일 수 있다

時	日	月	年	건명
상관		정관	식신	六神
庚	**己**	**甲**	**辛**	天干
午	**未**	**午**	**酉**	地支
편인	비견	편인	식신	六神
도화		도화		신살

▶ 사/주/분/석

오월(午月)의 기토(己土)이므로 더운 환경에서 물을 구하나 재성(財星) 수(水)가 팔자에 없습니다. 이것은 수(水)재성과 관련된 육친의 해로(偕老)를 장담하지 못한다는 말인데 즉, 아버지와 배우자를 극하는 사주에 해당이 되어 제대로 된 삶의 영위(營爲)가 힘들다고 보면 됩니다. 부친(父親)은 23세 때 돌아가셨고, 아내가 될 사람은 남의 자식을 임신한 상태로 만나게 되었습니다. 이것은 월간(月干)의 정관(正官)이 나의 자녀성(子女星)에 해당하고 또한 정관(正官)은 존귀한 자손(子孫)이 되어야 하는데 조부궁(祖父宮)에서는 식신(食神)으로 금극목(金克木)이요, 시주궁(時柱宮)에서는 조모(祖母) 상관이 갑경충(甲庚沖)하니 자녀가 온전할 리가 없습니다. 더구나 오중(午中)의 기토(己土)는 비견(比肩)인데 숨어서 갑기명암합(甲己明暗合)하고 있다는 말은 남의 남자가 나의 자식을 낳았다고 보는 것입니다. 갑오(甲午)는 오화(午火)가 도화(桃花)이므로 도화에 의지하여 낳은 자식이 갑목(甲木)이므로, 조부와 조모가 알고 밖으로 쳐내는 것입니다. 이것은 월간(月干) 갑목(甲木)의 자녀를 두고 일간(日干)과 비견(比肩)이 쟁합(爭合)이 된 경우입니다. 곧 분관(分官)은 쪼개지는 현상이므로 내 자식을 놓고 흥정하는 일이 발생할 수 있습니다. 남자는 임신한 남의 자식을 받아들이려고 하였으나 모친의 반대로 헤어지게 되었습니다.

11 자녀성(子女星)의 입고(入庫)와 절지(絶地)를 동시에 가진 명조는 자녀운이 불리하다

時	日	月	年	곤명
정재		상관	식신	六神
丙	**癸**	**甲**	**乙**	天干
辰	**未**	**申**	**丑**	地支
정관	편관	정인	편관	六神
養	墓	死	冠帶	12운성

▶ 사/주/분/석

자주 유산(流産)이 되는 이유는 어디가 문제인가요?

이 명조는 계수(癸水)일간이므로 갑을(甲乙) 식상이 자녀성(子女星)에 해당합니다. 또한 월지(月支)의 신월(申月)은 갑을목(甲乙木)의 절태지(絶胎地)에 속하면서 일지궁의 미토(未土)는 식상고(食傷庫)에 해당합니다. 월지(月支)와 일지(日支)가 모두 자녀성의 무덤과 사지(死地)를 만난 것입니다.

특히 자녀의 절지(絶地)가 묘고(墓庫)와 붙어 존재하게 되면 그 해당 육친성의 문제가 크게 나타나게 됩니다. 이것을 자녀성의 절고지(絶庫地)라 하여 죽음의 불랙홀이라 부르기도 합니다. 또한 년지(年支) 축토(丑土)의 존재는 축미충(丑未沖)으로 미토(未土)가 개방이 되는 것이므로 목고(木庫)가 움직여서 입고(入庫)가 되는 것입니다.

▶ 근황

군무원 간호사입니다. 3번째 유산(流産)되어 수술을 받았습니다.

▶ 핵심키워드

죽음의 불랙홀이라 함은 해당되는 육친성이 지지에 절지(絶地)와 고지(庫地)를 동시에 가지고 있는 구조를 말한다.

이런 경우는 해당 되는 육친성의 변고(變故)가 분명하므로 먼저 그 육친의 동태(動態)부터 파악해야 한다.

이 경우는 12운성을 보고 판단한다.

1) 갑을목(甲乙木)은 신유금(辛酉金)과 미토(未土)가 함께 존재하는 경우이다.

2) 병무(丙戊), 정기(丁己)는 해자수(亥子水)와 술토(戌土)가 함께 존재하는 경우이다.

3) 경신금(庚辛金)은 인묘목(寅卯木)과 축토(丑土)가 함께 존재하는 경우이다.

4) 임계수(壬癸水)는 사오화(巳午火)와 진토(辰土)가 함께 존재하는 경우이다.

12 상신(相神)인 유금(酉金) 방향에 위치한 학교가 대길(大吉)하다

時	日	月	年	곤명
편관		편재	인수	六神
己	癸	丁	庚	天干
未	酉	亥	辰	地支
편관	편인	겁재	정관	六神

▶ **사/주/분/석**

부산에 거주하며 을미년에 진학할 고등학교를 고민 중입니다. .

해중(亥中)의 무토(戊土)에서 기토(己土) 편관(編官)이 투간(透干)한 것입니다. 고로 칠살격(七殺格)으로 보면 됩니다. 칠살(七殺)은 단독으로 쓰는 법이 없는데 왜냐하면 제화(制化)되지 않는 칠살을 그대로 쓰게 되면 자신에게 재앙(災殃)이 됩니다.

곧 인수(印綬)로 화살(化殺)하는 구조를 만나거나 아니면 식신제살(食神制殺)하는 구조로 진행해야 합니다. 그런데 사주(四柱)중에서 식상(食傷)의 드러나지 않고 경금(庚金) 인수(印綬)의 존재가 년간(年干)과 일지(日支)에 등장한 것입니다. 이것은 앞으로의 인생(人生)을 화살(化殺)을 하는 방향으로 진행(進行)하라는 의미가 됩니다. 화살생신(化殺生身)하니 대기업, 공직계통이 좋겠습니다.

또한 년주(年柱)의 인수(印綬)와 정관(正官)은 조궁(祖宮)으로부터 내려오는 기운(氣運)을 받을 수 있으므로 공직(公職)계통의 녹봉(祿俸)을 취하는 길이 본인에게 최선이 됩니다.

그러므로 이 명조는 칠살을 인화(引化)하려는 유금(酉金)의 방향으로 따라야 합니다. 그래서 유금(酉金)이 있는 서쪽 방향이 길한 것입니다.

특히 정화가 기토칠살을 재생살하는 것이 문제인데 금수(金水)를 생조하므로 재생살(財生殺)하는 편재(偏財)를 차단하는 것이 목적이 됩니다. 따라서 일간 본인이 서북방향에 전주 자사고에 마음을 두는 것입니다.

13 용신(用神)에서 직업과 전공을 찾아야 한다

時	日	月	年	곤명
편인		상관	겁재	六神
庚	壬	乙	癸	天干
戌	寅	卯	未	地支
편관	식신	상관	정관	六神

▶ 사/주/분/석

아들은 평소 법조인(法曹人)을 꿈꾸었는데 갑자기 물리학(物理學) 교수가 되고 싶다고 합니다. 왜 갑자기 마음에 변화가 일어나는 것인가요.

사주에서 그 사람의 직업을 결정하는 여러 가지 방법이 존재하겠지만 가장 오래된 고전의 방식은 격국(格局)과 물상법(物像法)에 의지합니다. 즉 격국(格局)으로 그 사람의 직업 환경을 짐작할 수 있고 물상법으로는 구체적인 직업의 용도(用道)를 확인할 수 있습니다.

그런데 팔자에서는 가장 강한 오행이 그 사람의 직업으로 나타납니다. 그것이 용신(用神)인 겁니다. 그런 즉, 용신(用神)은 월령에서 찾습니다. 왜냐하면 월령이 계절을 말하기 때문에 가장 강한 오행이 되기 때문입니다. 그러면 이 팔자(八字)에서 용신으로 추론(推論)할 수 있는 글자는 무엇이 될까요? 곧 월령에서 투출한 글자가 용신이 되는 것이므로 묘(卯)중의 을목(乙木)을 용신(用神)으로 잡으면 됩니다. 경금(庚金)은 자기 계절이 신월(申月)과 유월(酉月)에 속해 왕(旺)하고 인월(寅月)과 묘월(卯月)이면 수(囚)에 해당하여 용신의 자격이 없게 됩니다.

따라서 이 명조는 용신(用神)이 을묘(乙卯)이고 경금(庚金)은 상신(相神)이 됩니다. 그런데 을묘(乙卯) 상관격이 되면 상관이 왕(旺)하여 진상관(眞傷官)에 속하게 됩니다. 그러면 상신(相神)을 억제해 주는 인수(印綬)가 필요한데 곧 인수가 상신(相神)이 됩니다. 그러므로 상관패인격(傷官佩印格)이 구성이 되는 겁니다.

그런데 보통 상관패인(傷官佩印)은 기술자가 많습니다. 만약 문과(文科)로 진학한다면 방송언론학과, 통신계열로 진행해야 좋고 이과(理科)라면 기술 과학, 유전학과, 조선업, 반도체 등에 많이 진출합니다. 이 직업을 찾는 일련(一連)의 과정은 격국법과 물상법에서 찾아 봐야 합니다.

즉 이 팔자가 을묘(乙卯)이므로 화(火)가 있어서 목화통명(木火通明)으로 이어진다면 정신문명 쪽이 가능합니다. 그래서 언론, 통신, 방송에서 두각을 나타나겠으나, 이 사주는 화(火)가 전무(全無)하고 수(水)가 목화(木火)를 차단합니다.

따라서 정신계통이 불확실하다고 판단하는 것입니다. 그러면 기술 이과쪽인 이공계를 생각해 볼 수 있습니다. 또한 상관(傷官) 을묘(乙卯)인지라 손을 많이 사용하는 기술자로 가야 하는데 그래서 자연과학 물상(物像)이 나타납니다. 특히 수목(水木)은 성장하는 목(木)이므로 교육, 학자, 선생 교수 등의 교육 관리자 방향이 될 것입니다.

14 시간(時干)이 년간(年干)을 도식(倒食)하면 자식이 끊기게 된다

時	日	月	年	곤명
편재		인수	비견	六神
乙	辛	戊	辛	天干
未	未	戌	亥	地支
편인	편인	인수	상관	六神

▶ 사/주/분/석

인수(印綬)가 중(重)하면 편인(偏印)의 성향을 띄워 식신(食神)을 극하니 상관(傷官)이라도 도식(倒食)의 경향이 나타납니다. 따라서 말하기를 "시간(時干)이 년간(年干)을 도식(倒食)하면 이를 탄(呑)이라고 하여 자식을 죽인다."라고 말을 했던 것입니다.

고로 그녀의 자식의 정기(正氣)는 사막에서 고립이 된 물처럼 메말라 가는데 남편성마저 없는 무관(無官)사주이니 이혼 팔자는 분명한 것입니다. 이것은 다(多)인성(印星)으로 인해 도식(倒食)이 되면 자기의 식상을 훼손하는 행위라 게을러집니다. 그 결과 생활이 곤궁해지는 것이 도식팔자인 것입니다. 또한 모자멸자의 성향도 가지므로 주변 모친의 도움을 많이 받았으나 스스로 성취하여 얻은 것은 없었는데 이것은 상관이 파괴가 되면 재성을 생할 수 없기 때문입니다. 고로 을미(乙未)는 동주고(同柱庫)인데 을신충(乙辛沖)이 된 구조에서는 재성(財星)입고(入庫)를 당할 수 있어서 편재(偏財)의 구제(救濟)함을 기대하기 어려웠습니다.

▶ **근황** 결혼하고도 매일 딸네 집에 출근해서 노닥거리다가 사위가 퇴근해서 집에 오기 직전에 돌아가곤 하는데 이렇게 챙겨주다 보니 딸은 게을러지고 사위도 이점이 마땅치 않아 결국 두 달 후에 이혼했다고 합니다.

15 생시(生時)의 편인(偏人)이 년간(年干)의 식신 (食神)을 극하면 탄(呑)이라 하여 자식이 없다

時	日	月	年	곤명
인수		편인	식신	六神
戊	**辛**	**己**	**癸**	天干
子	**亥**	**未**	**丑**	地支
식신	상관	편인	편인	六神

▶ 사/주/분/석

고가(古歌)에서 말하기를 "생시(生時)의 천간이 년간(年干)을 도식하면 탄(呑)이라고 하는데 이러하면 자식을 극하게 된다."고 하였습니다.

그러므로 이 명조는 시간의 인수가 월간의 편인과 합세하여 년간에 투출한 식신 계수를 극하고 또 멀리 무계합을 구성합니다. 그러하니 편인의 축미충은 효인(梟印)으로 보아 마땅할 것 같습니다.

사주 중에 탄(呑)의 구성이 되면 산액(産額) 질고(疾苦)와 무자(無子)의 고통이 따른다고 하였는데 자식이 없거나 혹 있어도 모친을 극하므로 장애가 따르며 사후(死後)에는 자식이 없어 장례를 치르지 못한다고 하였습니다. 또는 매우 가난하게 살다가 죽는다고 하였는데 다만 해자수(亥子水)의 식상관(食傷官)이 버티어주므로 끼니를 굶을 정도에서는 벗어날 수 있었습니다

▶ 근황

이 사주의 주인은 사업을 했으나 여의치가 않았고 또한 노력해도 아이가 생기지 않아 자식이 없다고 합니다.

16 상관이 관성 위에 앉아 있으니 정관의 손상은 필연적이다

時	日	月	年	곤명
겁재		상관	상관	六神
壬	**癸**	**甲**	**甲**	天干
子	**酉**	**戌**	**子**	地支
비견	편인	정관	비견	六神
壬 癸		辛丁戊	壬 癸	지장간

▶ 사/주/분/석

이 명조는 월지 술토(戌土)가 놓여 있으므로 정관격을 구성합니다.

그런데 관성 위에 상관 자식들이 앉아 있습니다. 상관(傷官)은 강하고 술토(戌土)는 극을 받고 있는데 유술(酉戌) 상천살(相穿殺)로 부부궁을 꿰뚫었으니 정관(正官)의 손상(損傷)은 필연적입니다. 더구나 자중(子中)의 계수(癸水)와 술(戌)중의 무토(戊土)가 무계(戊癸) 암합(暗合)한다는 점은 분관(分官)의 상(像)으로 보고 경쟁자인 비견에게 내 남자를 빼앗길 수도 있다는 암시를 내포하고 있는 것입니다. 따라서 이 사주의 주인공은 결혼을 3번하였고 각각 다른 성씨의 딸을 두었다고 합니다. 갑자(甲子)의 상에서 자중(子中) 계수(癸水) 비견(比肩)은 술(戌)중의 무토(戊土) 정관(正官)과 암합(暗合)한 상태이므로 년간(年干)의 상관(傷官)은 남의 자식에 해당합니다. 갑술(甲戌)의 상(像)에서는 술(戌)중의 무토(戊土) 정관(正官)이 일간 계수(癸水)와 무계(戊癸)명암합(明暗合)하므로 이 상관의 딸은 나의 자식에 해당합니다. 임자(壬子)의 상(像)에서 자중(子中)의 계수(癸水) 비견(比肩)은 술(戌)중의 무토(戊土) 정관(正官)과 암합(暗合)하므로 술토(戌土) 정관(正官)은 3번에 걸쳐 부부인연의 변화를 보여 왔음을 알게 해줍니다.

17 갑목(甲木)은 절처봉생(絕處逢生)해야 살 수 있으니 내가 부친의 곁을 떠나야 한다

時	日	月	年	곤명
식신		편재	비견	六神
壬	**庚**	**甲**	**庚**	天干
午	**午**	**申**	**申**	地支
정관	정관	비견	비견	六神
	지살	지살	신살

▶ 사/주/분/석

갑목(甲木)은 편재(偏財)이므로 나의 부친성에 해당합니다. 그런데 갑목(甲木) 재성이 비견겁에 둘러 쌓여 있습니다. 이러한 구조가 무슨 뜻인가 하면 비견겁(比肩劫)이 태왕(太旺)하면 그 부친(父親)을 극(剋)한다고 말하는 것입니다. 또한 갑목(甲木)에서 보면 지지는 절지(絕地) 2개와 사지(死地) 2개이니 극부(剋父)하는 팔자가 분명한 것입니다. 그러므로 말하기를 당신은 부친(父親) 절명(絕命)의 상(像)이므로 부친과의 인연이 없다고 말할 수 있습니다.

따라서 임(壬)대운에 가출한 것은 갑목이 절처봉생(絕處逢生)을 만났기 때문입니다. 갑목(甲木)이 살기 위해서 부친의 곁을 떠나야 하는 겁니다.

신금(申金)이 지살(地殺) 중중(重重)이니 갑목(甲木)을 떠나 밖으로 나가야 부친이 살 수 있습니다. 그런데 이런 경우 부친이 외근을 자주하거나 혹은 자신이 외지로 나가야 하는 상황이 나타나게 됩니다. 그러나 어린 시절이므로 가출(家出)로 나타나게 됩니다.

▶ 근황

명주는 중3에 몇 번의 가출이 반복되더니 영원히 행적을 감추었다.

18 자식궁(子息宮)에 극충(剋沖)이 나타나면 자식의 피상(彼傷)에 주의해야 한다

時	日	月	年	세운48	대운42	건명
편관		인수	상관	편인	식신	六神
癸	丁	甲	戊	乙	己	天干
卯	酉	子	寅	丑	巳	地支
편인	편재	편관	인수	식신	겁재	六神

▶ 사/주/분/석

이 명조는 자월(子月)에 계수(癸水)가 투출하였으므로 편관격(偏官格)을 구성합니다. 그런데 정계충(丁癸沖)과 묘유충(卯酉沖)이 된 것이라 계묘(癸卯)의 위치가 불안정하다할 만합니다. 이것은 자식궁(子息宮)에서 출현한 충극(沖剋)의 상(像)이니 자식의 피상(彼傷)을 암시하고 있습니다. 더구나 계수(癸水) 자녀성(子女星)을 피합(彼合)하는 무계합(戊癸合)도 있기 때문에 자녀성에 문제를 가지고 있는 팔자입니다. 그러므로 을축년(乙丑年)은 사화(巳火)대운에 해당하는데 사유(巳酉)가 합하는 상황에서 축년(丑年)을 만난 것이니 사유축(巳酉丑) 삼합국이 결성이 됩니다. 이로 인해 금(金)은 목(木)을 치므로 인수를 상(傷)하게 하는 동시에 년간의 무토(戊土)가 살아났습니다. 평소에는 갑인(甲寅)목(木)에 의해 무토(戊土)가 힘을 잃고 있었는데 금국(金局)이 결성되면서 목(木)이 약해진 결과입니다. 고로 무토(戊土)가 계수(癸水)를 피합(彼合)하므로 자녀에게는 큰 손상을 끼치게 되었고 그 결과 갑목(甲木) 모친에게는 고통을 주었습니다. 금국(金局)이 계묘궁(癸卯宮)을 극충(剋沖)하였으니 자녀의 손상(損傷)은 분명한 것입니다. 고로 을축년(乙丑年) 갑신월(甲申月) 큰 아들을 잃은 후 손주까지 잃은 모친이 특히 괴로워할 수 있겠다고 봅니다.

19 축미충(丑未沖)으로 미중(未中) 을목(乙木)을 얻었다

時	日	月	年	세운	대운	곤명
정재		정관	정인	정인	비견	六神
丁	**壬**	**己**	**辛**	**辛**	**壬**	天干
未	**午**	**亥**	**未**	**丑**	**寅**	地支
정관	정재	비견	정관	정관	식신	六神

▶ 사/주/분/석

이 명조는 드러난 식상(食傷)이 없고 미(未)중 을목(乙木)과 해중(亥中) 갑목(甲木)으로 식상(食傷)이 감춰져 있는 경우입니다.

그러므로 여자가 자식을 보려면 2가지 방법이 요구됩니다. 형충(刑沖)에 의한 식상(食傷)의 충출(沖出)을 요구하거나 혹은 실제로 을목(乙木)식상이 투출한 새해 운을 만나는 방법입니다. 을묘년(乙卯年), 을미년(乙未年) 등과 같은 것을 말하는 것입니다. 이렇게 식상고(食傷庫)가 투출한 해에 자식을 보게 됩니다. 만약 을묘년(乙卯年)처럼 식상고(食傷庫)의 투출(投出)이 없다면 묘고(墓庫)의 형충(刑沖)을 기다려야 합니다.

즉 형충(刑沖)으로 식상고(食傷庫)를 투출(投出)시키면 됩니다. 이게 바로 신축년(辛丑年)에 축미충(丑未沖)이죠. 축미충으로 인해 미(未)중 을목(乙木)이 충출(沖出)에 성공한 것입니다. 임수(壬水) 일간이 을목(乙木) 식상을 본 것이 되니, 이때 자식이 눈앞에 나타난 겁니다. 그러면 경자년(庚子年)에 남자를 만나야 한다는 말이 되겠죠. 기존에 남자가 있는 여자라면 신축년(辛丑年)에 자녀 출산과 잉태를 논하면 됩니다. 그러나 남자가 없는 상태라면 경자년(庚子年)에 남자를 만나게 되는 암시는 어디를 보고 알 수가 있을까요?

이건 자오충(子午沖)으로 설명을 해야 합니다. 일지궁(日支宮)을 형충(刑沖)하거나 배우자성이 동(動)해야 하는 겁니다. 이 두 가지가 동시에 보이면 틀림이 없는 겁니다. 그러므로 경자년(庚子年)엔 자오충(子午沖)으로 일지궁(日支宮)을 동(動)하게 만들었죠. 자오충(子午沖)으로 인해 오중(午中)의 기토(己土)를 얻었습니다. 기토(己土)는 정관(正官)이니 정관(正官)이 동(動)하는 운에 남자를 만나게 되는 것은 당연한 이치입니다. 여기서는 두 가지를 흡족하게 합니다. 일지(日支) 배우자궁을 충동(衝動)하므로 오중(午中) 기토(己土)를 얻었으니 곧 "경자년에 남자를 만난다"를 말해주면 됩니다. 그리고 신축년(辛丑年)에 식상(食傷) 자녀 출산의 상(像)이 보인다고 말해주면 됩니다.

▶ **근황**

임인(壬寅)대운 경자년(庚子年) 30세에 아이를 가져서 신축년(辛丑年) 31세에 아이가 태어났습니다. 참고로 명주는 미국으로 일찍 건너가서 미국에서 대학을 졸업했습니다.

▶ **핵심 키워드**

농부가 농사를 지으려면 밭과 종자가 필요하다. 자연 현상에 사람을 비유하여 자식 농사와 관련한 용어들이 만들어졌다. 즉 남자가 자식 농사를 지으려면 마찬가지로 밭과 씨앗이 필요하다는 점을 강조한다.

그러므로 비유하건대 남자에게 있어서는 밭은 여자가 되고 씨앗은 정자(精子)가 된다. 그래서 명리에서는 여자를 밭이라 생각하여 재성(財星)밭으로 보았고 씨앗을 관성(官星)으로 보았던 것이다. 그러니 재성(財星)과 관성(官星)운에 남자는 자식을 갖게 되는 이치이다.

그렇다면 여자는 어떠할까? 여자도 자식 농사를 지으려면 밭과 씨앗이 필요한 것이다. 여자의 밭은 자궁(子宮)이고 씨앗은 관성이 되는 것이다. 고로 명리에서는 여자의 생식기인 자궁(子宮)을 식상으로 본 것이고 남자를 관성으로 보았다. 따라서 여자는 식상운과 관성운에 자식을 잉태할 수가 있다는 이론적 배경이 나오는 것이다.

20 병술(丙戌)이 상관이면 예체능 혹은 기술 직으로 가는 것이 좋다

時	日	月	年	세운16	곤명
비견		정관	상관	편관	六神
乙	乙	庚	丙	辛	天干
酉	亥	寅	戌	丑	地支
편관	정인	겁재	정재	편재	六神

▶ 사/주/분/석

용신(用神)이 직업 환경이 된다는 점에서 보면 일단 특목고 진학을 했다는 사실은 용신인 병화(丙火) 상관(傷官)의 길로 갔다는 증거가 됩니다. 상관은 특수기술에 해당하므로 특목고가 되는 것이기 때문입니다. 그래서 이 사주는 인중(寅中) 병화(丙火)가 투출한 구조이므로 상관격(傷官格)을 구성합니다.

그런데 월간에 경금(庚金)은 정관이 놓여 있으므로 상관견관(傷官見官)이 된 구조가 됩니다. 이 사람의 상관견관(傷官見官)은 상관이 정관을 능멸하는 직업의 상의(象意)를 가진 겁니다. 즉 정상적인 상하관계로 이루어진 직업은 어려우므로 기술을 갖지 않으면 힘든 삶이 됩니다. 만약, 인문(人文)로 진학한다면 자격증을 취득해 강사, 선생님, 행정직도 적합합니다. 그렇지 않으면 어려워집니다. 왜냐하면 병술(丙戌)은 동주고(同柱庫)이니 병화(丙火)가 위태롭죠.

그래서 자격증을 얻어야 살 수 있습니다. 현재 대운이 해자축(亥子丑) 북방수(北方水)이니 병화 상관(傷官)이 약해져서 일단 목화통명(木火通明)은 어렵다고 보는데 이 명조는 목화통명이 수(水)기운에 의해 차단되니 정신문명 쪽은 어렵습니다. 그럼 이과, 기술(技術), 예체능 쪽으로 가야 합니다. 또한 신축년(辛丑年)에 축술형(丑戌刑)하면 병신합거(丙辛合去)가 된 병화(丙火)가 입고(入庫) 됩니다. 용신(用神)입고(入庫) 운에 시험은 합격이 어렵습니다.

21 겁살 자식이 기신(忌神)이 되면 자식으로 인해 속을 앓는다

時	日	月	年	곤명
정관		정재	정인	六神
丁	庚	乙	己	天干
亥	戌	亥	酉	地支
식신	편인	식신	겁재	六神
겁살		겁살		신살
역마		역마		

▶ 사/주/분/석

해중(亥中)에서 을목(乙木)이 투간하였으므로 재격(財格)이고 조후가 되는 정화(丁火)가 상신(相神)이 됩니다. 그러므로 정재용관(正財用官)을 구성합니다. 그러면 정관(正官)은 희신(喜神)이 되는데 정관을 극하는 해수(亥水)는 기신(忌神)이 되는 겁니다. 그런데 해수(亥水)는 식신(食神)으로 자녀가 됩니다. 또한 해수(亥水)는 년지(年支)를 기준으로 해서 보면 역마(驛馬)가 되고 일지(日支)를 기준으로 보면 겁살(劫殺)에 해당합니다. 즉, 겁살(劫殺) 자식(子息)이 기신(忌神)이 되면 모친 속을 섞이게 됩니다. 특히 을해(乙亥)의 상(像)은 겁살자녀가 머리에 재물을 이고 있는 상(像)이 됩니다.

일단 겁살이 발동(發動)하면 재물이 털린다는 것을 암시합니다. 그게 경자년(庚子年)이죠. 을경(乙庚)합거로 모친 재물을 탈재(奪財)해 갑니다. 신축년(辛丑年)에 을신충(乙辛沖)합니다. 신축년(辛丑年)이면 금(金)의 동주고죠. 일간 입고(入庫)의 상이 됩니다. 즉 간히는 해가 되므로 구속될 수 있습니다.

▶ 근황

경자년(庚子年)에 딸이 마약사범으로 구속되어 10월 실형선고를 받고, 항소하여 신축년 2월 법원 판결 예정으로, 딸의 직업은 모델입니다.

22 흉신를 충극하면 왕신충발로 해당되는 육친에 재앙이 있게 된다

時	日	月	年	곤명
정인		상관	상관	六神
庚	癸	甲	甲	天干
申	巳	戌	寅	地支
정인	정재	정관	상관	六神

▶ 사/주/분/석

시주(時柱)에 인수(印綬)가 간여지동(干與之同)으로 놓이면 편인(偏印)의 성정(性情)을 보이므로 년월(年月)에 있는 식상(食傷)을 극하게 됩니다. 년월(年月)의 상관(傷官)은 나에게 있어 자식성(子息星)에 해당합니다.

그러므로 자식궁(子息宮)에 편인(偏印)이 놓인 것이므로 자식이 들어서질 못하게 하는 것입니다. 또한 상관이 중중(重重)하므로 상관이 크게 왕성(旺盛)하여 흉신(凶神)을 만들었으므로 만약 갑경충(甲庚沖)을 하면 도리어 왕신충발(旺神沖發)이 일어날 수 있습니다. 이 명조에서는 갑목(甲木) 상관(傷官)은 중중(重重)하여 흉신(凶神)이 되어 있다는 사실을 알아야 합니다. 이러한 흉신(凶神)을 충극(沖剋)하면 도리어 재앙(災殃)이 될 수 있는 것입니다. 또한 상관(傷官) 중중(重重)한데 갑경충(甲庚沖)이고 사술(巳戌)원진(元嗔)이므로 상관부진(傷官不盡)에 해당합니다. 상관부진(傷官不盡)이면 정관(正官)을 극하게 되어 남편(男便)의 정기(精氣)가 손상을 당할 수 있습니다.

아이를 얻었지만 정상적일 수가 없는 것입니다. 고로 상관(傷官)은 흉신(凶神)으로 변질이 되었고 남편의 술토(戌土) 기(氣)는 손상을 당하였고 자식궁에는 인수가 식상을 극하여 밖으로 내 쫓는 상(像)이므로 자식이 생기기가 힘든 구조가 됩니다. 두 번 유산하고는 스트레스와 우울증으로 인해 약을 복용하고 있습니다.

23 장생지에 의지하는 천간, 지지를 형충 (刑沖)하면 위태롭다

時	日	月	年	건명
정관		정재	정관	六神
甲	己	壬	甲	天干
戌	巳	申	戌	地支
겁재	정인	상관	겁재	六神

▶ 사/주/분/석

이 명조는 년간(年干)에 갑목(甲木) 정관(正官)이 투간하였는데 시간(時干)에도 갑목(甲木) 정관(正官)이 투간하였습니다.

그런데 월지(月支)의 신월(申月)은 갑목에게는 절지(絶地)에 해당하므로 정관(正官) 이위(二位)의 상(像)이 분명합니다. 자식(子息)의 이위(二位)에서는 첫 번째의 자식은 인연이 없고 두 번째에 만나는 자식에게 인연이 있다는 사실이 분명합니다.

그러므로 갑목(甲木)에게는 절처봉생(絶處逢生)이 시급한 팔자가 되었습니다. 절처봉생(絶處逢生)이라 함은 갑목(甲木)이 금(金)에 의해 피상(彼傷)을 당할 우려가 있는데 임수(壬水)로 인해 금생수(金生水), 수생목(水生木)으로 통관(通官)이 되면 살 수가 있다는 뜻이 됩니다.

고로 월간의 임수(壬水) 정재는 곧 나의 처성(妻星)이 되는데 정관 자식에게는 귀한 존재가 되는 육친이 됩니다. 그런데 신금(申金)이 역마(驛馬)이고 임신(壬申) 장생(長生)지의 처성(妻星)이 놓인 겁니다.

【적천수】에서 말하기를 장생지에 전적으로 의지하는 천간의 지지를 형충 (刑沖)하면 위태롭다고 하였습니다. 고로 이 장생을 충극하는 사신형(巳申刑) 이 된 임수(壬水)의 입지(立地)는 상당히 위태롭다고 봐야 할 것입니다.

그러므로 신축년(辛丑年)에 축술형(丑戌刑)이 되면 사신형(巳申刑)을 충극(沖剋) 하므로 임수(壬水)가 흔들리는 상황인데 축술형(丑戌刑)으로 술(戌)중의 정화 (丁火)가 충출(沖出)하였은 즉, 정임(丁壬)합거(合去)가 되면 임수(壬水)와 정화 (丁火)가 제거가 될 수 있습니다. 임수(壬水) 제거(除去)시에는 처성(妻星)이 사 라지는 해가 되므로 처(妻)에게 사건이 발생하게 되는 것입니다.

▶ 근황
신축년(辛丑) 무술(戊戌)월에 태중(胎中)의 아이와 부인이 모두 사망하였다.

▶ 핵심키워드
【적천수】에서 말하기를 병인(丙寅), 무인(戊寅), 정유(丁酉), 임신(壬申), 계묘(癸 卯), 기유(己酉)는 모두 장생(長)일주이다. 이와 같은 것들은 일주가 쇠약한 데 충을 만나게 되면 곧 뿌리가 뽑히게 되어 재화(災禍)가 더욱 심한 것이다. 곧 지지가 장생궁에 의지하는 천간은 충극에 허약하다는 뜻을 밝히고 있는 것이다.

24 내 팔자에 자식의 묘고지(墓庫地)가 즐비하다

時	日	月	年	곤명
상관		편인	편관	六神
甲	癸	辛	己	天干
寅	未	未	未	地支
상관	편관	편관	편관	六神

▶ 사/주/분/석

이 명조는 년월일지(年月日地)에 관살(官殺)이 놓여 있는데 미토(未土) 편관은 갑인(甲寅) 상관(傷官)의 식상고(食傷庫)가 됩니다. 상관의 고지(庫地)가 3개나 즐비한데 모두 인미(寅未) 귀문(鬼門)으로 연결이 된 구조이므로 이것은 곧 자식 문제가 큽니다.

왜냐하면 미토(未土)가 자식의 고지(庫地)가 되기 때문인데 특히 10년간을 사귀면서 낙태(落胎)의 경험이 있을 수 있습니다. 여자 명조로 상관의 입고처를 가지게 되면 자식으로 인한 고통을 경험할 수 있다는 점은 낙태에 의한 고충이 될 수 있다는 사실입니다. 특히 자식을 낳더라도 유산(流産)의 가능성이 높을 것이고 혹 나이 들어 출산하게 되면 장애아(障礙兒)의 운명도 부정(不定)하기 어렵게 됩니다.

▶ 근황

연애만 10년간 하다가 45세 을해(乙亥)대운 계묘(癸卯)년 5월에 결혼했습니다.

25 제살태과(制殺太過)명인데 오묘파살(午卯破殺)이 일어난다

時	日	月	年	세운32	대운14	건명
상관		편인	겁재	비견	상관	六神
庚	己	丁	戊	己	庚	天干
午	卯	巳	申	卯	申	地支
편인	편관	인수	상관	편관	상관	六神

▶ 사/주/분/석

묘목(卯木)이 화다관설(火多官泄)이고 식상제살(食傷制殺)이니 제살태과(制殺太過)명입니다. 고로 오묘파(午卯破)가 작동하면 자식(子息)의 손상(損傷)이 있습니다. 즉, 경신(庚申)운에 제살태과(制殺太過)운을 만났는데 결과 오묘파(午卯破) 작동하였습니다. 기묘년(己卯年)에 묘목(卯木)이 일지궁(日支宮) 묘목(卯木)과 만나 묘묘(卯卯)가 동(動)하니 관(官)을 취해 자식을 얻을 수가 있었는데 그 시기가 7월, 8월, 9월이니 늦어도 9월 달까지 얻을 수가 있습니다. 다만 묘(卯)가 이동하여 오화(午火)에 이르면 오묘파살(午卯破殺)이 일어나는데 병자(丙子)월(月)에 자오충(子午沖)이 됩니다. 고로 원국에 무재성(無財星)인데 충극(沖剋)을 당하는 재성(財星)이 등장하면 위태롭다고 합니다. 곧 자수(子水) 편재(偏財)는 외톨이라 충극하면 파괴되고, 재성(財星)손상(損傷)으로 이어지므로 수명을 관장하는 재성의 파괴로 일간의 요절(夭折)운이 됩니다. 시기는 오화(午火) 시지(時支)는 근묘화실에서 보면 10월, 11월, 12월에 해당하니 자오충(子午沖)이 일어나는 시기는 늦어도 12월 안에 발생하게 됩니다.

▶ 근황 부부간의 정(情)은 좋은데 경신운을 만나면서 자식만 나면 죽고 6남매(4남2녀)를 낳아서 모두 실패를 하다가, 기묘년(己卯年 1939년) 9월 14일에 생남(生男)하고 기묘년 병자월 12월 30일에 사망하였다.

26 자녀궁(子女宮)과 자녀성(子女星)이 묘고(墓庫)에 해당하면 자녀의 유산(流産)이 있을 수 있다

時	日	月	年	곤명
겁재		비견	정재	六神
乙	甲	甲	己	天干
丑	申	戌	酉	地支
정재	편관	편재	정관	六神
화개	지살		도화	신 살

▶ 사/주/분/석

궁성법(宮星法)으로 자녀궁(子女宮)에 자녀성(子女星)을 배치(配置)해 보면 자녀(子女)의 유무(有無)와 자식의 성공(成功) 여부(與否)를 예측할 수 있습니다.

이 팔자는 술(戌)중의 정화(丁火) 상관(傷官)이 자녀성(子女星)에 해당됩니다. 즉 이 명조는 식상고(食傷庫)를 가진 팔자입니다. 그런데 식상고(食傷庫)를 가진 여명(女命)은 자식운이 불길(不吉)하다고 말을 하였는데 또한 시지(時支)의 축토(丑土)는 정화(丁火)의 묘지(墓地)가 되어 있습니다. 이것으로 미루어 자녀의 유산(流産), 낙태(落胎)를 예측할 수 있게 됩니다. 왜냐하면 식상고(食傷庫)에 숨어 있는 정화(丁火) 자녀성(子女星)은 축토(丑土)가 그 무덤지가 되기 때문입니다. 즉 화개(華蓋)로 둘러 쌓인 축토(丑土) 자녀궁(子女宮)이 식상고(食傷庫)를 만난 것이므로 유산(流産)이 있을 수 있다고 추측하는 것입니다.

그러므로 이 사주의 주인은 16세부터 남자로 인해 불법적으로 돈을 벌다가 그 와중에 만난 남자친구의 범죄 공모로 인해 감옥에 갔습니다.

그 후 나이가 들어 새로운 남자를 만났지만 부인병이 들어 자식은 없었다고 합니다.

27 비견분재의 상과 자식을 극자(剋子)하는 상(像)을 가진 사주

時	日	月	年	세운52	대운48	건명
정인	비견	정인	비견	정재		六神
癸	甲	甲	癸	甲	己	天干
酉	午	寅	丑	辰	酉	地支
정관	상관	비견	정재	편재	정관	六神

▶ 사/주/분/석

일간이 갑목(甲木)인데 갑인(甲寅)월주(月柱)이므로 비견(比肩)이 강하여 분재(分財) 사주에 해당합니다. 년지(年支) 축(丑)중의 기토(己土) 정재(正財)가 첫 째 부인이 되고 일지(日支)의 오중(午中) 기토(己土) 정재(正財)가 두 번째 부인이 됩니다. 그런데 이 기토(己土)가 투간하게 되면 월간(月干)의 갑목(甲木)이 선합(先合)에 의해 갑기합거(甲己合去)로 채 가는 것입니다. 이것은 비견(比肩)의 저승사자를 둔 팔자이므로 내 처와는 해로(偕老)가 쉽지 않은 것이죠. 또한 일지궁(日支宮)의 축오(丑午) 귀문(鬼門)과 탕화(湯火)도 작용하고 일지 오화는 유금을 상관견관(傷官見官)하기 때문입니다.

이것은 일지 처궁(妻宮)에 상관(傷官)이 놓이므로 정관(正官)을 극하니 내 처궁(妻宮)에서 자식궁(子息宮)에 놓인 자녀성(子女星) 유금(酉金)을 상관견관(傷官見官)하는 것이니 극자(剋子)하는 팔자가 됩니다. 고로 비견분재(比肩分財)의 상(像)과 자식(食)을 극자(剋子)하는 상(像)을 가진 연고로 아내와 이별하고 자식은 두기 어려운 것입니다. 현재 기유(己酉)대운이므로 갑기합반(甲己合絆)의 상태이므로 내 정처(正妻)를 비견(比肩) 월간(月干)에게 빼앗긴 상태입니다 그러므로 이 5년간은 어쩔 도리가 없는 겁니다. [48세에서 52세]

현재 수도권에서 서울까지 출퇴근하며 부모와 거주하고 있습니다.

28 상관을 극충하니 탄(呑)이 되어 불구자식이 있었다

時	日	月	年	곤명
겁재		정인	정관	六神
壬	**癸**	**庚**	**戊**	天干
戌	**酉**	**申**	**寅**	地支
정관	편인	정인	상관	六神
辛 丁 戊	庚 辛	戊 壬 庚	戊 丙 甲	支 裝 干

▶ 사/주/분/석

편인(偏印)이 식신(食神)을 도식(倒食)하면 탄(呑)이라고 하여 자식을 극하게 됩니다. 그러므로 이 명조는 일지(日支)의 편인(偏印)과 월지(月支)의 정인(正印)이 합세(合勢)하여 년지(年支)의 상관(傷官)을 극충(剋沖)하였는바, 편인(偏印)의 원진(元嗔)과 정인(正印)의 인신충(寅申沖)은 효인(梟印)으로 보아 마땅할 것 같습니다.

효인(梟印)의 구성이 되면 비록 상관(傷官)이더라도 식신(食神)처럼 보면 됩니다. 그러므로 사주 중에서 탄(呑)의 구성이 되면 산액(産額) 질고(疾苦)와 무자(無子)의 고통이 따른다고 하였고 혹 자식이 없거나 혹 있어도 불구 장애자가 있을 수가 있습니다.

또는 매우 가난하게 살다가 죽는다고도 하였는데 이러한 명조가 해당이 될 수 있습니다. 그러므로 이 명조는 여자 분이므로 계수(癸水)의 자녀는 인목(寅木)이고 경신(庚申)과 유금(酉金)에 둘러싸여 있습니다.

그런데 인중(寅中)의 갑목(甲木)은 12운성으로 살펴보면 신금(申金)은 절지(絶地)이고 유금(酉金)은 태지(胎地)이니 나의 자식은 절태지(絶胎地)에 놓여 있는 상황입니다. 그런데 인신충(寅申沖)하고 인유(寅酉)원진(元嗔)이므로 그 자식은 온전하지 못할 것으로 짐작할 수 있습니다.

또한 무인(戊寅)의 남편이 낳은 자식과 임술(壬戌)의 남편은 다르므로 관성(官星) 이위(二位)의 상(像)을 보이기도 하니 남편 관계에서도 해로(偕老)한다고 장담을 못하는 이유입니다. 비록 두 번의 결혼을 하지 않는다고 하더라도 운명에서 만나는 두 번째의 남자는 임술(壬戌)이 될 수 있는데 임수(壬水)는 겁재이므로 나와 경쟁관계에 놓인 여자가 앉아 있는 자리가 정관이므로 이 남자는 유부남이거나 혹은 이혼한 남자일 수 있지만 역시 임술(壬戌)은 백호살(白虎殺)이며 상천(相穿)에 걸려 있어서 만남이 오래 가지 못하게 됩니다.

▶ 근황

정(丁)대운에 그녀의 자식을 출산했지만 불구(不具)이며 가난하고 파란이 많았습니다.

29 도화(桃花)를 통해 얻은 홍염(紅艶)자식이라 내 자녀가 아니구나

時	日	月	年	곤명
편관		정재	정재	六神
庚	甲	己	己	天干
午	午	巳	巳	地支
상관	상관	식신	식신	六神
도화 홍염	도화 홍염	지살	망신	신살

▶ 사/주/분/석

이 사주는 지지가 전부 식상관(食傷官)으로 구성이 되었는데 식상(食傷)이 모두 불구덩이라 경금(庚金)은 제살태과(制殺太過)로 녹은 흔적이 여실(如實)합니다. 그런데 기토(己土)가 재성(財星)이니 통관(通觀)을 희망해 보겠지만 갑기합(甲己合)이라 통관(通觀)보다는 합관(合官)이 됩니다. 곧 탐합망생(貪合亡生)입니다.

무슨 말인가 하면 기토(己土)가 일간 갑목(甲木)과 합하려는 마음에 경금(庚金)을 생조하는 사명을 망각(妄覺)하는 것입니다. 고로 이 경금(庚金)이라는 남자는 내가 결혼을 전제로 만나는 이성이 아니라 접객(接客) 행위 등의 업소에서 만나는 손님으로 보는 것이 맞습니다. 곧 내 남자는 객실(客室)에서 쉬러 오는 손님이고 시집을 가서 안방에 오래 동안 함께 할 배우자는 아니라는 뜻이기도 합니다. 그러므로 이런 사주는 식상태과(食傷太過)로 인해 유산(流産) 혹은 낙태(落胎)가 있을 수 있습니다. 특별한 점은 팔자에 내 자녀가 즐비하다는 점입니다. 사주 구성에 있어서 식상(食傷)은 자녀를 말하는바, 나의 자녀가 사주에서 많다는 점은 곧 자녀가 없다는 뜻도 됩니다.

더구나 오화(午火)가 도화(桃花)인데 홍염(紅艶)까지 차고 있으니 도화(桃花) 중중(重重)으로 얻은 홍염(紅艶) 자식이라 내가 정상적으로 결혼하여 얻을 수 있는 자식들은 아닙니다.

이러한 자녀들을 비정상적으로 보는 또 다른 이유는 경오(庚午)는 동주욕(同住慾)이고 홍염도화로 인해 만나는 남자가 되는데 화마(火魔)에 의해 경금(庚金)이 흘려 내린 흉상(凶像)이므로 내가 만나는 남자들은 모두 접객(接客) 업소에서 만나는 손님들이 되는 것입니다. 그러므로 이 경금(庚金)은 남의 자식을 가진 유부남을 말할 수가 있습니다.

▶ **근황**

미혼녀인데 남자 손님을 상대로 하는 접객 업종에서 일을 한다. 저축을 많이 해 두었다.

30 내 아이 사주에 부친(父親) 매금(埋金)의 동태(動態)가 나타난다

時	日	月	年	건명
식신		정관	상관	六神
己	**丁**	**壬**	**戊**	天干
酉	**酉**	**戌**	**戌**	地支
편재	편재	상관	상관	六神

▶ 사/주/분/석

이 명조에서는 유금(酉金)이 편재(編財)이므로 나의 부친성(父親星)에 해당합니다. 그런데 유유(酉酉)형살(刑殺)을 놓은 것이므로 부친은 두 분이 분명하네요. 유유(酉酉)형살(刑殺)은 부친에 의한 불길함은 느껴지는데 이 사주는 진상관(眞傷官)으로 식상관(食傷官)이 많은 팔자가 되므로 조모(祖母)의 활동이 왕성하다는 점입니다. 그런데 상관(傷官)이 조모(祖母)에 해당하니까 그 부친(父親)은 매금(埋金)의 상(像)을 보이고 있습니다. 따라서 금(金)이 매금(埋金)되거나 파묻히거나 토(土) 속에 의지하려는 경향으로 보아 부친(父親)은 조모(祖母)의 영향을 많이 받는다고 볼 수도 있겠네요. 따라서 모친은 조모에 휘둘리는 부친으로 인해 어느 정도의 고충(苦衷) 호소(呼訴)는 불가피한 것입니다.

▶ 근황

이 사주의 주인공은 모친이 두 번째 만난 남편과 사이에서 낳은 7세 아이입니다. 그런데 두 번째 남편과도 이혼 소송을 준비 중입니다. 이혼하려는 이유는 남편이 마마보이 성향이 강하여 여러 가지 부부갈등을 겪고 있다고 합니다.

31 식상고(食傷庫)의 남자가 탄(呑)을 구성한 즉, 유산(流産) 후에 도망가는 상(像)이다

時	日	月	年	세운40	대운33	곤명
정재		편인	식신	상관	식신	六神
丙	癸	辛	乙	甲	乙	天干
辰	未	巳	巳	申	酉	地支
정관	편관	정재	정재	인수	편인	六神
천살	월살 화개	지살	역마	겁살	재살	신살

▶ 사/주/분/석

이 사주는 일지(日支)와 월지(月支)의 정편관(正編官)이 혼잡한 상황에서 재왕생살(財旺生殺)이 되었는데 천간은 을신충거(乙辛沖去)가 된 구조입니다.

이런 사주는 남자들은 나에게서 돈과 재물을 기대하나 정편관(正編官) 혼잡(混雜)에서는 오히려 나의 속을 썩인다고 보는 겁니다. 또한, 식신(食神)은 일지에 식상고(食傷庫)인데 역마(驛馬), 지살(地殺)에 앉은 자식이고 또한 편인도식(編印到食)으로 탄(呑)을 구성하니 자식과는 인연이 깊지 않아 생리불순으로 나타납니다. 그러므로 이 사주는 자식에 대한 위태로움이 존재하는 명조가 됩니다. 그 이유는 정편관(正編官)을 재왕생살(財旺生殺)하는 까닭으로 남자들이 혼재(混在)한 가운데 식신이 탄(呑)을 구성한 즉, 생리불순으로 자식이 들어서지 않는 연고입니다. 이것은 미토(未土) 남자가 자식의 을목(乙木)고지(庫地)에 해당되기 때문인데 자식의 묘지를 가진 남자들 이므로 자식을 유산시키고 달아나는 상(像)이 됩니다.

▶ 근황

첫 결혼에 실패하고 총각과 연애 중 갑신(甲申)년에 총각이 달아나서 충격으로 정신병원에서 치료받고 있습니다.

32 금수식신희견관(金水食神喜見官)에서 정관 손상(正官損傷)이 크면 자식이 요절한다

時	日	月	年	대운26	건명
편인		겁재	식신	편재	六神
戊	庚	辛	壬	甲	天干
寅	午	亥	辰	寅	地支
편재	정관	식신	편인	편재	六神

▶ 사/주/분/석

이 명조는 경금(庚金)일간이 해(亥)중에서 임수(壬水)가 투출하였으므로 수(水)가 용신인데 식신격(食神格)이 됩니다.

그러므로 겨울철의 금(金)은 동결(凍結)이 되면 그 생의(生意)를 잃어 죽게 되므로 일단 정관이라도 보아 생의(生意)를 회복시키는 것이 급선무가 됩니다. 고로 금수식신희견관(金水食神喜見官)이 된 구조입니다. 따라서 이 사주는 정관 오화가 조후로써 큰 기대감을 내포하였는데 오해암합이 되면 정관(正官) 손상(損傷)은 이미 원국에 존재하는 것으로 다시 대, 세운에서 그 정도가 심하면 국을 파손할 수 있습니다.

특히 오해(午亥)암합(暗合)이 된 구조에서는 오중(午中) 정화(丁火)가 해중(亥中) 임수(壬水)에 의해 합극(合剋) 당하는 취상(取像)인데 다시 년간(年干)에 임수(壬水)가 투간(透干)하였으니 재차 명암합(明暗合)으로 합극(合剋)을 보이게 됩니다. 이것은 정관의 손상 정도가 이미 도를 넘어섰다고 보면 됩니다.

그러므로 이 사주는 육친법상으로 자식에 관련된 사건이 발생하게 됩니다. 특히 년간(年干)의 임수(壬水)는 정화(丁火)를 합거(合去)하는 저승사자가 존재하는 구조인데 정화(丁火)가 피상되어 있는 가운데 합거(合去)가 되는 것이라 자식의 요절(夭折)도 있을 수 있습니다. 가능한 시점은 유추(類推)하기를 갑인(甲寅)대운 중에 신유년(辛酉年)부터 갑자년(甲子年) 33세를 넘길 수가 없습니다. 원국에서 이미 피상(被傷)이 된 정관을 다시 자오충(子午沖)으로 오화(午火)를 충거하면 희견관(喜見官)이 된 구조가 파국(破局)이 분명한 것입니다. 이 때 오중(午中) 정화(丁火)가 충출(沖出)하여 정임(丁壬)합거(合去)로 제거가 되기 때문입니다. 그런데 수왕(水旺)한 바, 익사(溺死)할 수도 있었는데 연탄가스 중독은 어디를 보면 알 수 있을까요. 이런 경우는 수왕(水旺)이 목(木)을 부목(浮木)시키면 곧 유랑(流浪)팔자요, 화(火)를 극하여 전소(全燒)시키면 질식(窒息)의 운명이니, 곧 불이 꺼지면서 연기가 일어나 흡연(吸煙)에 의한 질식사(窒息死)가 사망의 주된 요인(要因)임을 알게 해주는 것입니다.

▶ 근황

갑인(甲寅)대운 중에 연탄가스 질식으로 아들이 사망하였다. 처와 자식 둘이 연탄가스로 질식하였는데 아들은 깨어나지를 못했다. 뿐만 아니라 경제적인 손실도 막대했는데 병원비로 집도 처분하였다고 한다.

5부

고부(姑婦) 갈등(葛藤)

01 시모(媤母)와 남편(男便)이 작당(作黨)하여 일간을 공격한다

時	日	月	年	곤명
정관		편관	상관	六神
辛	**甲**	**庚**	**丁**	天干
未	**辰**	**戌**	**巳**	地支
정재	편재	편재	식신	六神
丁 乙 己	乙 癸 戊	辛 丁 戊	戊 庚 丙	支 裝 干

▶ 사/주/분/석

이 명조는 월간에는 편관(編官)이고 시간(時干)에는 정관(正官)이 투간한 상황
이므로 관성(官星) 이위(二位)의 상(像)이 분명합니다. 고로 부부(夫婦) 이별(離
別)의 상(像)을 보이고 있습니다.

그런데 일지 배우자궁에는 편재(偏財)가 안착(安着)하였는데 곧 시모(媤母)가
부부 내실(內室)에 들락날락한다고 판단하는 것입니다. 그리고 편재(偏財)가
월지궁(月地宮)도 장악(帳幄)하여 진술충(辰戌沖)하여 서로 밀어내므로 내 가
정궁을 파탄(破綻)나게 만들고 있습니다. 고로 이 사주는 지지의 편재(偏財)
와 정재(正財)가 태왕(太旺)한 즉, 편재(偏財)는 곧 병재(病財)로 작용하는 바,
시모(媤母)는 나에게 고충(苦衷)을 줄 수 있는 요인(要因)이 매우 큰 것입니다.
남편의 정(情)이 병재(病財)에서 나오게 되면 이것은 재생관(財生官)이라고 하
더라도 곧 재왕생살(財旺生殺)하는 구조가 되어 편재(偏財)와 편관(編官)이 무
리를 짓고 일간을 공격한다고 말한 부건파처(夫健怕妻)에 해당하는 것이 됩
니다.

즉 남편(男便)과 시모(媤母)가 당(黨)을 지어 일간을 공격하는 것을 말하는 것입니다.

▶ 근황
고부(姑婦)가 갈등하는데 남편(男便)이 시모(媤母)편을 든다.

▶ 핵심키워드
부건파처(夫健怕妻)라 하는 것은 일주도 건왕(健旺)하고 재(財)도 건왕(健旺)한데 그 재(財)가 관살(官殺)을 생하여 그 재(財)가 두렵다는 뜻입니다.

여기서 말하는 부처(夫妻)란 지아비와 아내를 말함이니 곧 남자 일간에 재(財)가 왕(旺)하여 있는데 그 재(財)가 관살(官殺)을 생(生)하여 재당생살(財黨生殺)로 무리를 지어 나를 공격(攻擊)해 오기 때문에 두려워하는 것입니다.

따라서 남자에게만 부건파처(夫健怕妻)가 해당되는 것이 아니라 만약 일간이 여자라면 재당생살(財黨生殺)하는 무리는 편재(偏財)와 칠살(七殺)이 되는 것이므로 곧 남편(男便)과 시모(媤母)가 작당(作黨)하여 일간을 공격한다고 말하는 것입니다.

02 시모(媤母)와 모친(母親)의 정계충이니 시모가 친정을 무시하였다

時	日	月	年	곤명
인수		편관	겁재	六神
丙	**己**	**乙**	**戊**	天干
寅	**亥**	**丑**	**午**	地支
정관	정재	비견	편인	六神

▶ 사/주/분/석

축(丑) 중의 계수(癸水) 편재(偏財)가 시모(媤母)가 되는데 년지(年支)의 오화(午火) 편인(偏印)과 축오(丑午) 귀문(鬼門)이 걸려 있는 상황입니다. 그런데 축오(丑午) 귀문(鬼門) 내부에서는 축(丑)중의 계수(癸水)와 오중(午中)의 정화(丁火)가 정계충(丁癸沖)으로 다투고 있는 것이므로 이것은 나의 모친(母親)과 시모(媤母)가 싸우는 형국이 됩니다.

그러나 실제로는 시모(媤母)와 모친(母親)이 서로 만나 싸울 수는 없으므로 이건 고부 갈등의 다른 표현이라 보시면 됩니다. 나의 모친은 시간(時干)의 병화(丙火) 인수(印綬)에 인종(引從)이 되는 것이므로 모친(母親)과 시모(媤母)가 다투는 상이 보였을 것입니다. 이것은 시모가 일종의 며느리의 친정에 대한 불만의 표현이라고 보면 됩니다. 조부궁(祖父宮)에서 작용하는 원진(元嗔)의 힘으로 인해 계수(癸水) 편재(偏財) 시모(媤母)는 늘 친정을 무시하니 이 축오(丑午) 귀문(鬼門)이 해당되는 육친(六親)의 결과물로 고부갈등이 일어나기도 합니다. 또한 월간의 을목(乙木) 편관(編官)과 시지(時支)의 인목(寅木) 정관(正官)은 정편관(正編官) 이위(二位)로 보이므로 부부이별수도 있다는 점인데 시모(媤母)의 고부갈등으로 이별할 수 있다는 추리도 가능해집니다.

▶ 근황

임술운에 시아버지 별세 후 고부간 갈등을 겪고 있습니다.

03 편재가 병재(病財)가 되면 시모(媤母)와 불화(不和)가 많다

時	日	月	年	곤명
상관		비견	편재	六神
戊	丁	丁	辛	天干
申	酉	酉	亥	地支
정재	편재	편재	정관	六神

▶ 사/주/분/석

이 사주에서 고부(姑婦)갈등을 알 수 있는 대목은 어디에서 찾을 수가 있을까요. 여자의 경우에는 편재(偏財)는 어려서는 부친(父親)이 되고 성가(成家)해서는 시모(媤母)에 해당합니다. 고로 이 사주처럼 편재(偏財) 태왕(太旺)하다면 반드시 시모(媤母)와 불화(不和)가 일어날 수 있습니다. 이것은 편재(偏財) 태과(太過)로 인해 그의 재성은 병재(病財)로 변하는 경우입니다.

병재(病財)가 된 육친(六親)은 해롭게 되는데 일간이 사절(死絶)이 많으면 도박, 투기로 인해 파가(破家)할 수 있고 혹은 편재(偏財)의 잘못된 투자로 사업 실패, 혹은 재물이 흩어지는 고충을 경험할 수 있습니다. 또한, 시모(媤母)와도 대립하는 것이니 이것은 편재가 병재(病財)로 작용하기 때문입니다.

또 일반 재성이 재생관(財生官)한다면 나는 남편의 덕(德)을 의심하지 않겠지만 만약 병재(病財)가 재생관(財生官)이 되면 이것은 시모(媤母)가 며느리의 단점을 일방적으로 아들에게 전달한다고 보는 것입니다. 고로 남편이 시모(媤母)의 편을 들고 있음도 알 수가 있습니다. 따라서 병재(病財)를 가진 남자는 여자로 인한 편재살(偏財殺)을 주의해야 하고 사업 부진이 예상이 되므로 직장생활을 권장합니다. 또한 여자는 그 부친의 건강 위해(危害)와 시모(媤母)의 불화를 슬기롭게 헤쳐 나가야 할 것입니다.

04 인신충으로 재성역마(財星驛馬)가 발동하여 처(妻)는 집을 떠났다

時	日	月	年	건명
정재		인수	정재	六神
庚	**丁**	**甲**	**庚**	天干
子	**酉**	**申**	**寅**	地支
편관	편재	정재	인수	六神
		역마		신살

▶ 사/주/분/석

무릇 사주팔자에서 인수(印綬)는 모친(母親)에 해당하고 정재(正財)는 처성(妻星)에 해당합니다. 그런데 이 명조는 년간(年干)의 재성(財星)과 시간(時干)의 재성(財星) 투출로 인해 재성(財星) 이위(二位)의 상(像)을 보이고 있습니다.

그러면서 인신충(寅申沖)과 갑경충(甲庚沖)을 하는 가운데 재성(財星) 역마(驛馬)가 발동(發動)한 경우이므로 처(本)와는 한 번 이혼해야 하는 팔자가 됩니다. 이것은 인목(寅木) 인수(印綬)가 정재(正財) 신금(申金)을 역마충(驛馬沖)한 것이므로 모친으로 인한 고부갈등이 주요 원인임을 알게 해줍니다. 또한 경인(庚寅)은 절각(折脚)의 상(像)이므로 시모(媤母)에 앉아 있는 아내는 좌불안석(坐不安席)이고 갑신(甲申)도 절각(折脚)이니 처성(妻星)에 앉아 있는 시모(媤母)도 좌불안석(坐不安席)이 되는 셈입니다. 이런 가운데 인신충거(寅申沖去)로 서로 밀어 내는 중에 역마(驛馬)가 발동하였으니 재성 역마가 집을 떠난 경우가 됩니다.

▶ 근황

고부갈등으로 2번을 이혼하였다. 그런데 첫 번째 부인을 정말 사랑했으므로 첫째 부인과 다시 재결합 할 수 있는지를 알고 싶어 한다.

05 식신제살(食神制殺)에서는 제살(制殺)을 방해하는 시모(媤母)가 불화의 원인이 된다

時	日	月	年	곤명
상관		식신	식신	六神
丙	**乙**	**丁**	**丁**	天干
子	**酉**	**未**	**卯**	地支
편인	편관	편재	비견	六神

▶ 사/주/분/석

보통 편재(偏財)가 편관(編官)을 보고 재생살(財生殺)을 하게 되면 두 가지 중 하나의 문제가 발생하게 됩니다. 첫째로는 남편의 폭력성이 두각이 되겠고 둘째로는 시모(媤母)와 불화(不和)를 당면(當面)할 수 있습니다. 왜냐하면 편재(偏財)는 시모(媤母)가 되는 것이고 시모(媤母)가 내 남편을 재생살(財生殺)하여 살(殺)을 키우는 화(禍)를 제공하고 있는 육친이 됩니다.

따라서 재(財)와 살(殺)이 무리를 지어 나를 공격한다고 하는 것이 재당생살(財黨生殺)인 것입니다. 보통 칠살을 보면 식신(食神)으로 제화(制化)를 해야 마땅하나, 그 중간에 미토(未土) 편재(偏財)가 놓여 있게 되면 오히려 제살(制殺)하는 기능을 시모(媤母)가 훼방을 하는 셈이 됩니다. 이것이 식신제살(食神制殺)에서 재성(財星)을 보게 되면 파격(破格)이라 말했던 것입니다. 고로 편재를 보게 된 식신제살(食神制殺)은 파국(破局)에 해당하니 곧 나의 가정궁에 놓인 시모(媤母)가 불화를 제공하는 주요 원인임을 알 수 있습니다.

▶ 근황

올해 고부 갈등으로 사이가 멀어져 버려. 이혼 생각만 가득했었는데 아이들 때문에 겨우 마음을 가라앉히고 살고 있다고 합니다.

06 화살위인(化殺爲印)으로 인수가 강화되면 모친의 고집이 있다

時	日	月	年	건명
편재		정재	정재	六神
庚	**丙**	**辛**	**辛**	天干
寅	**申**	**卯**	**亥**	地支
편인	편재	인수	편관	六神

▶ 사/주/분/석

월지(月支)의 인수(印綬)가 모친성이 되고 월간의 신금(辛金) 정재(正財)는 아내가 됩니다. 또한 정편재(正偏財) 이위(二位)의 상(像)을 나타내므로 부부 이별수도 있습니다. 그런데 일시(日時)가 인신충(寅申沖)이 되어 있는데 이것은 년월지의 해묘(亥卯) 합목(合木)의 기운이 인목(寅木)과 무리를 지어 신금(申金)을 몰아내고 있는 모습입니다. 그리하여 천간은 크게 흔들리는데 이로인해 부부 이위(二位)의 상을 명확하게 드러내고 있는 것입니다.

그런데 월주의 신묘(辛卯)는 절각(折脚)에 앉아 있는 상(像)이므로 아내가 앉아 있는 자리가 모친(母親)이 되는 셈이라 심리적으로 좌불안석(坐不安席)의 상황에 놓인 것을 알 수 있습니다. 또한 년지(年支)의 해수(亥水)는 해묘합목(亥卯合木)하여 화살위인(化殺爲印)이라 인수(印綬)로 변질이 되어, 모친도 그 뜻을 굽히지 않고 있음을 알 수 있습니다. 이처럼 목(木)과 금(金)이 대립하는 사주에서는 곧 시모와 처의 다툼이 심한 것으로 볼 수 있습니다. 고로 부부 이혼의 원인도 역시 시모와의 잦은 다툼이 원인이 되었습니다.

▶ 근황

고부(姑婦)간에 밤낮으로 싸우다가 부인과 이혼하고, 모친(母親)은 불구가 되었으며 가정도 엉망이 되어버렸습니다.

07 병재(病財)를 왕신충발(旺神沖發)한 즉, 아내는 반드시 죽는다 하였다

時	日	月	年	건명
편재		편재	편인	六神
己	乙	己	癸	天干
卯	未	未	丑	地支
비견	편재	편재	편재	六神
甲	丁	丁	癸	支
	乙	乙	辛	裝
乙	己	己	己	干

▶ 사/주/분/석

이 사주는 고부(姑婦)가 밤낮으로 싸우다가 그 부인이 목매어 자살했다고 합니다. 이 명조의 구성을 살펴보면 편재(編財)태왕(太旺)으로 편인(偏印)을 극하는 사주이므로 처(妻)가 모친(母親)을 공격하는 사주인데 어찌하여 처(妻)가 자살하였을까요?

그 이유는 재성(財星) 처(妻)가 병재(病財)에 속하기 때문입니다. 즉 월간(月干)과 시간(時干)의 편재 기토(己土)가 양쪽에서 투간하였는 바, 이것은 편재가 태왕한데 다시 재성(財星) 이위(二位)에 상(像)을 취하므로 처(妻)와 이별하는 상(像)으로 본 것입니다.

남자 명조에서는 인수(印綬)는 모친성(母親星)이고 재성(財星)은 처성(妻星)에 해당합니다. 그런데 정인(正印)이 없을 적에는 편인(偏印)이 모친에 해당하고 정재가 없으면 편재로 처를 대신하게 됩니다. 그래서 정편(正編)을 구분하기를 정인(正印)의 모친은 자비로운 반면에 편인(偏印)의 모친 성정(性情)은 이모와 같은 엄격함이 존재한다고 보시면 됩니다.

또한 정재(正財)가 처성(妻星)이 되는데 정재(正財)가 없고 편재(偏財)가 존재하면 편재(偏財)는 어려서는 부친(父親)이 되고 성가(成家)해서는 처성(妻星)에 해당된다고 보시면 됩니다.

그러므로 이 명조는 년간(年干)의 편인(偏印)은 모친(母親)에 해당하고 편재(偏財)는 처성(妻星)에 해당하는데 편재(編財) 이위(二位)의 상(像)으로 편재(偏財)가 태왕(太旺)하여 병재(病財)가 된 경우입니다.

편재(偏財)가 병재(病財)가 되면 그에 해당하는 육친성은 태과불급(太過不及)한 즉, 편재살(偏財殺)을 동반하기 때문에 스스로 괴사(壞死)한다고 하였습니다. 병재는 통제(統制)하기가 무척 어렵다고 보면 됩니다.

병(病)이 지극한 것이니 반드시 제화(制化)시켜 줄 약신(藥神)의 존재가 있어야 하는데 다행히도 시지(時支)의 묘목(卯木)은 일지와 묘미합목(卯未合木)으로 편재의 제화(制化)를 시도하고 있습니다. 그렇지만 목(木)도 왕성하고 토(土)도 왕성하니 누구 하나 지려고 하지 않으므로 목토(木土)상쟁이 된 명조입니다.

이런 구조는 아내가 남편의 말에 순종(順從)하지 않는다고 보면 됩니다. 이렇게 왕한 편재는 반드시 계수(癸水) 편인(偏印)을 공격하게 되어 있습니다. 그런 즉, 재극인(財剋印)으로 모친(母親)을 극하는 중에 목토(木土) 상쟁(相爭)이 되므로 남편과 시모가 합하여 아내를 공격하는 사주가 되었습니다.

고로 이 사주는 병재(病財)가 분명한 가운데 또한 편재(偏財) 이위(二位)도 뚜렷하므로 그와 같은 병재(病財)를 일간의 양인(陽刃) 등이 형충(刑沖)하게 되면 왕신충발(旺神沖發)이 일어나니 처(妻)가 스스로 괴멸(壞滅)하는 바, 그 처(妻)는 반드시 죽는다고 하였습니다.

08 형제는 모친을 탈인(奪印)하고 처(妻)는 시모(媤母)을 극한다

時	日	月	年	건명
정재		겁재	정인	六神
己	甲	乙	癸	天干
巳	寅	卯	卯	地支
식신	비견	겁재	겁재	六神

▶ 사/주/분/석

겁재(劫財)가 태왕(太旺)하니 극부극처(剋父剋妻)하는 팔자가 분명합니다.
그런데 년간(年干)의 계수(癸水) 정인(正印)은 그의 모친에 해당하는데 탈인(奪印)의 상(像)을 보이고 있습니다.
탈인(奪印)이라 함은 많은 비견(比肩)으로 인해 인수(印綬)의 수기(秀氣)가 도설(盜洩)을 당한다는 뜻입니다.

고로 말하기를 **"정인(正印)이 왕(旺)하면 관(官)을 설(洩)하므로 부권(夫權)을 탈(奪)하는 것이요. 비겁(比劫)이 왕하면 인수(印綬)를 분설(分洩)하므로 그 모친이 쇠약(衰弱)해지는 것이다"**라 하였습니다.

그러므로 년간(年干)의 쇠약한 모친을 형제들이 분설(分洩)하는 와중에 시간의 기토(己土) 정재(正財)는 시모(媤母)를 극하는 상이 나타납니다.
또한, 시모와 아내의 다툼을 알 수 있는 것은 탈인된 정인을 재극인하는 모습 이외에도 숨어 있는 병태(病胎)의 구조에서도 파악할 수 있습니다.
즉 12운성법을 사용해서 정재와 인수를 기준으로 분석하여 보면 기토(己土)

처성(妻星)은 시모(媤母)가 앉아 있는 년주(年柱)의 계묘(癸卯)에서는 병지(病地)에 처(妻)하게 된 것이고 계수(癸水) 시모(媤母)는 며느리가 앉아 있는 시주(時柱)의 기사(己巳)는 태지(胎地)에 해당하므로 병태(病胎)의 구조로 싸우고 있는 모습을 하고 있는 것입니다.

▶ 근황

형제는 3남 1녀로 신미년(辛未年)에 결혼하여 몇 년 살다가 고부 갈등으로 이혼을 당하고 현재 독신으로 살고 있습니다.

09 모친이 두 명의 재성과 합하고자 하니 재성의 이위(二位)가 분명하다

時	日	月	年	건명
비견		비견	편관	六神
乙	乙	乙	辛	天干
酉	未	未	亥	地支
편관	편재	편재	인수	六神
	백호	백호		신살

▶ 사/주/분/석

사주의 남자 분 직업은 치과의사이며 부인은 교사인데 고부갈등으로 별거 중이라고 합니다. 비견(比肩)이 다자(多者)이고 관살(官殺)의 충(沖)이 된 팔자입니다.

미토(未土)는 편재(偏財)이니 그의 부친성(父親星)에 해당합니다. 그런데 부친성(父親星)이 일간의 목고(木庫)가 되고 백호에 걸려 있게 되면 부친(父親)의 혈광사(血狂死)와 자신의 입고가 따를 수 있습니다.

그의 모친은 해수(亥水) 인수(印綬)인데 을목(乙木)의 사지(死地)이고 두 명의 편재(偏財)를 합하므로 부친(父親) 이위(二位)에 해당합니다.

고로 모친은 이혼할 수 있다고 평가할 수 있습니다만, 주의할 점은 여기서는 두 재성을 번갈아 합하여 변동하므로 두 재성은 두 처성에 해당한다는 사실도 생각할 줄 알아야 합니다.

따라서 모친은 두 명의 며느리를 볼 수 있다고 판독하면 됩니다. 결국 이것은 고부(姑婦)갈등이 한 원인이 됨을 알 수가 있습니다.

10 탕화살(湯火殺)이면 본인이 죽던지 해당 육친(六親)이 절명(絶命)할 수 있다

時	日	月	年	건명
비견		겁재	인수	六神
壬	**壬**	**癸**	**辛**	天干
寅	**寅**	**巳**	**未**	地支
식신	식신	편재	정관	六神
탕화				신살

▶ 사/주/분/석

이 명조는 인일(寅日)생으로 탕화살이 있는데 시지(時支)에도 인목으로 탕화를 돕고 있으며 인사형(寅巳刑)으로 탕화가 형이 되어 있습니다. 그런데 인(寅)중 병화(丙火)와 사화(巳火)중의 병화(丙火), 미(未)중 정화(丁火)의 재성은 중(重)하고 신금(辛金) 모친은 약하다고 볼 수 있습니다. 고로 재왕인쇠(財旺印衰)하니 재성(財星) 처(妻)는 왕(旺)한 반면에 시모(媤母)가 되는 인수(印綬) 신금(辛金)은 쇠약(衰弱)하니 처(妻)는 시모(媤母)를 화극금(火克金)으로 범(犯)할 수 있습니다.

그런데 월간(月干)의 겁재(劫財)는 누이가 되므로 누이가 시모(媤母)를 편들어주어 며느리의 공방(攻防)을 주고받을 수 있지만, 역시 임임(壬壬)계수(癸水)는 비급태과(比劫太過)하여 인수가 분설(分洩)하였던 것이니 인수는 극설이 중첩이 된 운명입니다. 고로 고부간 갈등이 그칠 날이 없었습니다.

▶ 근황

고부간에 밤낮으로 싸우다가 당일로 모친과 처가 모두 음독자살한 팔자입니다. [사주첩경]

11 배우자궁에 시모(媤母)가 앉아 있는데 처(妻)의 입궁을 방해한다

時	日	月	年	건명
정재		비견	정관	六神
癸	**戊**	**戊**	**乙**	天干
亥	**午**	**子**	**亥**	地支
편재	인수	정재	편재	六神

▶ 사/주/분/석

이 명조에서는 팔자에 정편재(正偏財) 이위(二位)의 상(像)이고 또한 일지궁의 오(午)는 탕화살인데 무오(戊午)일생이 자오충(子午沖)이 되면서 탕화(湯火)가 가중(加重)이 됩니다. 따라서 이러한 사주는 모친(母親)이 처(妻)를 극하는 팔자가 분명한 것입니다.

그 원인을 분석하여 보면 오화(午火)는 모친(母親)이 되고 자수(子水)는 처(妻)가 됩니다. 처궁(妻宮)에 시모(媤母)가 앉아 있는데 처(妻)가 시모(媤母)를 충극하여 입궁(入宮)하기를 희망하지만 시모(媤母)는 며느리를 부부궁에 들어오게 할 생각이 없습니다.

그러므로 처(妻)와 모친(母親)이 자오충(子午沖)하므로 고부(姑婦)간의 갈등이 높았는데 탕화(湯火)의 작용이 일어났습니다. 해자수(亥子水)가 전부 물에 해당하므로 음독(飮毒)으로 나타나게 됩니다. 모친(母親)이 안 죽고 처성(妻星)이 사망을 한 이유는 이 명조는 분명하게도 부부이별수가 있기 때문입니다.

▶ 근황

고부간에 싸우다가 처(妻)가 음독 하였다. [사주첩경]

12 편재가 재왕생살(財旺生殺)하면 시모(媤母) 와 남편이 두렵다

時	日	月	年	곤명
편재		편관	편인	六神
甲	甲	庚	壬	天干
戌	戌	戌	子	地支
편재	편재	편재	인수	六神

▶ 사/주/분/석

이 명조는 술토(戌土)의 편재(偏財)가 3개가 모인 것인데 이것은 나에게 시모 (媤母)가 많다는 것입니다. 그런데 시모(媤母)가 많다는 것은 이혼 후에 또 다른 시모(媤母)를 만날 수 있다는 암시가 됩니다.

그러므로 부부 이별수가 보이는데 재왕생살(財旺生殺)된 구조이므로 가능성이 커진 겁니다. 왜냐하면 추명가(推命歌)에서 재다생살(財多生殺) 투관살(透官殺)은 남편덕이 없다고 말했던 것입니다.

다만 관살혼잡(官殺混雜)은 아니며 임자(壬子)년주는 배치(配置)는 좋지 않지만 인수(印綬)가 있어 살인살생(殺印殺生)하므로 이혼하지는 않는다고 판단하는 것입니다.

▶ 근황

이 분은 오(午)대운에 결혼했는데 시어머니의 사랑이 지극한 남편과 사느라고 힘들다고 한다. 또 남편의 뒷바라지에 힘들고 몸이 따라 주지 않는다고 하였다.

13 겁재(劫財)가 합하는 시모(媤母)가 두 분인데 배다른 형제가 있다

時	日	月	年	곤명
상관		편인	정인	六神
丙	**乙**	**癸**	**壬**	天干
子	**丑**	**丑**	**寅**	地支
편인	편재	편재	겁재	六神
壬	癸	癸	戊	支
	辛	辛	丙	裝
癸	己	己	甲	干

▶ 사/주/분/석

이 명조는 일간이 을목(乙木)이므로 편재(偏財)가 되는 기토(己土)가 시모(媤母)가 되고 기토(己土)와 합하는 갑목(甲木) 겁재(劫財)는 시아버지가 됩니다.

그러므로 인중(寅中) 갑목(甲木)이 시아버지이고 축(丑)중의 기토(己土)는 시모(媤母)가 됩니다. 그런데 년지(年支) 시아버지는 월지의 축(丑)중의 기토(己土)와 갑기(甲己)암합(暗合)하면서 또한 일지(日支) 축(丑)중의 기토(己土)와도 암합(暗合)하였습니다. 이것은 두 번의 인연이 있음을 알려주었는데 월일지(月日地)에 편재(偏財)가 2개로 놓여 있다는 점은 두 명의 시모(媤母)를 섬길 팔자라는 뜻이기도 합니다. 또한 겁재(劫財)는 시아버지가 되면서 또한 나에게는 형제(兄弟)가 됩니다. 그래서 출생의 배경을 살펴보면 년지(年支) 겁재(劫財)는 일간 을목(乙木)과는 떨어져 있는 연장자(年長者)임을 감안한다면 첫 번째 시모(媤母)와 인축암합(寅丑暗合)으로 태어난 배다른 형제로 보는 것입니다.

▶ 근황

시아버지는 결혼을 2번 하셔서 시모가 두 분이며 배다른 형제가 있다

6부

조부(祖父)조모(祖母)의 육친론(六親論)

01 상관(傷官)을 충하니 조모(祖母)의 사망이 있다

時	日	月	年	세운	명조
편인		편재	편재	편관	六神
壬	甲	戊	戊	庚	天干
申	寅	午	寅	子	地支
편관	비견	상관	비견	인수	六神

▶ 사/주/분/석

경자년(庚子年)에 할머니가 년말에 돌아가셨습니다. 조모(祖母) 사망을 예측
(豫測)할 수 있는 단서가 무엇입니까.

이 명조에서 월지(月支)의 오화(午火)는 상관(傷官)이므로 남자에게는 조모(祖
母)에 해당합니다. 그런데 경자년(庚子年)에는 갑경충(甲庚沖)과 자오충(子午沖)
을 만나는 것인데 이것은 천충지격(天沖地擊)의 운세를 만나는 것입니다.

갑경충(甲庚沖)은 일간을 극충(剋沖)하므로 일간의 고충(苦衷)을 의미하는 것
이고 지지의 자오충은 그 배경이 되는 것입니다. 그런 즉, 자오충(子午沖)으
로 오화(午火)가 손상(損傷)당한 결과로 일간은 충격을 받는 사건이 발생할
것이라고 말해 주면 됩니다.

왜냐하면 오화(午火) 상관(傷官)을 충하면 그 해에는 해당하는 육친의 상실
(喪失)을 당하게 되기 때문입니다. 그러므로 오화(午火)상관(傷官)이 피상(彼傷)
을 당하였은 즉, 그 해에 할머니 사망이라는 사건이 발생하게 되었습니다.

02 태왕(太旺)한 목(木)이 흉신이니 조모(祖母)는 자살을 하였다

時	日	月	年	대운2	곤명
편인		정인	상관	편관	六神
乙	**丁**	**甲**	**戊**	**癸**	天干
巳	**亥**	**寅**	**寅**	**丑**	地支
겁재	정관	정인	정인	식신	六神

▶ 사/주/분/석

육친론(六親論)에 의하면 여자에게 있어서 상관은 자녀(子女) 및 조모(祖母)에 해당합니다. 그래서 년간(年干) 무토(戊土) 상관(傷官)은 조상궁에 안착한 조모(祖母)에 해당한다고 보는 것인데 갑인(甲寅)의 목(木)이 태왕한 즉, 목극토(木克土)가 심하여 무토(戊土)가 피상(彼傷)을 당하고 있습니다.

그러므로 조모(祖母)는 자살(自殺)했다고 하는데 목(木)이 태왕(太旺)하여 흉상(凶像)을 띄는 까닭에 나무에 목을 매어 자살했다고 합니다. 불이 태왕(太旺)하면 방화(放火)로 죽거나 물이 태왕(太旺)하면 수액(水厄)을 당할 수 있습니다. 또는 금(金)이 태왕하면 기계(機械)에 압사하는 경우도 발생하게 됩니다. 물론 이러한 구조가 흉살(凶殺)과 맞물려 있을 때가 더욱 위협적입니다.

즉 편고(偏枯)한 오행(五行)이 탕화살(湯火殺)이나 혹은 곡각살(曲脚殺), 백호살(白虎殺)을 충동질하면 사고가 다발(多發)할 수 있게 됩니다. 사망하는 방식에도 태왕한 오행에 의해 피상(被傷)을 당하는 것이므로 그 오행이 가진 특성에 따라 사망하게 됩니다. 예를 들어 목(木)이 태왕(太旺)하면 몽둥이로 맞아 죽을 수도 있습니다. 그러므로 이 명조는 초년의 계축(癸丑)대운에 무계합거(戊癸合去)를 당하여 조모(祖母)가 목을 매어 사망한 것으로 추정합니다.

03 일간과 조부궁(祖父宮)이 유정(有情)하면 가업(家業)을 승계 받는다

時	日	月	年	곤명
편인		인수	정재	六神
戊	**庚**	**己**	**乙**	天干
寅	**午**	**丑**	**丑**	地支
편재	정관	인수	인수	六神
지살	도화			신살

▶ 사/주/분/석

이 격은 인수용재(印綬用財)인데 인수가 중(重)하니 마땅히 재성(財星)으로 인수(印綬)를 다스려 줘야 합니다. 원래 모자멸자(母慈滅子)에 가까운 명조가 될 수 있었지만 을목(乙木)으로 병을 고치고 구응(救應)을 받은 사례이니 재성(財星)이 귀(貴)한 약신(藥神)이 되는 겁니다.

곧 재성(財星)이 약신이니 그 귀함이 부유함으로 나타나는 것이죠. 이러한 명조는 재성으로 인해 많은 인수의 문제가 정리가 된 것이므로 소위 군뢰신생(君賴臣生)에 가까운 명(命)이 됩니다. 고로 제화(制化)가 된 인수 문서를 받 먹을 수가 있는 것인데 그래서 땅문서, 부동산문서, 년금, 유산문서등을 물려받을 수가 있게 됩니다.

그런데 을목(乙木) 재성(財星)이 놓인 년주(年柱)는 조상궁으로 할아버지궁에 속하고 을경(乙庚)합으로 득재(得財)한 것은 재물이 풍족하고 조부(祖父)와 어려서 인연이 길하다는 것을 짐작할 수 있습니다. 이러한 구조를 놓고 가업(家業)을 승계(承繼)한다고 말했던 것입니다.

반대로 년,월지 충(沖)이 된 구조는 고향을 떠나 타향에서 자수성가(自手成家)해야 할 팔자라고 논한 것이니 일간을 기준으로 유정(有情)과 무정(無情)함을 구분했던 것입니다. 또는 년간(年干)의 재성(財星)과 시지(時支)의 인목(寅木)편재가 존재하면 부친(父親) 이위(二位)로 볼 수 있습니다.

이러한 경우는 부친(父親)의 덕(德)을 일주가 실감(實感)하기 어렵습니다. 부친의 바람끼는 역시 지살(地殺) 편재(偏財)가 도화(桃花)를 인오합(寅午合)하는 것이니 곧 도화를 따라 떠돌아다니기 때문입니다. 경오(庚午)자체가 나체도화이므로 본명의 인물은 준수하다 할 만하고 남자들에게 인기가 있다고 볼 수 있습니다

▶ **근황**

할아버지가 굉장히 부자인데 돈 안 벌어도 물려받을 유산이 많아 여행을 다니며, 모델 활동을 간간히 하면서 인생을 즐기고 산다고 합니다. 게다가 타고난 미모가 상당해서 남자들에게 인기가 참 많습니다.

단지 흠이 있다면 아버지가 바람을 피우시고 어머니도 가정에 충실하지 않아서 조부(祖父) 조모(祖母)의 손에서 길러졌다고 합니다.

04 술(戌)중의 정관과 상관이 동주하면 조모가 손자를 양육한 것이다

時	日	月	年	곤명
정관		편관	식신	六神
甲	**己**	**乙**	**辛**	天干
戌	**亥**	**未**	**酉**	地支
비견	편재	겁재	상관	六神
辛 丁 戊	戊 甲 壬	丁 乙 己	庚 辛	支藏干

▶ 사/주/분/석

갑을(甲乙)목이 나의 남자가 됩니다. 그런데 관살혼잡(官殺混雜)이고 남편성이 이위(二位)로 명확히 구분이 됩니다.

다만 을목(乙木) 편관(編官)은 첫 번째의 남편인데 미토(未土)에 관고(官庫)를 가졌고 을신충거(乙辛沖去)하며 술미형(戌未刑)하고 있습니다.

이런 구조에서는 "한 번 이혼은 정해진 길이 분명한 것입니다"

그러므로 이별은 틀림이 없으며 그리고 새 갑목(甲木)을 만나게 됩니다.

새 남자는 갑술(甲戌)의 상(像)에 속해 있습니다.

그런데 비견 술(戌)중에서는 지장간에 신금(辛金)이 있는데 기토(己土)일간을 기준으로 보면 신금(辛金)은 식신(食神)으로 나의 자녀성에 해당합니다.

그런데 술토(戌土)는 비견이므로 남의 자식에 해당하는 것입니다. 곧 갑목(甲木) 남자에게 신금(辛金)이 정관에 해당하니 갑목(甲木)의 소생은 분명하겠지만, 이건 다른 여자와 낳은 자식이므로 나의 자식은 아니라는 뜻입니다.

그런데 술(戌) 중에는 신금(辛金)뿐만 아니라 정화(丁火)도 존재하고, 이것은 갑목(甲木)에게는 정화 상관(傷官)에 해당합니다.

곧 갑목 남자를 기준으로 보면 상관(傷官)은 조모(祖母)에 해당합니다. 술토(戌土) 내부에 정화(丁火)와 신금(辛金)이 공동으로 거주한다는 말은 그동안 할머니가 아이를 맡아 길렀다는 이야기가 됩니다.

05 건록용살(建祿用殺)에서는 제복하는 식상과 인수의 공덕이 크다

時	日	月	年	곤명
편관		비견	상관	六神
丙	**庚**	**庚**	**癸**	天干
戌	**寅**	**申**	**亥**	地支
편인	편재	비견	식신	六神
辛	戊	辛	戊	支
丁	丙	丁	壬	裝
戊	甲	戊	甲	干

▶ 사/주/분/석

남녀 공히 조부(祖父)는 편인(偏印)이고 조모(祖母)는 상관(傷官)에 해당합니다.

이 명조는 경금(庚金)일간이 신월(申月)에 출생하면 건록(建祿)에 해당하므로 건록격(建祿格)이 구성이 됩니다.

그런데 월주(月柱)가 경신(庚申)이므로 건록의 무게가 가벼운 상태는 아닙니다. 그래서 이런 경우는 숨통을 틔우기 위해서는 식상(食傷)의 설기(泄氣)가 중요하므로 식상(食傷)을 반기는 겁니다.

그리고 년간의 상관은 조모(祖母)에 해당하므로 조모(祖母)의 도움이 크다고 판단할 수 있습니다. 또한 이 사주는 시간(時干)에는 병화(丙火) 칠살(七殺)이 투간하였으므로 건록용살(建祿用殺)이 되었는데 건록용살(建祿用殺)에서는 칠살(七殺)을 만나면 반드시 식상(食傷)으로 제복(制伏)하는 것을 원칙으로 하게 됩니다.

따라서 이 사주의 가장 반기는 부분은 식상(食傷)의 출현(出現)을 들 수 있습니다.

식상으로 인해 강한 록겁(祿劫)의 기운을 설기하고 칠살을 제살(制殺)하므로 그 공(功)이 상당하다고 판단하는 것입니다.

그러므로 상관에 해당하는 조모(祖母)의 역할이 큰 기대가 되는 것이며 또한 시지(時支)의 술토(戌土) 편인(偏印)은 조부(祖父)에 해당하는데 칠살(七殺)을 편인(偏印)으로 화살(化殺)하여 제복(制伏)하는 것이니 고로 이 사주의 주인은 조부모(祖父母)의 덕이 있었다고 말을 합니다. 그런데 술토(戌土) 편인(偏印)은 시지(時支)에 놓이고 계수(癸水) 상관(傷官)은 년간(年干)에 놓여 있으므로 그 둘이 서로 장애가 되지 않았으므로 편인과 식상이 나에게는 모두 길한 육친이 되는 것입니다.

▶ 근황

회계학과를 전공하고 세무사 시험에 낙방을 하다가 임용고사로 바꿔 합격을 하였습니다. 직업은 교사입니다. 가정형편이 넉넉하진 않았고 부모님하고는 뜻이 잘 맞지 않았지만 그래도 부모덕과 조부모의 덕이 있었습니다.

7부

십신의 직업을 추리(推理)한다

01 경금(庚金)정재 부친은 기계물상이니 방앗간을 운영하였다

時	日	月	年	곤명
편재		비견	정재	六神
辛	丁	丁	庚	天干
亥	巳	亥	子	地支
정관	겁재	정관	편관	六神

76	66	56	46	36	26	16	6	대
己	庚	辛	壬	癸	甲	乙	丙	운
卯	辰	巳	午	未	申	酉	戌	수

▶ 사/주/분/석

이 명조는 년간의 경금(庚金) 정재(正財)를 부친성으로 결정합니다. 편재(偏在)를 부친성으로 하지 않고 정재(正財)를 부친성으로 정(定)하는 이유는 정재의 움직임이 실제로 조상궁과 부친궁에 가깝게 나타나기 때문입니다. 이러한 관계설정은 처첩(妻妾)의 이론에서도 알 수 있듯이 내가 힘이 없고 첩(妾)이 힘이 있는 구조가 되면 처첩(妻妾)의 지위가 바뀐다는 것을 알 수 있습니다. 그러므로 부친궁과 가까운 재성을 부친성으로 하였는데 이 부친성 경금(庚金)은 중기계(重機械)의 물상을 취하는 바, 그의 아버지는 기계 관련 업종에 종사함을 암시하게 됩니다. 또한 초년의 대운이 서방금(西方金)운으로 진행하였으므로 그녀의 부친성이 록왕지(祿旺地)를 만난 것이니 부친이 기계관련 업종에서 크게 성장했음을 알 수도 있습니다.

▶ 근황

부친은 방앗간을 운영했으며 초년에 부친이 재물을 모아 부자 집이다.

02 갑목(甲木)이 부친이니 목재소를 경영하였다

時	日	月	年	건명
인수		편관	정재	六神
戊	**辛**	**丁**	**甲**	天干
戌	**未**	**丑**	**辰**	地支
인수	편인	편인	인수	六神

76	66	56	46	36	26	16	6	대
乙	甲	癸	壬	辛	庚	己	戊	운
酉	申	未	午	巳	辰	卯	寅	수

▶ 사/주/분/석

이 명조에서는 년간(年干)의 갑목(甲木) 정재(正財)를 부친성(父親星)으로 결정합니다.

갑목(甲木)의 물상은 소나무, 산림, 조경, 원예, 통나무, 목재, 천둥, 우레, 바람, 씨앗, 곡물류 등에 해당합니다. 갑목(甲木)은 소나무처럼 위로 쭉쭉 올라가는 성향이 있는데 갑목참천(甲木參天)이라고 합니다. 무언가를 세우는 모습이니 그 뜻으로 파생된 의미는 "솟구치다, 세우다, 기상, 놀라다, 권위"라는 속성이 나타나게 됩니다.

이것을 응용하게 되면 곧 교육, 설계, 건축, 기획, 소나무, 목재소, 가로수, 기둥, 건축물, 아파트, 고층빌딩 등이 됩니다. 그러므로 갑목(甲木) 부친(父親)은 목재소를 운영하였는데 초년 대운이 인묘진(寅卯辰) 목(木)운(運)으로 진행하므로 부친이 성공했음을 알 수가 있습니다.

기묘(己卯)운(運)에 부친 파산(破産)의 배경은 갑기합(甲己合)에 있습니다.

갑기합(甲己合)이냐 아니면 갑기합(甲己合)화토(火土)인가. 이 결정에 따라 이 사람 부친의 운명을 예측할 수 있습니다. 이 명조는 전국(全局)이 다토(多土)하므로 합화토(合化土) 가능성이 매우 높습니다.

그러므로 이러한 합화토운에서는 해당되는 육친성이 완전히 변질이 되어 제거가 된다고 보면 됩니다.

따라서 이 기간 동안에는 그의 부친의 존망이 크게 흔들렸는데 만약 합거(合去)가 되면 이것은 병환(病患)으로 입원하던지 아니면 해외 근무로 이탈한다면 해결이 될 수도 있다고 판단하면 되겠지만, 합화(合化)에서는 오행의 변질이라 육친의 사망(死亡) 혹은 대패(大敗)로 나타나게 됩니다. 곧 부친의 존망이 위태로운 것으로 판단해야 합니다.

▶ 근황

부친은 목재소를 운영하여 초년에 큰 부자로 살았으나 기묘(己卯)대운 고교 시절에 부친이 큰 사기를 당하여 목재소가 넘어가고 집도 경매로 넘어가는 수난을 당하였습니다.

03 신금(辛金) 정재(正財)를 사용하니 직업은 변호사(辯護士)다

時	日	月	年	건명
편재		정재	상관	六神
庚	**丙**	**辛**	**己**	天干
寅	**午**	**未**	**酉**	地支
편인	겁재	상관	정재	六神
戊 丙 甲	丙 己 丁	丁 乙 己	庚 辛	支 裝 干

▶ 사/주/분/석

이 명조는 중국인으로 변호사입니다. [맹파자료]

사주를 살펴보면 월지의 미토(未土)에서 기토(己土)가 투출하였으므로 상관격(傷官格)을 구성합니다. 상관(傷官)이란 관성(官星)과 대항하는 물건이므로 정부(政府) 조직(組織) 단체(團體) 등과 협상을 주도할 수 있습니다. 따라서 상관(傷官)을 용신(用神)으로 가진 사람은 강변(强辯)에 능한 사람들이 많았는데 논쟁에서 물러나지를 않은 사람을 가리켜 상관(傷官)기질(氣質)이라 불렀던 것입니다. 그래서 이 사람은 언변에 능한 환경이 자신의 직업환경으로 나타날 수가 있습니다.

그런데 이 사주는 상관을 용신으로 하면서 월간의 신금(辛金)을 상신(相神)으로 잡았으니 곧 상관생재(傷官生財)의 격국(格局)이 됩니다. 고로 용신은 직업환경이고 상신(相神)은 나의 보직(補職)에 해당하므로 신금(辛金)의 물상이 내가 감당할 보직이 될 수 있습니다.

신금(辛金)의 물상을 확인해 보면 신금(辛金)은 년지(年地)의 유금(酉金)의 록지(祿地)에 뿌리를 내리는 것이니 상당한 재력(財力)이 있는 물건으로 확인이 되었는데 이것은 박봉(薄俸)의 공무원은 아닌 것을 알 수 있겠고 개인 사업가 혹은 성과별 연봉제로 팀별 활동하는 직업을 가질 수 있다고 판단합니다.

신(辛)은 서쪽, 서방길, 서방정토(西方淨土)가 되고 신(辛)은 태괘(兌卦)에 속하며 입, 빛날 태(兌), 지름길, 기름지다, 기뻐하다, 바꾸다의 의미를 가지는 글자입니다. 신(辛)은 계절의 숙살, 고통, 단절이라는 단어가 함축이 된 글자이므로 철저한 프로페셔널(professional)이 되어야 만족을 합니다.

그래서 그런지 신(辛) 글자가 들어간 한자(漢字)는 유독 죄와 형벌을 의미하는 글자가 많고 고통을 의미하는 함축된 뜻이 많이 있습니다. 피할 피(避), 변론(辯論), 변별력(辨別力), 변호사(辯護士), 새로울 신(新), 두려워할 집(疒), 갚을 보(報), 잡을 집(執)등이 있습니다. 따라서 신(辛)은 메울 신(辛)으로 입을 상징하므로 언변이 날카롭고 매섭다는 점에서 언론계, 정치계에서 활약하면 좋습니다.

그러므로 이 사람은 직업은 변호사입니다.

04 진월의 갑목(甲木)편인을 활용하니 인테리어 사업을 한다

時	日	月	年	건명
편인		비견	정관	六神
甲	**丙**	**丙**	**癸**	天干
午	**午**	**辰**	**卯**	地支
겁재	겁재	식신	정인	六神
양인	양인			신살

79	69	59	49	39	29	19	9	대
戊	己	庚	辛	壬	癸	甲	乙	운
申	酉	戌	亥	子	丑	寅	卯	수

▶ 사/주/분/석

병오(丙午)일주가 2개의 양인(羊刃)에 앉아 있고 갑오(甲午)는 사지(死地)에 앉아 있고, 오오형살(午午刑殺)로 2개의 양인(羊刃)을 형동(刑動)하고 있는 상황입니다. 또한 천간에는 병병(丙丙)의 회재불우(懷才不遇)이니 화마(火魔)의 세력이 강성하여 갑목(甲木)은 분멸(焚滅)의 상(像)을 보이고 있습니다. 그런데 시간(時干)의 갑목(甲木)은 초년의 을묘(乙卯)대운을 만나 갑목(甲木)이 끌어당김으로, 갑목(甲木) 분멸(焚滅)의 상(像)은 초년에 일찍이 나타나게 되는데, 손상당한 갑목(甲木)은 진괘(震卦)에 속하므로 진괘(震卦)는 나무이고 동방목(東方木)이며 기관은 담낭(膽囊)이고 신체 부위로는 발(足)에 해당합니다. 하여 어릴 적의 갑목(甲木) 분멸(焚滅)은 이 사람을 다리 불구(不具)로 만들었습니다.

다만, 해자축(亥子丑) 수운(水運)을 지나면서 강성한 화마(火魔)를 누그러뜨리는데 성공하였고 이것은 갑목(甲木)이 분멸(焚滅)에서 벗어 날 수 있었던 까닭에 진월(辰月)의 갑목(甲木)을 용신으로 활용한 직업을 가지게 되었는데 인테리어 사업 입니다. 갑목은 건축, 교육, 출판 물상이기 때문입니다.

05 임수(壬水) 인수가 통관신이니 주류, 음식 대리점이 적합하다

時	日	月	年	건명
겁재		겁재	정인	六神
甲	乙	甲	壬	天干
申	亥	辰	申	地支
정관	정인	정재	정관	六神
지살				신살

▶ 사/주/분/석

이 명조는 진월(辰月)에 출생한 을목(乙木)일간인데 월간과 시간에 갑목(甲木)이 투간하였으며 년지(年支)와 시지(時支)에는 신금(申金)이 놓여 있으므로 금목(金木)이 대립하는 사주입니다. 그러므로 임수(壬水)가 통관신으로 작용하였는데 신진(申辰)이 합국으로 임수(壬水)를 받쳐주니 화재위인(化財爲印)이 되어 길해졌습니다. 임수(壬水)가 인수(印綬)이면 인수(印綬)격(格)을 활용해야 하는데 총판권(總販券)을 얻어 대리점계약서를 가지면 성공하는 겁니다.

여기서 격국의 고저(高低)를 살피는데 그 결과 학자가 될 것인가, 공무원인가, 대리점사장인가는 격국의 고저를 보고 최종 결정하게 됩니다. 그러므로 임수가 직업이 되면 주류업계, 음식, 요거트 우유대림점 등이 모두 가능합니다. 특히 신금(申金)에 지살(地殺)이 붙은 것은 쇠붙이 동력원(動力源)에 지살이 붙은 글자이니 오토바이 배달이 됩니다.

『근황』

대학를 졸업하고 현재는 음식점에서 오토바이로 음식배달을 하고 있습니다. 모친이 요거트 사업을 밀어준다고 하여 사업구상 중입니다.

06 식상은 기술이고 인수는 문서이니 인식 (印食)합상은 기술협약서이다

時	日	月	年	건명
편재		인수	식신	六神
己	乙	壬	丁	天干
卯	卯	子	巳	地支
비견	비견	편인	상관	六神

▶ 사/주/분/석

이 남자 분은 요식업을 하는데 4개 매장에 직원 50여명을 두고 있는 사장님 입니다. 어떻게 사주에서 알 수 있을까요?

정임(丁壬)합을 하는 구조로, 인수(印綬)와 식상(食傷)이 합을 하면 기술협력계약서를 작성합니다. 무슨 말인가 하면 식상(食傷)은 나의 언행에서 나오는 기술 및 서비스이고 인수(印綬)는 문서이므로 능력이 알려져 계약을 맺는 것을 말하는 것입니다. 보통 이러한 인식(印食) 합상(合像)의 의미는 직업 활동하는데 있어서 특정한 기술력의 확보하여 문서로 확약(確約)받는다고 보면 됩니다. 특정 기술을 회사가 탐(貪)하여 독점 계약하는 것이니 기술협약서(技術協約書)라고 말하는 것입니다. 이 사주에서는 정사(丁巳)는 식상(食傷)이고 임자(壬子)는 인성(印星)인데 정임(丁壬)합과 자사암합(子巳暗合)으로 폭 넓은 인식(印食) 합상(合像)을 구성하고 있습니다. 이것은 문서로 계약할 대상자의 범위가 많다는 반증(反證)이 됩니다. 또한 비견(比肩)이 많은 팔자에서는 그 비견의 사회적 위치는 관리자, 협력자, 투자자가 될 수 있습니다.

그래서 비견분재(比肩分財)의 성질이 강하기 때문에 재물을 공동으로 벌어서 나누는 직업이 바람직합니다. 즉 대리점 계약서에 따라 각기 맡은 일을 하고 그 댓가로 재물을 나눠 갖는 비견분재의 상(像)을 취하게 됩니다.

07 편인과 편관의 합상은 문서와 건물이니 곧 가게의 임대계약서이다

時	日	月	年	세운36	대운31	건명
비견		편관	식신	편인	식신	六神
癸	癸	己	乙	辛	乙	天干
丑	丑	丑	丑	丑	酉	地支
편관	편관	편관	편관	편관	편인	六神
화개 곡각	화개 곡각	화개 곡각	화개 곡각	화개 곡각		신살

▶ 사/주/분/석

이 명조는 축토(丑土)가 4개인데 모두 화개살(華蓋殺)과 곡각살(曲脚殺)로 구성이 됩니다. 그런데 곡각살(曲脚殺)이라 함은 뼈를 부러뜨리는 살을 말하는데 보통 골절(骨折)을 의미합니다. 이 살이 많으면 관절통, 류마티스, 골절 등의 사고로 이어질 수 있습니다.

그런데 곡각살(曲脚殺)을 예방하는 한 방법으로 나의 직업이 짐승의 뼈를 부러뜨리는 직업 환경이 길하다는 이야기입니다. 곡각살이 이 정도로 중중(重重)하면 뼈를 뿌러 뜨리는 직업이 좋은데 고로 정육점(精肉店), 접골원(接骨院), 정형외과(整形外科) 등의 직업이 적합합니다.

그런데 이 명조는 특히 화개살(華蓋殺)과 곡각살(曲脚殺)이 동주하므로 뼈를 추수려 창고에 보관하는 물상이 나올 수 있습니다. 그러므로 유금(酉金)대운에 이르러서 유금(酉金)은 칼 도(刀)이고 축(丑)은 송아지이니 유축(酉丑)의 합상은 칼(酉)로 5마리의 소(丑)를 도륙(屠戮)하여 냉장고에 보관하는 모습입니다. 유축(酉丑)의 합상은 편인(偏印)과 편관(編管)이니 이 문서는 임대(賃貸)계약서(契約書)에 해당합니다.

416 / 육친론

그러므로 신축년에는 인식(印食)합상(合像)이 맺어지는데 곧 기술계약이니 특정 기술을 활용하였습니다. 그 기술의 정체는 유축(酉丑)합상(合像)으로 풀어 본 즉, 곧 정육 기술이 되었던 것입니다.

따라서 유금(酉金)대운 중에 묘(卯)는 식신(食神)으로 재살(財殺)에 속하는여 계묘년(癸卯年)에 묘유충(卯酉沖)하므로 도식(倒食)을 범한 즉, 수옥(囚獄)의 상(像)이 나타납니다. 그러므로 계묘년(癸卯年)에 벌금형을 당하게 됩니다.

▶ 근황

신축년(辛丑年)에 정육점을 오픈하여 대형식당에 납품하여 임인년(壬寅年)까지 장사가 잘 되었습니다. 그런데 계묘년(癸卯年)에 한우 쇠고기를 취급하다가 수입고기를 국산고기로 둔갑시켜 판매하다가 적발되어 벌금 수백만 원을 추징당했습니다.

08 양인(陽刃)이 도화(桃花)를 물로 범한 즉, 술장사로다

時	日	月	年	세운52	대운50	곤명
상관		정관	비견	겁재	식신	六神
乙	壬	己	壬	癸	甲	天干
巳	申	酉	子	卯	辰	地支
편재	편인	정인	겁재	상관	편관	六神
	지살	도화 목욕	홍염 양인			신살

▶ 사/주/분/석

유월(酉月)의 임수(壬水)일간인데 월지 목욕지에 놓인 도화(桃花)를 홍염살(紅艷殺)이 자유파(子酉破)하니 양인(陽刃)의 물벼락을 맞았습니다. 양인(陽刃)이 도화(桃花)를 물로 범한 것이므로 보통 정상적인 직업이 아니라고 판단하여, 술장사를 하는가 물어 볼 수 있겠습니다.

왜냐하면 도화(桃花)와 홍염살(紅艷殺)이 물의 기세에 구속이 되어 있는데 자유파(子酉破)가 되기 때문입니다.

또한 월간(月干)의 기토(己土) 정관(正官)은 년간(年干)과 일간(日干)의 임수(壬水)에 의해 기토탁임(己土濁壬)이 된 구조이므로 이 정관은 여러 명의 남자 손님들을 비견들이 쪼개 나누는 비견(比肩) 분관(分官)의 상(像)으로 파악하는 것입니다.

고로 이 임자수(壬子水)의 물벼락으로 기토(己土) 정관(正官)을 기토탁임(己土濁壬)에 빠뜨리는 상(像)인지라 물장사라고 보는 것입니다. 고로 월지의 유금(酉金)은 가라오케 기계가 되는데 물로 자유파살하면 술 먹고 노래 부르는 장치가 됩니다.

그런데 계묘년(癸卯年)에 겁재(劫財)와 상관(傷官)이 동주(同住)하여 등장하여 묘유충(卯酉沖)이 되면 철쇄개금(鐵鎖開金)의 살(殺)을 일으킬 수 있기 때문에 구속될 수 있습니다. 왜냐하면 사유축(巳酉丑)기준으로 보면 묘목(卯木)은 수옥살(囚獄殺)이고 묘유(卯酉)는 철쇄개금(鐵鎖開金)이기 때문에 구속운(拘束運)이 되기 때문입니다. 특히 갑진(甲辰)대운에서는 주의해야 할 상황이 갑기합반(甲己合絆)입니다 정관(正官) 기토(己土)가 제거가 된 것이므로 이 시기에 손님이 없다는 겁니다.

이런 식으로 재물이 흩어질 수 있으므로 5년간 주의해야 하는데 올해 갑진년(甲辰年)에 다시 갑기합거(甲己合去)이므로 손님이 아예 없어지는 겁니다. 5년간(50┌54) 사업을 축소하거나, 쉬는 것이 좋을 듯합니다.

다만, 갑진년에 애인과 이별수가 나타난다면 물상대체하여 액땜이 된 것이므로 남자문제로 이해해도 될 수 있습니다.

▶ 근황

가요주점(歌謠酒店)을 운영하는 사람입니다. 계묘년(癸卯年) 술(戌)월에 음주운전을 하다가 상대방 벤츠와 충돌하였습니다. 그 결과 벌금 800만원을 받고 다행히 구속은 면했으나 차량 수리 견적이 1200만이 나왔습니다. 갑진년에는 사귀어 오던 남자와 헤어질 생각을 하고 있습니다.

▶ 핵심키워드

철쇄개금(鐵鎖開金)이라는 것은 묘(卯)는 일출지문(日出之門)을 상징하고 유(酉)는 일입지문(日入之門)이며 술(戌)은 천도지문(天道之門)에 해당한다. 모두 중요한 출입문을 상징하고, 출입문은 개폐(開閉)의 시간이 정해져 있고 일단 닫히면 들어갈 수 없는 고민이 있다.

따라서 이 글자 중에 2개의 글자를 보면 철쇄개금(鐵鎖開金)의 상(像)이라 할 수 있다.

고로 팔자에 철쇄개금을 놓게 되면 인생에서 자물쇠가 채워진 사람이라 고민, 고통 또는 구속으로 볼 수가 있는데 그러한 고민을 열풀어 주는 직업을 가야 원만하다고 한다.

즉, 만인(萬人)을 구제하므로 이 철쇄개금(鐵鎖開金)의 효용이 나타나는 것이니 철쇄개금은 굳게 잠긴 자물쇠를 여는 것처럼 병든 몸을 의약(醫藥)으로 치료하여 구제하고 구속되어 묶여 있는 몸을 풀어 자유롭게 도와주는 일을 해야 한다. 따라서 법(法)이나 의약(醫藥), 종교철학(宗敎哲學) 관련 업종에 인연이 있게 된다.

09 병화(丙火)는 발광하는바, 전파로는 광학이며 소리로는 언어학이다

時	日	月	年	건명
식신		정인	정관	六神
癸	**辛**	**戊**	**丙**	天干
巳	**巳**	**戌**	**戌**	地支
정관	정관	정인	정인	六神
		괴강 화개	백호	신살

▶ 사/주/분/석

이 남자 분은 맹파자료에서 소개가 되었던 중국인으로 어학(語學) 교수입니다. 이 명조가 특별히 어학(語學) 관련 교수로 활동할 수 있는 배경은 무엇인가요?

이 명조는 월주가 무술(戊戌)로 괴강(魁剛)을 놓고 있는데 병화(丙火)가 무토(戊土)를 생조하고 사화(巳火)가 술토(戌土)를 생조하므로 강성한 인수격(印綬格)을 구성합니다. 또한 년주(年柱)의 정관(正官)이 월주(月柱)의 인수(印綬)를 생조하여 관인상생(官印相生)으로 흘러가므로 인수(印綬) 화개(華蓋)를 뛰어나게 했는데 인수(印綬)화개(華蓋)가 관생인(官生印)이 되면 교육자 혹은 공직(公職)계통, 재단법인(財團法人) 등에서 성공할 수 있습니다.

그런데 인수가 너무 강해도 괴강(魁剛)의 작용으로 효신(梟神)이 될 수도 있는데 무계합(戊癸合)으로 인해 인수(印綬) 효신(梟神)이 제복(制伏)을 받을 수 있었습니다. 고로 제화(制化)가 된 인수격(印綬格)에서는 교육자, 학자, 출판, 공무원 등에서 크게 부각(浮刻)이 될 수 있습니다.

특히 이 사주의 기이함은 식신생재(食神生財)가 없는 순수한 인수격(印綬格)의 구조를 보인다는 점입니다. 이것은 속인(俗人)으로 재물을 탐하지 않는 까닭에 순수한 학자로서 대성함을 말하는 것이고 그런 까닭에 교수가 될 수 있었습니다.

그런데 시간(時干)에 식신(食神) 계수(癸水)가 분명함에도 왜 식신(食神)의 존재가 없다고 말할 수 있는가요?

왜냐하면 식신(食神) 계수(癸水)는 시지(時支)와 일지(日支) 두 개의 사중(巳中) 무토(戊土)에 의해 무계(戊癸) 명암합(明暗合)으로 암(暗)중에서 제복(制服)이 된 상태입니다. 그런데 다시 투간(透干)한 월간 무토(戊土)에 의해 무계합(戊癸合)이 된 경우입니다.

따라서 식신(食神)이 인수(印綬)에 의해 깨끗하게 제복(制服)이 됨에 따라 도식(倒食)의 우려는 없는 것이며 이런 경우는 식신(食神)의 존재가 없다고 보면 됩니다. 그래서 이 사주는 식신(食神)과 재성(財星)이 없는 팔자이므로 식신생재(食神生財)하는 생각 자체를 갖지 못하게 됩니다. 그러한 이유로 제조업 혹은 사업가의 마인드가 없으니 물질에 대한 속박감이 없다는 점입니다. 고로 세속(世俗)에 이끌리지 않고 순수한 학자(學者)로 거듭날 수 있었다고 보는 것입니다.

왜 언어학 교수인가?

무토(戊土) 인수(印綬)가 무계합(戊癸合)으로 인해 그 세력이 축소(縮小)가 되었는데 그 결과 무토(戊土)를 생조하는 병화(丙火)의 위상(位相)이 용신(用神)으로 나타나기 때문입니다.

고로 병정화(丙丁火)의 물상은 소리가 전파로 발광(發光), 발열(發熱)하는 바, 이것이 전파학(電波學)에서는 방송(放送), 통신(通信)이고 소리로는 언어학(言語學)이 되는 것입니다.

10 임수(壬水)와 을목(乙木)의 조합이니 여성 의류업을 운영한다

時	日	月	年	세운53	대운51	건명
편인	비견		비견	편재	편관	편관	六神
丙	戊	戊	壬	甲	甲	天干
辰	辰	申	申	子	寅	地支
비견	비견	식신	식신	정재	편관	六神
乙癸戊	乙癸戊	戊壬庚	戊壬庚			支裝干

▶ 사/주/분/석

이 남자 분은 의류업(衣類業)을 하는 이유는 무엇인가요.

이 사람의 용신(用神)은 임수(壬水)인데 년주(年柱) 임신(壬申)의 물상은 실패를 감고 돌리는 방직기계의 형상입니다.

그런데 진중(辰中) 을목(乙木)에 의해 재생관(財生官)이 된 팔자이므로 곧 방직기계에서는 의류를 생산한다고 보는 것입니다. 또한 재성은 여성에 해당하므로 곧 여성의류인 것입니다.

그러므로 다시 설명하자면 이 명조는 신중(申中)의 임수(壬水)가 투출하였으므로 임수(壬水) 편재(編財)를 용신(用神)으로 삼습니다. 그런데 임수(壬水) 재성은 년간(年干)에 투출이 되어 있는 관계로 이를 재성(財星) 노출(露出)이 된 길신태로(吉神太路)라 하였는데 이런 구조에서는 재물이 노상(路上)에 방치가 된 것으로 생각하여 겁재(劫財)의 무리들에 의해 강탈당할 수 있다고 염려하였습니다. 따라서 일단 재성(財星) 노출(露出)이 된 구조에서는 반드시 관청(官廳)의 도움을 받아야 지킬 수가 있는 것입니다.

하여 사주학에서 말하는 관청(官廳)은 곧 관성(官星)을 뜻하는 것이므로 관성(官星)이 존재하여 비겁(比劫)을 견제(牽制)하므로 구제가 되는 것입니다. 그러므로 상신(相神)을 관성으로 결정하려 하는데 사주 중에 나타난 관성의 존재가 없습니다. 다만 진중(辰中)의 을목(乙木)이 정관(正官)이 되므로 이것으로 상신(相神)을 잡을 수 있습니다.

고로 이 사주는 재생관(財生官)의 구조가 되었습니다.
곧 재성(財星)이 용신(用神)이 되고 정관(正官)이 상신(相神)이 되는 명조입니다. 그런데 임수(壬水)는 편재(編財)이므로 큰 재물이 되는데 임수(壬水)의 상의(像意)는 도구(道具)를 이용하여 거리를 측정하는 한자에서 비롯이 되었다고 합니다. 또한 공(工)의 중간에 실을 감는 실패에서 따온 글자라고도 합니다. 그리고 을목(乙木)의 상의(像意)는 원래 화원(花園), 육림(育林)이니 그 성정(性情)에서 나온 물건인 바, 제지(製紙), 섬유(纖維), 직물(織物)에 해당합니다. 따라서 임수(壬水)와 을목(乙木)의 조합(組合)은 실이 감긴 실패를 돌리는 방직(紡織)기계에서 직물(織物)을 직조(織造)하는 의류공장이 되는 것입니다.
그러므로 이 사람은 여성의류패션을 하는 분으로 여공(女工)이 수백 명이나 되었고 구로공단에서 의류가구 공장을 경영한다고 하였습니다.

그런데 갑인(甲寅)대운 갑자년(甲子年)에 이르러 을목(乙木)이 갑목(甲木)으로 투간하여 등장하는 시기이므로 이 때에는 을목(乙木)의 업종에서 벗어나 갑목(甲木)의 업종으로 직업변동이 발생하게 되는 것입니다. 갑목(甲木)의 원뜻은 소나무, 산림(山林), 조경(造景)인데 그 속성에서 응용(應用)이 되어 나온 물건이 목재(木材), 가구(家具), 건축(建築) 등에 해당합니다. 고로 이 사람은 의류업체(衣類業體)는 부인에게 맡기고 본인은 건축업(建築業)으로 전환하려는 생각을 구상 중이였습니다.

물상법(物像法)을 시작하기 위한 전 단계로 반드시 용신법(用神法)을 이해해야 한다. 즉 이 명조처럼 어느 글자를 용신으로 하여 물상을 전개해야 하는가가 중요한 대목이 되는 것이다.

그래서 만약 어느 사람은 신금(申金)을 용신으로 하였다면 신금(申金)의 물상은 쇠철에 가깝게 나오므로 이 사람의 직업이 방직기계, 혹은 조선소(造船所) 등의 기계업종이라고 주장할 수도 있다는 말이 된다. 또한 만약 병화(丙火)를 용신으로 잡았다면 이 사람의 병화 물상은 발전소, 방송국, 전열도구가 될 수 있으니 전자기계업종이라 판단할 수도 있다. 그러나 모두 오답(誤答)이 될 수밖에 없는 이유는 이 사람의 용신(用神)은 박도사가 말한 것처럼 임수(壬水)와 진중(辰中) 을목(乙木)이기 때문이다.

그러므로 박도사도 용신법으로 진중(辰中) 을목(乙木)과 임수(壬水)를 잡아 물상을 구현(具現)하였던 점인데 이런 사실을 잘 알고 물상법을 전개해야 한다.

11 관살제인으로 합살(合殺)하여 잡으려 하니 술(戌)은 경비원이다

時	日	月	年	건명
정관		편관	편인	六神
己	**壬**	**戊**	**庚**	天干
酉	**午**	**子**	**戌**	地支
정인	정재	겁재	편관	六神
비인	양인			신살

▶ 사/주/분/석

자월(子月)의 임수(壬水)일간이므로 양인격(陽刃格)을 구성합니다.

그런데 양인(陽刃)은 그 힘이 너무 흉악(凶惡)하므로 칠살(七殺)로 제압(制壓)하는 길을 최선(最善)으로 삼았습니다. 이것을 이이제이(以夷制夷)라고 불렀는데 오랑캐의 힘을 빌려 오랑캐를 친다는 뜻입니다.

칠살(七殺)도 흉악(凶惡)하고 양인(陽刃)도 흉(凶)하니 이 둘을 서로 붙여 놓으면 견제(牽制)하여 싸움이 중단된다고 보았던 것이죠.

그러므로 이 사주는 년지(年支)의 놓인 술토(戌土) 칠살(七殺)로 상신(相神)을 삼았는데 곧 양인합살(陽刃合殺)명조가 됩니다. 그런데 양인합살이 되면 살인양정(殺刃兩停)이라 하여 우수한 격국이 되어 이름을 날린다고 하였는데 이 명조는 그렇지 못한 이유가 무엇인가요?

자수(子水)가 양인(陽刃)인데 천간은 무기토(戊己土)가 투출한 것이므로 관살혼잡(官殺混雜)과 지지는 자오충(子午沖)과 자유파(子酉破)가 된 구조입니다. 또한 년지 술토(戌土)는 술(戌)중 정화(丁火)와 자중(子中)의 계수(癸水)와 정계충(丁癸沖)합니다. 이렇게 되면 양인(陽刃)을 형충파(刑沖破)하는게 너무 심합니다. 양인은 건들이면 불행해지는 것입니다. 이 남자 분은 현재 "병원 경비원을 직업으로" 이것은 술토(戌土)와 무토(戊土)를 사용했다는 말이 되겠죠. 그럼 양인(陽刃)을 칠살(七殺)로 잡으려 한다는 이야기입니다.

이것이 양인합살(陽刃合殺)의 상을 직업으로 삼은 것입니다. 술(戌) 글자는 본래 경비견(警備犬)을 뜻하였는데 가을철이 되는 술월(戌月)에는 결실을 창고에 보관한다는 의미에서 "경비하다, 지키다"의 의미가 있습니다. 고로 이것을 지키는 사람이니 "경비업, 안전요원"이고 개는 사람을 대신해서 지켜줄 수 있으므로 그래서 술(戌)은 경비견(警備犬)이 됩니다. 시간으로는 약 19시에서 20시까지이니 닭고 잘잘 시간인데 밤중에 활동하는 사람들이므로 경비원, 보안요원, 경찰관 등의 직업이 적합합니다.

그러나 양인(陽刃) 자수(子水)는 무토(戊土)와 무계(戊癸)명암합(明暗合)이고 술(戌)중의 정화(丁火)와 정계충(丁癸沖)이니 오히려 양인(陽刃)을 심하게 충격을 가하지 않았나 의구심이 되네요. 그런 와중에 자오충(子午沖)이고 자유파(子酉破)이니까 이런 경우는 자수 양인을 지속적으로 건들게 되겠죠. 따라서 술토(戌土)를 사용한 경비(警備)생활은 오히려 정계충거(丁癸沖去)로 양인(陽刃)을 건들려 화액(禍厄)을 촉발할 수도 있으므로 직업 전환이 필요합니다.

현재는 유금(酉金)에 해당하는데 유금(酉金)의 자오유(子午酉)는 칼 잡는 도축류(屠畜類) 물상입니다. 자오충(子午沖)은 양인(陽刃)과 비인(飛刃)의 충돌이므로 칼 잡는 직업이 될 수도 있습니다. 곧 격국이 성격(成格)이 되었다면 수술칼을 집도하는 의사(醫師), 미용, 조각가로 성공하겠지만, 패격(敗格)이 된 사주에서는 어류를 포획(捕獲)하는 일로 살아가야 순조로울 수 있습니다. 그러므로 유금(酉金)을 사용한 직업은 냉동창고(冷凍倉庫)에 보관한 생선류의 물상이 자유파(子酉破)이므로 냉동창고가 있는 통조림 가공 공장 등에서 일하는 것이 좋고 그 이후에는 어촌에서 생선구이 집을 열면 노후(老後)가 무난하리라 추측됩니다. 따라서 이런 사주는 도시 생활은 맞지 않고 어촌(漁村)으로 가서 생선류(生鮮類)를 포획하는 길을 잡아 보는 것도 개운법이 되겠습니다. 중풍 드신 어머님을 모시고 병원 경비일 하면서 하루하루를 삽니다.

12 물이 많은 신금(申金)은 선박(船舶)이고 편인(偏印)은 검사관이다

時	日	月	年	건명
겁재		편관	겁재	六神
癸	**壬**	**戊**	**癸**	天干
卯	**申**	**午**	**亥**	地支
상관	편인	정재	비견	六神

▶ 사/주/분석

이 남자 분은 대학에서 조선공학을 전공한 후에 선박검사관으로 일하고 있습니다. 사주에서 선박 관련 물상이 보이나요?

이 명조는 오(午)중의 기(己)토가 월간의 무(戊)토 칠살(七殺)로 투간하였습니다. 그런데 무계(戊癸)합살하니 칠살(七殺)을 양인으로 적살하는 방식을 취하고 있습니다. 고로 고위험군 직업에 속하는데 특이점은 계해(癸亥)라는 물속에 정재(正財)와 칠살(七殺)이 암합(暗合)하니 물속에 내 재물과 관록이 있다는 점입니다. 그러므로 이 사람의 직업환경은 호수, 강 혹은 바다가 되는 것입니다. 그런데 이 사람의 상신(相神)은 상관(傷官)과 편인(偏印)인데 묘신(卯申)암합(暗合)으로 구성이 되어 있습니다. 이것은 상관(傷官)과 효인(梟印)이 암합(暗合)으로 제화(制化)가 되어 있으므로 묘신(卯申)의 물상은 물 위를 흐르는 목조선(木造船)이 됩니다. 그런데 신금(申金)이 편인(偏印) 문서라는 점에서 현장의 기계류 설치 작업자보다는 문서 작업자입니다. 따라서 신금(申金)은 선박(船舶)이 되었고 편인(偏印)은 검사관(檢查官)으로 볼 수 있습니다.

▶ 근황

어릴 적부터 홀어머니 밑에서 고생스럽게 성장하였지만, 공과대학에서 조선공학을 전공하여 선박검사관으로 일하고 있습니다.

13 화개(華蓋)가 공망(空亡)을 맞았으니 출가 지승(出家之僧)이다

時	日	月	年	건명
편인		정관	식신	六神
丙	**戊**	**乙**	**庚**	天干
辰	**戌**	**酉**	**午**	地支
비견	비견	상관	정인	六神
	화개			신살
	공망			

▶ 사/주/분/석

이 명조는 무재(無財) 사주인데 을목(乙木)은 정관(正官)으로 을경합반(乙庚合絆)이 되었으니 재관(財官)이 소실(消失)이 된 사주입니다.

사주 중에 재관(財官)이 없다는 말은 세상에 물욕(物慾)이 있을 수가 없으므로 속가(俗家)와 인연이 없다고 보았습니다.

특히 술토(戌土)가 화개(華蓋)인데 공망(空亡)을 맞게 되면 승도(僧道)와 인연이 깊다고 하였는데 고로 이 명조는 분명하게도 출가지승(出家之僧)의 명(命)입니다.

그러므로 무토(戊土) 일간은 전적으로 병화(丙火)에 의지해야 합니다. 왜냐하면 병화(丙火)가 태양이니 곧 하늘의 제왕(帝王)인지라, 노을은 태양에 의지하는 연고로 그 삶의 종속(從屬)이 있게 되는 까닭입니다. 이것을 차일이현(借日以現)라 하였는데 노을이란 그 형태가 없으므로 태양을 빌려 그 모습을 드러낸다고 하였던 것입니다. 고로 노을은 태양을 떠나 그 존재가 없는 것이니 병화(丙火)는 인수(印綬)가 되었으므로 이 사주의 주인은 학자, 종교, 철학 등에서 성공할 수 있습니다.

재관(財官)이 없는 까닭에 물욕(物慾)이 없는 순수한 학문을 할 수 있다는 뜻이기도 합니다.

그래서 물욕(物慾)을 떠나 종교인, 학자 등의 순수한 길을 가다보면 반드시 늦지 않아 진중(辰中)의 계수(癸水)를 얻게 되는 바, 진술충(辰戌沖)으로 얻는 계수(癸水)는 하수상휘(霞水相輝)의 상(像)이 되는 것입니다. 하수상휘(霞水相輝)라 함은 곧 저녁 무렵의 노을이 지는 황혼에 계수(癸水)의 빗줄기가 내려 더욱 선명(鮮明)해지는 현상을 말하는 것인데 하수상휘(霞水相輝)를 얻는 명은 부귀(富貴)명으로 그 환경에서 크게 성공할 수 있습니다.

▶ 근황
신학교를 나오고 개신교에 광적(狂的)으로 빠져 있다고 합니다.

▶ 핵심키워드
무토(戊土)는 노을(霞)이 된다. 토(土)는 전일한 기운이 없어 화에 의지하여 모습을 나타내는데 곧 노을은 정해진 체(體)가 없어서 차일이현(借日以現)하므로 태양을 빌려서 출현합니다.

그러므로 병화가 태양임을 안다면 무토가 곧 노을임을 알 것입니다. 노을이라는 것은 태양의 잔유물인 것이 맞다. 태양이 다하면 노을이 장차 멸몰(滅沒)하고 불이 꺼지면 곧 토의 생의(生意)가 없게 된다. 그런 까닭에 노을이라 부른 것입니다.

또한 무토(戊土)가 계수(癸水)를 보면 하수상휘(霞水相輝)의 상격(上格)을 이루고 특히 년 월간에서 계수(癸水)를 보는 것을 기쁘게 보았다. 이것은 비가 온후에 노을 현상이 더욱 선명해지기 때문에 문채(文彩)가 더욱 선명(鮮明)해진다고 보았던 것입니다.

14 탐재괴인(貪財壞印)이 되면 돈과 여자를 멀리해야 한다

時	日	月	年	건명
상관		정재	상관	六神
壬	辛	甲	壬	天干
辰	巳	辰	子	地支
정인	정관	정인	식신	六神
화개 공망		화개		신살

▶ 사/주/분/석

진토(辰土)가 인수(印綬)이고 진중(辰中)에서 갑목(甲木) 정재(正財)가 투간(透干)하고, 인수(印綬)를 용신(用神)으로 하려는 사주에서 재성(財星)이 투출해 있으면 이것을 재극인(財剋印)이라 하여 탐재괴인(貪財壞印)이라 흉명(凶命)으로 보았습니다.

따라서 인수(印綬)는 진토(辰土)가 되면서 화개살인데 공망을 만났으므로 승도(僧道)와 인연이 깊습니다. 또한 화개공망이 진사(辰巳)라망에 걸린 상(像)이므로 세속의 화려함을 모두 덮어버려 공망이 되니 일찍이 세속과는 인연이 없습니다. 종교에출가(出家)하는 길이 사는 방법이 됩니다.

다만 문제는 라망에 걸린 인수가 탐재괴인(貪財壞印)이니 정법(正法)으로 가지 못하고 잡학(雜學)으로 나갈 수 밖에 없는 노릇입니다. 왜냐하면 진토(辰土)가 잡식성(雜食性)인데 인수(印綬)에 해당하니 잡학(雜學)이 되고 라망(羅網)에 걸린 탐재괴인이니 종교, 대처승(帶妻僧), 무속인(巫俗人)이 되는 것입니다.

그러므로 진토(辰土)가 화개살(華蓋殺)인데 절로(絶路)공망(空亡)에 걸린 것이니, 말하기를 "화개(華蓋)공망(空亡)은 곧 승도(僧道)의 길이다"라고 하였습니다.

승문(僧門)에 출가(出家)한 것은 올바른데 출가(出家)하였어도 탐재(貪財)를 버리지는 못한 것은 팔자가 탐재괴인(貪財壞印)의 상(像)이 뚜렷하게 보이기 때문입니다. 이 분은 승문에 출가하였나, 돈과 여자를 멀리하지는 못해 결국 종단에서 제명(除名) 당하였습니다.

15 기계를 묘유충하여 얻는 산물(産物)이니 방직공장이다

時	日	月	年	건명
편관		편인	상관	六神
癸	丁	乙	戊	天干
卯	酉	卯	申	地支
편인	편재	편인	정재	六神
공망	도화	공망		신 살
戊 壬 庚	庚 辛	甲 乙	戊 壬 庚	支裝干

▶ 사/주/분/석

이 명조는 묘월(卯月)의 을목(乙木)이 투간이면 편인격(偏印格)인데 편인(偏印)이 목(木) 오행(五行)으로 구성이 되면 보통 교육계(敎育界), 종교(宗敎), 철학(哲學)계통에서 성공할 수 있습니다.

특히 편인(偏印)이 공망(空亡)이 되면 학자(學者)로 가면 성과가 있을 수 있는데 왜 이 사주는 공장으로 취업을 선택하였을까요?

이것은 용신(用神)의 환경(環境)이 교육(敎育)보다는 공장(工場) 쪽이라는 것을 설명할 수 있어야 합니다. 따라서 이 사주는 용신(用神)인 인수(印綬)가 편재(編財)를 많이 보게 되면 탐재(貪財)로 흘러가기 쉽고 또한 사주 구성이 년주(年柱)의 무토(戊土) 상관(傷官)으로 인해 상관생재(傷官生財)를 구성했으므로 초년에 학문보다는 재물에 대한 관심이 높을 수밖에는 없었을 것으로 추정합니다.

그런데 왜 하필이면 의류공장(衣類工場)에서 근무를 하게 되었는가 입니다. 왜냐하면 이것은 을목(乙木)의 직업 상의(象意)는 화원(花園), 육림(育林)에서 기원하는데, 여기서 나온 1차 환경들은 제지(製紙), 섬유(纖維), 의류(衣類), 직물(織物)등이 되는 것이기 때문입니다.

더욱 발전하게 되면 디자이너, 미용(美容), 교육(敎育), 육성(育成), 예술, 무용(舞踊), 연예(演藝), 방송(放送) 등으로 출현하게 됩니다.

하지만 년지(年支)의 신금(申金)이 묘신(卯申) 암합(暗合)하고, 일지(日支)의 유금(酉金)이 묘유충(卯酉沖)하는 물상은 직물 기계를 암시할 수 있다는 점입니다. 곧 의류(衣類), 자수(刺繡)실 등을 기계의 힘에 의해 돌리는 것이므로 직조(織造)를 뜻하는 것입니다. 따라서 이것은 기계를 충(沖)하여 얻는 산물(産物)이므로 의류 방직공장이 되는 것입니다.

▶ 근황

이 남자 분은 중국인으로 의류공장에서 직공으로 일을 시작하였으나, 나중에는 공장장이라는 중임을 맞게 되었다. [명리상권]

16 을목(乙木)을 계수(癸水)에 담가 병화(丙火)로 말리니 염색원단 사장이다

時	日	月	年	곤명
식신		겁재	인수	六神
丙	**甲**	**乙**	**癸**	天干
寅	**子**	**卯**	**未**	地支
비견	인수	겁재	정재	六神
역마	도화	장성	천살 양인	신살

▶ 사/주/분/석

이 명조는 월령에 양인(陽刃)을 놓았으니 양인격(陽刃格)에 해당하는데 을목(乙木)이 투간한 상황에서 묘미(卯未)로 합국(合局)을 이루고 있습니다. 따라서 목국(木局)이 강성해지면 양인의 국을 이루게 되니 반드시 설기(洩氣) 시켜주는 식신(食神)을 유일한 통로로 보아야 할 것입니다.

그러므로 이 사주는 용신(用神)은 을목(乙木)이 되고 상신(相神)은 식신(食神)과 재성(財星)이 되었은 즉, 양인용재투식(陽刃用財透食)의 명조가 됩니다.

그래서 이 사람의 직업환경은 투간이 된 을목(乙木)과 병화(丙火)의 조합에서 찾으면 되는 것입니다. 그런데 을목(乙木)은 물상법에서는 화원(花園), 육림(育林)이 되는데 여기서 나온 1차 환경들은 제지(製紙), 섬유(纖維), 의류(衣類), 직물(織物)등이 됩니다. 다만 합국(合局)을 이룬 목(木)은 대림목(大林木)에 해당하여 큰 재목(材木)이니 재목(材木)을 쪼개 만든 원자재가 제지(製紙), 섬유(纖維), 원단 (原緞)이 됩니다.

그래서 용신이 비록 을목(乙木)이지만 대림목(大林木)을 형성한 까닭에 이 사람은 덩치가 작은 의류보다는 덩치가 큰 섬유, 원단장사에서 성공하게 됩니다. 그래서 갑목(甲木)은 섬유, 원단 쪽이고, 을목(乙木)은 의류, 옷 장사 쪽이 많은 것입니다.

또한 이 명조는 을목(乙木)이라는 원단(原緞)을 계수(癸水)가 물을 뿌려주어 염색(染色)하였는데 시간(時干)의 병화(丙火)로 말리므로 고초인등(枯草引燈)의 상(像)이 됩니다. 이러한 형상을 염색공장이라 말하는 것인데 원단 장사는 반드시 염색공장을 옆에 끼고 경영해야 하기 때문입니다.

▶ 근황
원단장사를 하는 여사장입니다.

▶ 핵심키워드
고초인등(枯草引燈)이라 하는 것은 마른 건초는 불에 잘 붙는다는 뜻을 가지고 있다. 예를 들어 을목(乙木)은 굴곡(屈曲)의 성질을 가진 화초(花草)인데 습한 을목(乙木)은 불이 안 붙고 그을음이 나므로 햇빛에 말려 건초(乾草)더미로 만들어 줘야 한다. 건초(乾草)로 만들어지기 위해서는 햇빛에 잘 말려야 하는데 이러한 과정을 고초인등이라 말한다.

따라서 고초인등의 구조를 가진 사람은 1차 산업에서는 초목(草木)재배 혹은 산야에 약초를 캐는 약초꾼, 화원(花園), 육림(育林)재배가 많고 2차 산업에서는 가공된 산물(産物)이므로 조화(造花), 섬유, 종이, 제지, 직물, 책 , 수공예 등에서 나타나며, 3차 산업이라면 교육자, 육성(育成),어문학, 의류학, 무용, 음대, 한약재, 약재상, 한의사, 약사가 된다.

17 역마가 된 정재가 들어오고 나가니 은행업이다

時	日	月	年	건명
정인		정관	식신	六神
庚	癸	戊	乙	天干
申	卯	子	巳	地支
정인	식신	비견	정재	六神
			역마	신살

▶ 사/주/분/석

이 명조는 자월(子月)의 계수(癸水)일간은 건록격(建祿格)인데 무토(戊土)가 일간과 관합(官合)이 되어 있습니다. 무토(戊土) 정관(正官)의 정체가 무엇인가요. 정재(正財)가 역마(驛馬)이니 돌아다니는 현금이 무토(戊土) 정관에 재생관(財生官)으로 결집(結集)하는 장소인데 다시 경금(庚金)의 인성(印星)으로 나가는 것이니 은행, 금융이 될 수 있습니다.

그런데 만약 정관(正官)을 상신(相神)으로 사용하는 구조에서 을목(乙木) 식신(食神)이 투출하면 파격(破格)이 될 수 있습니다. 하지만 년간(年干)의 을목(乙木)은 사중(巳中)의 경금(庚金)에 의해 을경(乙庚)명합암(明暗合)으로 구속당하고 또한 투간한 시간의 경금(庚金)에 의해서도 견제(牽制)받고 있습니다. 고로 을목(乙木) 식신(食神)이 정관(正官)을 크게 해롭게 할 수가 없다는 점입니다. 또한 일지(日支) 묘목(卯木)도 신금(申金)과 묘신(卯申)암합(暗合)이 되므로 역시 식신이 정관을 상극(相克)하기 어렵게 만들고 있습니다.

따라서 무토(戊土) 정관(正官)은 맑으며 일간과 관합(官合)하니 이 사람은 깨끗한 정관에 속하여 활동한다고 추리할 수 있습니다.

또한 년지의 사화(巳火) 정재(正財)가 화생토(火生土)하여 재생관(財生官)을 하는 까닭에 돈이 들어오는 단체가 됩니다. 그런데 경신(庚申)의 인수(印綬)로 관인상생(官印相生)하므로 돈이 인수문서를 통해 나가는 상(像)도 보입니다. 이것은 돈이 들어오고 나가는 물상이므로 곧 은행업, 금융업이 될 수 있습니다.

왜냐하면 묘신(卯申)이 암합(暗合)하는 것은 묘목(卯木)은 씨앗을 심는 행위이고 신금(申金)은 거두워 들이는 행위이므로 이 둘이 합이 되는 것은 입금(入金)과 대출(貸出)인 것입니다. 그러므로 이 사람은 은행에서 근무하는데 지방의 지점장이라고 합니다.

▶ 근황

중국인으로 지방 소도시의 은행 지점장입니다.[명리상권]

18 무계합은 식신과 인수의 합이니 기술협력 문서가 된다

時	日	月	年	대운52	건명
식신		정재	편재	정인	六神
癸	辛	甲	乙	戊	天干
巳	丑	申	巳	寅	地支
정관	편인	겁재	정관	정재	六神

▶ 사/주/분/석

이 사주는 정편재가 년월(年月)의 대문(大門)에 투출하고 월지(月支)는 겁재(劫財)이니 재성노출(財星路出)이라 길신태로(吉神太路)에 해당됩니다. 따라서 재성(財星) 겁탈(劫奪)이 있을 수 있는데 반드시 나의 재물을 지켜줄 수 있는 관공서(官公署)에 의지해야 합니다.

그래서 년지(年支)의 정관(正官)은 나의 재물을 지켜주는 관공서가 되는 것이므로 이 사주는 길신태로에서 구제받은 것이므로 곧 귀(貴)하게 될 수가 있었습니다. 고로 편재는 년지 사화정관에 의해 통제받는 것이니 관공서(官公署)가 관리하는 돈이 되므로 공공(公共)의 재물이 됩니다. 따라서 개인의 자산(資産)이 될 수 없는 까닭에 공공기관(公共機關)이 되는 것입니다. 또한 무토대운 중에 관리자로 승진에 성공한 이유는 무계합(戊癸合)에 있습니다. 곧 무계합은 식신(食神)과 인수(印綬)의 결합(結合)이니 기술협약문서를 뜻합니다. 따라서 관공서에서 근무하는 사람에게서 나타나는 이런 무계합은 기술을 인정받아 관리직으로 승진하여 올라간다고 보는 것입니다.

▶ 근황

의료관련 공공기관에서 근무하고 있으며, 55세 기해년(己亥年, 2019) 승진하였고, 58세 임인년(壬寅年, 2022)에는 기관장급으로 승진하였습니다.[석우딩]

19 태괘(兌卦)는 입에 해당하니 신유(辛酉)가 종명곡응(鐘鳴谷應)이면 판소리가 된다

時	日	月	年	곤명
편인		편재	편관	六神
乙	丁	辛	癸	天干
巳	酉	酉	未	地支
겁재	편재	편재	식신	六神
역마	공망	공망		신살

▶ 사/주/분/석

이 여자 분은 음대에서 플루트를 전공하는 여학생입니다. 이 명조가 특히 플루트를 전공하는 까닭을 알 수 있을까요?

이 사주에서 지지를 분석해 보면 유유형(酉酉刑)은 사유합(巳酉合)으로 인해 해소(解消)가 되었습니다. 고로 이 사주는 사화(巳火)가 살아있으므로 정화(丁火) 일간(日干)의 벗팀목이 되어 주면서 유금(酉金)은 정화(丁火)의 장생지이므로 일간이 힘을 받을 수가 있다는 점입니다.

고로 계수(癸水)는 비록 재왕생살(財旺生殺)로 위태롭지만 계미(癸未)는 동주묘(同住墓)에 좌(坐)하니 계수(癸水)가 묘지에서 무력합니다. 따라서 미토(未土) 식신(食神)의 제화(制化)로 공(功)이 있을 수 있습니다. 즉 칠살(七殺)을 편인(偏印)과 식신(食神)이 거리를 두고 견제(牽制)하는 데 성공할 수 있습니다.

그러므로 이 사주는 을축대운중에 사유축삼합국이 되면 형평성을 상실하게 되므로 잘 살펴봐야 할 것입니다.

또한 신(辛)은 태괘(兌卦)에 속하며 입을 상징하므로 언변이 날카롭고 매섭습니다. 그래서 언론사, 변호사 등의 직업이 유리하지만, 만약 가을철 산사의 종소리인 종명곡응(鍾鳴谷應)의 상(像)이 되면 종교, 음악, 예술로 나갈 수 있습니다.

사주가 단아하면 종교로 진출하고, 탁(濁)하면 주류(酒類), 음식(飮食), 예술(藝術)로 발전할 것입니다. 원래 유금(酉金)의 물상은 촛대, 등잔, 술, 발효, 음식, 소녀, 연못, 종교, 종인데, 유금(酉金) 자체에 발효(醱酵), 음주(飮酒), 가무(歌舞)에 능한 성질이 있습니다. 특히 신유(申酉)가 공망(空亡)이니 사찰(寺刹)의 종소리가 서방정토(西方淨土)를 알리는 종명곡응(鍾鳴谷應)의 상(像)이 되어 음색(音色)으로 나타날 수도 있습니다. 을신충(乙辛沖)이면 타악기(打樂器)이지만 신은 태괘로 서쪽, 입, 소녀가 되므로 입으로 부르는 판소리와 창곡이 될 수 있습니다.

▶ 핵심키워드

유(酉)는 풍지관(風地觀)괘이다. 하늘에 오곡백과를 올려 제사하는 계절이니 제사에 사용되는 술을 땅에 뿌렸으니 유금(酉金)이다.

그래서 종교 제사와 관련이 깊다. 그러므로 촛대, 등잔, 술, 음식, 소녀, 연못, 문, 영혼, 종교, 성당의 종이 된다. 신(辛)은 태괘(兌卦)로 서쪽, 입, 소녀가 되는데 신유(辛酉)가 만나면 음주(飮酒), 가무(歌舞)가 된다. 고로 입으로 부르는 판소리와 창곡이 되므로 이를 종명곡응(鍾鳴谷應)이라 한다.

20 부러진 바늘형상이니 바늘, 못 공장을 운영하였다

時	日	月	年	건명
비견		비견	비견	六神
辛	**辛**	**辛**	**辛**	天干
卯	**未**	**卯**	**卯**	地支
편재	인수	편재	편재	六神
현침	현침	현침	현침	신살

▶ **사/주/분/석**

현침살은 갑(甲), 신(辛), 묘(卯), 오(午), 신(申), 미(未)를 말합니다.

용모나 성격이 바늘같이 예리하며 관재나 재액, 사고를 자주 당하게 되는 살(殺)로서 직업은 의약(醫藥), 기술(技術), 역술(曆術), 종교(宗教), 도살업(屠殺業)에 종사하면 그 액(厄)을 직업적으로 활용하기 때문에 재액(災厄)이 감소하거나 혹은 해소(解消)가 됩니다.

이 사주 8글자가 모두 현침살(懸針殺)로 구성이 되었습니다. 천간의 신금(辛金)은 바늘, 칼이고 바늘과 칼이 많다는 것은 바늘을 생산하거나 바늘과 족집게 등을 가지고 작업하는 의류공장이 될 수 있습니다. 그런데 지지는 묘목(卯木)으로 절각(截脚)에 앉아 있으므로 부러진 바늘의 형상을 취합니다. 이 신금(辛金)은 강한 칼은 못되고 힘없는 작은 바늘이거나 족집게 가위 등입니다. 그래서 신묘(辛卯) 글자를 가진 사람은 손끝이 예리하여 침술, 안마, 조각, 수공예 등을 잘한다고 합니다. 이 분은 바늘공장을 운영한 뒤에 못 공장을 경영하여 부자가 되었다고 합니다. 특이한 점은 비견(比肩) 신금(辛金)들이 지지에 모두 절각(截脚)을 놓고 앉아 있는 상(像)으로 그러한 까닭에 4형제들이 모두 다리가 불편하다고 합니다.

21 여러 명의 일꾼이 모여 편재를 도모함이니 신금은 금융권이다

時	日	月	年	대운45	건명
비견		편인	비견	정재	六神
辛	辛	己	辛	甲	天干
卯	亥	亥	亥	午	地支
편재	상관	상관	상관	편관	六神
	지살	지살	지살		신살

▶ 사/주/분/석

상관 여러 명이 공공재물 편재(編財)를 만들려고 머리를 모으는 것이니 공동작업인데 신금(辛金)이 일순(一巡)하고 지지 상관생재(傷官生財)가 크니 신금은 금융권(金融圈)사람이다.

이 사람이 금융권 근무하는 이유는 무엇을 보고 알 수 있겠습니까?
일단 신금(辛金)은 보석류(寶石類), 형법(刑法), 금융권(金融圈)입니다.
그런데 묘(卯) 편재(編財)가 해묘합(亥卯合)하여 화상위재(化傷爲財)로 변한 사주이니 상관생재가 커서 작은 물건이 아닙니다. 사업적 마인드가 충분합니다. 고로 신금(辛金)이 일순(一巡)하므로 금전(金錢)을 가지고 사업하는 사람일 수 있다고 판단해 볼 수 있습니다.
특히 상관 3명이 지살(地殺)을 타고 편재를 만드는 작업이니 상업기술 혹은 공공분야일 수 있는데 이런 종류는 재투자를 위한 공동작업 시스템이라고 보면 됩니다. 따라서 신금은 금전이니 투자금융에 맞습니다.

갑오(甲午)대운에 투자 실패하는 이유는 무엇 때문인가요?

갑기합거(甲己合去)로 인함입니다. 이 사람은 편인 문서를 사용하는 사람인데 그 문서 편인이 사라지므로 투자 문서가 날라 간 겁니다. 갑기합하는 상(像)은 어떤 상황이라고 볼 수가 있을까요. "정재가 편인과 합한다"라는 물상은 곧 돈과 문서의 합상(合像)인데 곧 투자계약서를 의미합니다. 그러나 기해년에 다시 합거(合去)의 상(像)이 임(臨)하였으므로 편인 문서는 합거(合去)이고 정재 갑목은 합류(合流)한 바, 문서는 휴지 조각이 되었고 내 돈은 잔류한 상태라고 보면 됩니다. 곧 투자 실패로 보는 것입니다. 그러다가 다음 해 경자년(庚子年)에는 갑경충(甲庚沖)과 자오충(子午沖)이므로 대운을 천충지격(天沖地擊)하는 바, 재성(財星) 갑목(甲木)이 전패(全敗)하였던 것입니다.

▶ 근황

건명은 금융권에서 근무하는데 년봉이 1억 8천정도 받는다고 합니다. 을미대운 35세에 결혼에 성공하고 갑오대운에는 투자한다고 기해년에 빌려준 돈이 있었는데 그 회사가 기해년 말부터 힘들어지더니 경자년에 코로나로 인해 수출길이 막혀 투자 실패하여 5억에서 10억쯤을 손재하였습니다. 빌려준 돈을 언제 받을 수 있겠는가? 궁금하다고 합니다. 부인은 고등학교 교사이고 쌍둥이 딸이 있습니다.

육친론

사주간명의 열쇠

8부

기타(其他) 육친론(六親論)의 응용(應用)

01 상신(相神) 입고(入庫)해를 만나면 대흉(大凶)하다

時	日	月	年	세운50	대운49	건명
편관		정관	편재	편재	비견	六神
乙	己	甲	癸	癸	己	天干
丑	未	子	巳	未	未	地支
비견	비견	편재	정인	비견	비견	六神
곡각살	곡각살	도화	곡각살	곡각살	곡각살	신살

▶ 사/주/분/석

이 사주의 주인공이 계미년(癸未年)에 사망한 이유가 보이십니까.

이 명조는 일지(日支)에 미토(未土)는 목고(木庫)인데 축미충(丑未沖)이 되어 있으므로 목(木)이 수시(隨時)입고(入庫)하는 상(像)을 가지고 있습니다. 이런 사주가 여자라면 기토(己土)일간에게는 갑을목(甲乙木)이 일지궁(日支宮)에 관고(官庫)를 가졌다고 하여 남편에게 불리(不利)한 사주로 간명합니다. 곧 남편과 이별수가 있는 사주가 되는 것입니다.

그런데 남자사주이므로 목(木)은 관성(官星)이니 자식성(子息星)에 해당이 됩니다. 곧 이 사람은 자식과 인연(因緣)이 없는 사람입니다. 인연(因緣)이 없다는 말은 길게 만나지 못하거나 멀리 떨어져 지내거나 아니면 자식들에게 양부(養父)가 생길 수 있습니다. 이것은 반대로 생각해보면 나에게 변고(變故)가 발생하는 까닭에 내 자식과 인연이 오래가지 못한다고도 볼 수가 있다는 뜻이죠. 그러므로 이 명조는 월지의 자중(子中)에서 계수(癸水)가 투출하였은 즉 재격(財格)을 구성합니다. 그리고 상신(相神)은 갑목(甲木)으로 재생관(財生官)하는 사주가 됩니다. 다만 흠이라면 갑을(甲乙)이 관살혼잡(官殺混雜)이라는 것이지만 우선적으로 일간이 갑기합(甲己合)으로 득재(得財)하였고 을목(乙木)은 기토(己土)와 축미충(丑未沖)이라는 곡각살(曲脚殺)에 둘러 쌓여 있으니 토중목절(土重木折)로 꺾인 상(像)이므로 무력(無力)하다고 보면 됩니다. 그러므로 갑목(甲木)을 상신(相神)으로 쓰면 재생관(財生官)하는 사주가 됩니다.

그런데 기미(己未)대운을 만났는데 정관(正官)의 갑목(甲木)이 갑기합거(甲己合去)로 제거가 되는 시기입니다. 그러면 갑목(甲木)은 나에게는 상신이니 상신(相神) 제거운(除去運)에는 대흉(大凶)하다고 할 만 하니 조심해야 합니다. 그 시기는 계미년(癸未年)에 미토(未土)가 3개로 결집하는데 대운의 미토(未土)와 세운의 미토(未土) 그리고 원국의 미토(未土)입니다. 따라서 계미년(癸未年)에 축미충(丑未沖)을 재충(再沖)하면 미토(未土)가 동(動)하므로 목(木)의 입고(入庫)가 발생할 수 있습니다. 곧 계미년(癸未年)은 상신 입고(入庫)해가 되는 것입니다. 급성 백혈병은 혈액암의 일종으로 암 종류는 갑목(甲木) 소관입니다. 다만 동일한 암(癌)이라 하여도 백혈병은 수(水)에서 발원하는데 고로 갑목 제거 당하는 해에 백혈병의 진단이 나올 수 있는 이유는 계수(癸水)에서 갑목(甲木)으로 재생관(財生官)이 되는 수생목(水生木)의 차단이 근본 원인이 될 수 있습니다.

▶ 핵심키워드

자평진전의 논 **'상신편'**을 보면 다음과 같은 설명이 있다.

월령(月令)에 이미 용신(用神)이 있으면 다른 곳에는 반드시 상신(相神)이 있게 된다. 이것은 임금이 재상을 얻어 그 보필을 받음과 같아서 상신(相神)은 나의 용신을 보필하게 된다. 예컨대 정관격(正官格)인데 재성(財星)의 생조함이 있으면 정관(正官)은 용신(用神)이 되고 재성(財星)은 상신(相神)이 된다.

재왕생관(財旺生官)이 되면 재성(財)은 용신(用神)이 되고 정관(正官)은 상신(相神)이 된다. 그런데 상신(相神)이 상(傷)하면 용신(用神)이 다치게 되고 용신(用神)이 상(傷)하여 심하면 내 몸까지 다치게 된다. 그런 연고로 상신(相神)이 파괴되었다면 이미 파격(破格)이 된 것이다.

02 상관견관(傷官見官)인데 일간은 동주묘(同柱墓)에 처해 있다

時	日	月	年	세운22	대운18	건명
정재		식신	정관	인수	편재	六神
丙	癸	乙	戊	庚	丁	天干
辰	未	卯	申	午	巳	地支
정관	편관	식신	정인	편재	정재	六神

▶ 사/주/분/석

이 남자 분은 식신생재의 격국같은데 왜 범죄자로 무기형을 선고 받아야 했을까요?

이 명조에서 흑운차일(黑雲遮日)의 상(像)에 갇힌 병화(丙火) 재성(財星)은 쓸 수 없습니다. 따라서 병화(丙火)는 계수(癸水)를 뛰어 넘어 무토(戊土) 정관(正官)을 도울 수 없습니다. 또한 년지(年支) 신금(申金)은 묘신(卯申) 암합(暗合)으로 묶여 있어서 무토(戊土) 정관(正官)을 보호할 수 없습니다. 고로 정관(正官) 무토(戊土)는 고관무보(孤官無保)가 되었습니다. 그러므로 을목(乙木)식신은 왕목(旺木)이니 무토(戊土)를 피상(彼傷)하고 있습니다. 따라서 상관견관(傷官見官)위화백단(爲禍百端)의 상(像)을 갖추었습니다.

이것은 년간의 조상궁을 공격하는 것이므로 단절이 되는 것이니 부모를 일찍 여의고 조상의 은덕이 끊긴 사람이라고 보는 것입니다. 고로 고향을 떠나 자수성가(自手成家)할 사람인데 패격(敗格)이 되면 여러 가지 관소송에 걸려 범죄를 저지를 수 있는 사람이 됩니다. 왜냐하면 진토(辰土)가 일간(日干)의 고지(庫地)이고 미토(未土)는 묘지(墓地)에 해당합니다. 이것은 일간이 상관견관(傷官見官)의 소송으로 동(動)하게 되면 곧 갇힌다는 암시가 있는 것입니다.

▶ 근황

부모를 일찍 여의었고, 중학교 졸업 후 각 업종의 종업원을 전전하다가 범죄를 시작했다. 폭력, 절도 등으로 수차례 수감되었다. 丁巳/庚午 22 1990년에 절도하다 주인에게 발각되자 칼로 찔러 살해하여 무기징역형을 언도받고 수감되었다. [장기수형자의 사주명리학적 연구]

▶ 핵심키워드

고관무보(孤官無補)란 정관이 홀로 방치가 된 상태로 주변의 도움을 받지 못함을 말한다. 즉 정관(正官)은 존귀한 물건이므로 독단적으로 사용할 수가 없는 물건이다.

그래서 정관은 인수의 보호가 필요한 것인데 정관을 극하는 상관의 위협에 대해 방어를 해줄 수 있는 인수가 필요한 것이다. 만약 정관격에서 인수(印綬) 부재(不在)가 되면 정관은 노략질을 당하는 셈이니 이것은 곧 관공서가 불순한 테러에 의해 불타 그 역할을 못하는 것이 된다. 그러므로 인수가 없게 되면 상관의 직접적인 위협으로부터 늘 근심할 수밖에 없다. 또한 재성은 정관을 생조하여 관공서가 힘을 얻게 하므로 백성의 지지 세력이 되는 것이다. 만약, 재성이 없게 되면 이 또한 지지 세력이 없으니 풍전등화이므로 위태롭다할 것이다.

그러므로 정관격(正官格)으로 인수(印綬)와 재성(財星)이 필연적으로 존재해야 하는데 이 둘이 없게 되면 정관은 고관무보가 된 것이라 말을 하며 외로운 정관은 관공서(官公署)로써 그 역할을 못하는데 고관무보(孤官無保)가 된 정관은 쓸 수가 없는 것이다.

03 물이 태과한 즉 방광(膀胱), 신장(腎臟), 전립선(前立腺) 질환이다

時	日	月	年	세운54	대운54	건명
정재		편관	겁재	식신	식신	六神
甲	**辛**	**丁**	**庚**	**癸**	**癸**	天干
午	**亥**	**亥**	**戌**	**卯**	**巳**	地支
편관	상관	상관	인수	편재	정관	六神

▶ 사/주/분/석

이 남자 분은 해해수(亥亥水)가 넘쳐 나는데 신금(辛金)이 침수(沈水)하고 정화(丁火)는 위태롭습니다. 그런데 해해형살(亥亥刑殺)로 인해 상관(傷官)이 크게 동(動)한 즉 상관제살(傷官制殺)이 제살태과(制殺太過)로 넘어갈 수 있는 위험성을 내포하고 있는 사주가 될 수 있습니다.

그러므로 마땅히 화토(火土)로 해수(亥水)를 제복(制伏)해야 하는데 월간의 정화(丁火) 편관(編官)과 년지(年支)의 술토(戌土)는 해수(亥水)를 제압하는 공(功)이 있습니다. 그러나 계사(癸巳)대운 계묘년(癸卯年)에는 계사(癸巳)대운에 정계충(丁癸沖)하고 계묘년(癸卯年)에 재차 정계충거(丁癸沖去)하니 정화(丁火)의 피상(彼傷)이 뚜렷하게 나타나게 됩니다. 고로 정계충(丁癸沖)과 사해충(巳亥沖)은 천극지충(天極地沖)에 해당되는데 사해충(巳亥沖)이면 해수(亥水)가 충기(衝起)하게 됩니다. 가옥(家屋)이 침수되어 등불이 꺼지는 상황에 처하게 됩니다.

그러므로 이 분은 심장질환, 혈관질환도 있었을 것으로 판단되는데 오화(午火)가 있어서 심장보다는 오히려 물의 피해가 더 큰 것 같았습니다. 곧 물이 태과(太過)되는 경자년(庚子年)에 전립선 암이 발생하여 수술하였고 계묘년(癸卯年) 초여름에 사망하였습니다. [출처 고려기문학회]

04 여름철의 고초인등은 약초보다는 생화(生花)에 가까우니 요리사다

時	日	月	年	세운18	건명
정관		정인	비견	정관	六神
癸	**丙**	**乙**	**丙**	**癸**	天干
巳	**寅**	**未**	**戌**	**卯**	地支
비견	편인	상관	식신	인수	六神

▶ 사/주/분/석

고등학생 신분으로 공부 잘하다가 갑자기 직업전선에 뛰어든 이유는 무엇인가요?

그 이유는 병술(丙戌)과 을미(乙未)가 동주고(同柱庫)로 육신(六神) 변화가 심하기 때문입니다. 동주고(同柱庫)로 구성이 되면 비정상적인 움직임을 일으키는데 앞으로도 이 사주의 결함(缺陷)이 됩니다.

이 명조는 미중(未中)의 을목(乙木)이 투출하였으므로 잡기인수격에 해당합니다. 인수는 곧 자격증을 활용한다는 뜻이므로 이 학생은 자격증 취득을 해야 길이 열리게 됩니다. 미토(未土)에서 투출한 잡기(雜氣) 을목(乙木)이라 잡기(雜氣)인수격(印綬格)이라 부르며 미토(未土)의 성분을 포함한 을목(乙木)의 성질이 나타납니다.

그런데 용신(用神)이 을목(乙木)이면 손재주가 뛰어나다고 봐야죠. 그래서 손을 자주 사용하는 직업이 유망합니다.

만약 공부를 잘한다면 약사, 한의사가 좋겠는데 왜냐하면 천간의 병(丙)과 을(乙)의 조합(組合)은 마른 약재(藥材)의 상(像)으로 고초인등(枯草引燈)의 상(像)을 나타내고 있기 때문입니다.

다만, 여름철의 고초인등(枯草引燈)이므로 가을철의 약초(藥草)보다는 생화(生花)에 가까워서 살아 있는 식물, 식용작물을 다루는 요리사가 적합할 수 있습니다. 또한 미토(未土)가 월지이면 손맛이 뛰어난다고 하여 유명 주방장은 미토(未土)가 많습니다. 그 이유는 미월(未月)은 결실이 시작되고 맛이 들어갈 때이고 또한 미(未)는 "맛 미(味)"로 음식재료와 관련이 있습니다. 그래서 단백질, 전분, 당분, 식품점, 음식점, 조미료, 양념, 물감, 비료, 제과회사, 조미, 식품회사, 전자담배, 기호식품(커피, 담배, 디저트)등과 관련된 직업이 좋습니다.

이것은 사주에 불이 많고 을목(乙木)은 일년살이 화초(花草)이므로 도라지, 쑥, 냉이, 달래, 고사리 식용작물 등을 물(癸水)에 넣고 삶는 요리사의 물상이 나올 수 있으므로 이러한 직업을 얻어야 유리해집니다.

▶ 근황

현재 고등학생 18세입니다 공부를 잘 하다가 갑자기 올해 계묘년(癸卯年)부터 공부를 등한시하더니, 고기 집에서 알바를 하며 백종원씨 같이 요식업으로 성공한 CEO가 되고 싶어 일을 배우는 중입니다.

▶ 핵심키워드

고초인등(枯草引燈)이라 하는 것은 마른 건초는 불에 잘 붙는다는 뜻을 가지고 있다.

예를 들어 을목(乙木)은 굴곡의 성질을 가진 화초(花草)인데 습한 을목은 불이 안 붙고 끄을음이 나므로 햇빛에 말려 건초(乾草)더미로 만들어 줘야 한다. 건초(乾草)로 만들어지기 위해서는 햇빛에 널려 잘 말려야 하는데 이러한 과정을 고초인등(枯草引燈)이라 말한다.

따라서 고초인등의 구조를 가진 사람은 1차 산업에서는 일년 살이 초목(草木)재배 혹은 산야에 약초를 캐는 약초꾼, 화원(花園), 육림(育林)재배가 많고 2차 산업에서는 가공된 산물(産物)이므로 조화(造花), 섬유, 종이, 제지, 직물,

책, 수공예 등에서 나타나면 3차 산업이라면 교육자, 육성(育成),어문학, 의류학, 한약재, 약재상, 한의사, 약사가 된다.

고초인등(枯草引燈)은 가을철의 고초인등을 최고로 삼았는데 약재(藥材)의 효용성이 높아서 술해(戌亥)천문을 가진 사람이라면 한의사, 약재상을 할 만하다. 그러나 여름철에는 염양려화(艶陽麗花)라 하여 생화(生花)에 가까우므로 살아있는 화초를 취급한다. 그래서 육림재배, 혹은 산나물을 취급하는 식자재 가공업, 요리사가 될 수 있는 것이다.

05 고지(庫地)에서 투고된 잡기상관격은 갑목의 육친성이 불안정 하다

時	日	月	年	세운20	곤명
편인		편인	상관	비견	六神
辛	**癸**	**辛**	**甲**	**癸**	天干
酉	**丑**	**未**	**申**	**卯**	地支
편인	편관	편관	정인	식신	六神

▶ 사/주/분/석

이 학생은 작년에는 대학입학 시험을 망쳤다고 하여 재수(再修)를 하였는데 올해는 예상 이외로 시험을 잘 치렀다고 합니다. 사주를 보고 시험의 성공 여부를 예측이 가능한가요?

이 명조는 월지(月支) 미토(未土)가 갑목 상관(傷官)의 고지(庫地)에 해당합니다. 그런데 갑목(甲木)이 투고(投庫)가 된 상황이므로 잡기(雜氣)상관격(傷官格)으로 볼 수 있습니다만, 고지(庫地)에서 투고(投庫)한 잡기상관격은 불안정하여 고지(庫地)가 작동하는가를 여실히 살펴봐야 합니다. 그러한 즉 임인년(壬寅年)에는 인신충(寅申沖)으로 미토(未土)가 동(動)하여 갑목(甲木)이 입고(入庫)되어 시험을 망치게 된 것이고 계묘년(癸卯年)에는 묘신(卯申)암합과 묘미합목(卯未合木)이니 갑목(甲木)을 강화시켜 상관패인(傷官佩印)의 구성을 단단히 결성하게 만든 결과물이라 말할 수 있습니다.

▶ 근황

2022년에 대학 진학에 실패하여 재수를 하였는데, 2023년도 서울 상위권 대학교에 합격하였다. 임인년(壬寅年)에는 시험을 망쳤다고 하는데 계묘년(癸卯年)에는 예상외로 시험을 잘 보았다고 한다.

06 화다토초(火多土焦)하니 을목(乙木)대운을 넘기기가 힘들다

時	日	月	年	세운10	대운8	건 명
정인		편인	겁재	비견	정관	六神
丁	戊	丙	己	戊	乙	天干
巳	午	寅	巳	寅	丑	地支
편인	정인	편관	편인	편관	겁재	六神

▶ 사/주/분/석

하중기 맹사(盲師)가 말하길 "이건 피할 수 없다. 을목 대운 10세 무인년(戊寅年) 음력 10월이 가장 흉하다." 맹사 하중기가 무인년(戊寅年)에 어린 소년의 사망을 단정한 이유는 어디에 있는가요?

명리(命理)는 상(像)을 근본으로 합니다. 격국(格局)은 그 상의(象意)를 풀기 위한 한 방법이죠. 이 사주의 주인공은 10세에 교통사고로 요절(夭折)하였습니다. 용신법(用神法)에 의하면 용신(用神)은 월지(月支)의 글자가 천간 투출하거나 지지 회국자(會局者)로 잡습니다.

그러므로 이 명조는 인중(寅中)의 병정화(丙丁火)가 천간에 투출했으니까 인수격(印綬格)이 됩니다. 또한 지지가 인오회합(寅午會合) 했으니까 역시 인수격(印綬格)이 됩니다. 문제는 전국이 불바다로 형성(形成)이 되어 있다는 점입니다. 즉 화다토초(火多土焦)의 상(像)을 구성합니다. 화다토초(火多土焦)란 메마른 사막에 한 점의 물기가 없으니 땅은 메마르고 갈라져 풀이 소생하기 힘들다는 뜻입니다.

그런데 왜 을목(乙木) 대운을 넘기기 어렵다는 것인가요?

메마른 땅에 을목(乙木)의 화초를 심은 들 어찌 살아남 수가 있겠습니까?

을목(乙木)대운에 분멸지상(焚滅之像)의 화(禍)를 당하게 되어 있으니 을목(乙木)대운을 넘기기 어려울 것이라고 말했던 것입니다.

▶ 핵심키워드

'반생(反生)'의 개념 이해하기

삼합(三合)이나 방합(方合)이 되면 국을 이루기 때문에 그 역량이 강대해진다. 고로 회합이 되는 오행으로 생이 지나치면 반전되어 병이 되는 것을 반생(反生)이라 한다.

이처럼 반생(反生)이 되면 해당되는 육친에 중대한 변화가 발생한다.

예를 들어 모자멸자(母慈滅子)가 되면 해롭다.

즉 생을 받아야만 이 땅에서 생명을 이어갈 수가 있지만 생(生)이 지나치면 극(剋)으로 변할 수 있다. 상극(相剋)은 후퇴(後退)와 역경(逆境)을 의미하기 때문에 반생(反生)이 된 명조는 등급이 떨어진다.

금뢰토생 토다금매(金賴土生 土多金埋)

토뢰화생 화다토초(土賴火生 火多土焦)

화뢰목생 목다화식(火賴木生 木多火熄)

목뢰수생 수다목표(木賴水生 水多木漂)

수뢰금생 금다수탁(水賴金生 金多水濁)

금(金)은 토(土)의 생을 바라지만 토가 많으면 금이 묻힌다.

토(土)는 화(火)의 생에 의지하나 불이 많으면 토가 갈라진다.

화(火)는 목(木)의 생을 원하지만 목이 많으면 불이 꺼진다.

목(木)은 수(水)의 생을 기다리나 수가 많으면 목이 뜬다.

수(水)는 금(金)의 생을 원하지만 금이 많으면 물은 탁해진다.

07 년지와 월지가 충한다는 것은 일찍이 고향을 떠날 운명이다

時	日	月	年	세운7	건명
편인		편재	편재	비견	六神
戊	庚	甲	甲	庚	天干
子	戌	戌	辰	戌	地支
상관	편인	편인	편인	편인	六神

▶ 사/주/분/석

편재를 실은 년지궁(年支宮)과 월지궁(月地宮)이 진술충(辰戌沖)한다는 것은 초년에 일찍이 부친의 문제로 인해 고향을 떠날 팔자입니다. 말하길 "년월(年月)이 충(沖)하면 조기(早期)에 고향을 떠나 타향(他鄕)에서 성가(成家)할 팔자이다" 라 말을 했는데 왜냐하면 년지(年支)와 월지(月支)의 충은 조상(祖上)과 부모(父母)의 맥(脈)이 단절됨을 말하기 때문입니다.

그로 인해 사주의 주인공은 가업(家業)을 승계 받지 못함을 단정(斷定)하는 것입니다. 또한 이 명조는 편재(偏財) 이위(二位)의 상으로 편인(偏印)이 중중(重重)하나 갑목(甲木)의 소토(燒土)에 힘을 얻은 바, 편인(偏印)의 제화(制化)에 성공하고 있습니다. 고로 부모 이혼수로 보았는데 이별하지 않았다면 그런 공(功)의 실효(失效)가 있는 것입니다. 7세 경술년(庚戌年)에 부친(父親)의 사고로 몸을 다쳐 일을 못하시게 되어 집안 사정이 어려웠습니다. 부친의 사고는 원국에서 갑경충(甲庚沖)과 진술충(辰戌沖)을 띄고 있는데, 이런 경우는 고향을 떠나라고 조상궁에서 재차 밀어내는 것이라 진술충으로 인한 진(辰)중의 을목(乙木)의 피상(彼傷)것입니다. 고로 부친 갑목(甲木)의 손상(損傷)이 따르게 된 것입니다.

▶ **근황** 20살에 미국으로 건너가 자수성가하여, 지금은 월세가 나오는 자신의 빌딩에서 가게를 운영하고 있다.

08 상신의 입고에는 절명(絶命)이 따를 수 있다

時	日	月	年	세운	대운	건명
편재		편관	정관	상관	상관	六神
乙	辛	丁	丙	壬	壬	天干
未	酉	酉	戌	申	寅	地支
편인	비견	비견	인수	겁재	정재	六神

▶ 사/주/분/석

술토(戌土)가 관살(官殺)의 입고처(入庫處)가 됩니다. 이건 무엇을 말하는가 하면 **"상신(相神)이 입고(入庫)되면 망(亡)한다"** 라는 뜻입니다.

또한, 지지의 유술(酉戌)상천(相穿)과 술미형(戌未刑)의 구성이 된 것이므로 술토(戌土) 개문(開門)의 가능성이 높습니다. 그러던 중에 대운과 세운에서 천간의 상관(傷官)이 중복(重複)이 됩니다. 곧 병임충(丙壬沖)과 정임합(丁壬合)으로 번갈아 관살을 손상시키는 과정을 겪는 겁니다. 오래동안 회합(會合)으로 인해 관살이 피상(彼傷)을 당하다가 대운과 세운이 인신충(寅申沖)을 만나면 유유형살도 유발(誘發)이 되는 시기에 술토(戌土)의 문이 열리는 것입니다. 그 결과 관살(官殺) 입고(入庫)로 진행이 된 팔자입니다. 술토(戌土)가 열리는 순간에 병정화(丙丁火) 모두 입고됩니다.

그러므로 건록용관(建祿用官)에서 상신(相神) 병정화(丙丁火)가 입고되면 절명(絶命)하게 됩니다. 이러한 경우는 관살(官殺)은 나의 자식성이라 자식을 잃는다고 할 수도 있겠지만, 일단 격국이 대패(大敗)하는 것이니 해당되는 육친성을 읽기 전에 물상으로 먼저 생각해봐야 한다. 고로 관살은 관록(官祿)에 해당하므로 그의 파직(罷職), 낙향(落鄉), 질병 순으로 사망으로 판단할 수 있어야 합니다. 월령이 건록(建祿)이고 일주는 전록(專祿)이지만, 수명은 48세로 그쳤다. 임인(壬寅)운 임신(壬申)년에 사망하였다. [삼명통회]

09 궁합에 모친(母親)과 시모(媤母)의 존재가 없다

時	日	月	年	대운22	곤명
겁재		상관	상관	편관	六神
乙	甲	丁	丁	庚	天干
亥	戌	未	丑	戌	地支
편인	편재	정재	정재	편재	六神

▶ 사/주/분/석

이 여자 분의 명조는 현재 생산제조 관리팀에 종사하고 있으므로 상관생재(傷官生財)로 갔다는 말이 됩니다. 상관생재가 기술, 관리로 돈을 버는 업종에 적합하니까요. 그런데 축술미(丑戌未)삼형이 되어 있는 게 만만치가 않죠. 따라서 기계 체인이 돌아가고 소음이 심한 시끄러운 공장직 근무는 적합해요. 이게 삼형(三刑)을 해소(解消)하는 길입니다.

또한 축술미(丑戌未)는 정편재(正編財) 혼잡이라 정편재(正偏財) 이위(二位)의 상(像)이므로 부친과 모친의 이별수는 명확한 겁니다. 즉 이미 삼형(三刑)으로 부모 이혼수가 이미 작동이 된 것으로 보면 됩니다.

그래서 부친과는 이별하였고 모친과 함께 살고 있는데 여자 명조에서 부친성(父親星)은 곧 시모(媤母)가 되는 것입니다 그러므로 시모(媤母)도 없을 수 있다는 판단이 나올 수 있습니다.

그런데 아래 남친 명조를 보니 역시 부모가 이혼을 해서 모친이 없었습니다. 즉 남자 명조에서는 부인될 사람이 시어머니와 인연이 없는 것이죠. 이러한 것이 맞아 떨어지면 두 사람의 궁합이 천생배필이 되는 것입니다.

時	日	月	年	대운	건명
편재		비견	정관	정관	六神
壬	戊	戊	乙	乙	天干
戌	子	寅	亥	亥	地支
비견	정재	편관	편재	편재	六神

▶ **사/주/분/석**

이 사주는 남자 친구인데 정편재(正偏財) 이위(二位)의 상(像)이고 모친성은 숨어 있는데 역시 정편인(正偏印) 이위(二位)의 상(像)이라 부모(父母)가 이혼 하는 명조입니다.

그런데 모친은 숨어 있고 부친성은 왕성하게 활동 중이므로 이 명조는 모 친과는 이별하였고 부친하고 살고 있습니다. 그런데 궁합을 보려는 여자 명조를 살펴보면 정편재(正偏財) 이위(二位)의 상(像)인데 술토(戌土) 편재(偏財) 가 삼형살(三刑殺)에 처해 있습니다.

 이것은 편재(偏財)는 부친성(父親星)이면서 시모(媤母)가 됩니다. 곧 두 분의 부친(父親)을 모시거나 두 분의 시모(媤母)를 섬겨야할 팔자라고 본 것입니다. 이것은 다르게 표현한다면 부친(父親)과 시모(媤母)가 나에게는 없다는 말이 되기도 합니다.

그러하므로 남자 사주에는 모친(母親)이 없고 여자 사주에는 시모(媤母)가 없 으므로 궁합이 맞게 나오는 겁니다.

▶ **근황**

여자 분은 현재 생산제조 관리팀에 근무하고, 부모는 이혼하였으며 모친과 함께 살고 있습니다. 남자 분은 부모가 이혼하였고 현재 부친과 살고 있습 니다.

10 재살(災殺)이 묘유충으로 동(動)하니 수옥(囚獄) 당할 일이 생긴다

時	日	月	年	건명
편인		편재	비견	六神
癸	**乙**	**己**	**乙**	天干
未	**未**	**卯**	**酉**	地支
편재	편재	비견	편관	六神
공망	공망 백호	재살	재살	신살

▶ 사/주/분/석

이 사주에 감옥(監獄)에 간다는 암시를 어디서 찾을 수가 있을까요?

일반적으로 재살(災殺)은 수옥살(囚獄殺)이라고도 불리며 감옥에 갈 수 있다는 뜻을 가지고 있으며 천재지변에 의해 단명(短命), 불구(不具), 횡액(橫厄)을 비롯하여 횡사(橫死), 납치(拉致), 구속(拘束), 송사(訟事) 등을 당할 수 있습니다.

그러므로 년지(年支)와 월지(月支)에 놓인 재살(災殺)을 충동(衝動)하였는 바, 수옥(囚獄)의 기운을 불러들인 결과입니다. 또한 미토(未土)가 을목(乙木)의 동주고(同柱庫)인데 공망(空亡)이니 한 번 갇히면 공망(空亡)으로 인해 쉽게 벗어나기가 힘들다는 약점이 있습니다.

이 사주에서 월지(月支) 묘목(卯木)은 록(祿)의 성분(成分)인데 묘유충(卯酉沖)으로 거세(去勢)가 되었고 을미(乙未)는 동주고(同柱庫)로 갇힌다는 묘분(墓墳)에 해당합니다. 묘분(墓墳)이 2개로 구성이 되어 있으니 2번의 감옥생활을 의미합니다.

그런데 일지(日支)에 존재하는 미토(未土) 묘고(墓庫)는 월지의 묘목(卯木)과는 가까운 거리이니 묘미합(卯未合)의 결성이 쉬운 바, 일간 을목(乙木)의 록분

(祿奔)을 끌어들이므로 감옥의 수용(收容) 생활이 짧겠지만 시지(時支)의 미토(未土)는 월지(月支) 미토(未土)와 거리가 멀어서 합국(合局)이 어려우므로 감금된 기간이 길어집니다.

그러므로 첫 번째 수감생활은 짧았지만 두 번째 수감생활은 8년간으로 길었던 이유가 됩니다. 따라서 신축년(辛丑年)에 축미충(丑未沖)으로 입고(入庫)가 진행이 되는 해에 감옥(監獄)에 들어갔다가 을목(乙木)의 록(祿)을 만나는 해가 되는 계묘년(癸卯年)에 출감하게 됩니다.

그러다가 정미년(丁未年)에 미토(未土)가 3개로 크게 동(動)하는 해에 다시 수감(收監)이 되었다가 을목(乙木) 일간(日干)이 록(祿)을 만나는 을묘년(乙卯年)에 출옥(出獄)하게 됩니다.

▶ 근황

신축년(辛丑年) 17세에 감옥(監獄)에 수감이 되었는데 계묘년(癸卯年) 19세에 출소(出所)하였다. 정미년(丁未年) 23세에 다시 감옥에 8년을 수감이 되었다가 을묘년(乙卯年) 31세에 석방이 되었다. [명리진보]

11 천복지재(天覆地載)를 거스리는 시기에 대패(大敗)한다

時	日	月	年	세운 36	대운30	곤명
편관		겁재	정인	편재	편재	六神
丙	庚	辛	己	甲	甲	天干
子	午	未	巳	辰	戌	地支
상관	정관	정인	편관	편인	편인	六神
재살	도화					신살

▶ 사/주/분/석

병자(丙子)에서 자수(子水)는 개두(蓋頭)의 상(像)이고 자오충(子午沖)이니 자수(子水)가 밀리게 됩니다. 사주에 국(局)을 이루는 왕신(旺神)이 존재하면 대체로 보아 왕(旺)함이 극에 이르면 설(洩)함이 마땅하고, 극(剋)하는 것은 마땅하지 않으니 그 기(氣)에 순응하여 그 본성을 거스르면 안 되는 것입니다.

따라서 지전삼물(地全三物)을 이룬 사오미(巳午未) 방국은 순행(順行)하는 길을 선택해야 하는데 기토(己土)가 통관신이 됩니다. 고로 화생토(火生土), 토생금(土生金), 금생수(金生水)로 이어지게 됩니다. 그러므로 토를 살리는 길이 유리해지겠으나 갑목(甲木)대운에 갑기합거(甲己合去)가 되는 것이니 통관신(通關神)의 장애로 인해 일간이 관살(官殺)의 극(剋)을 그대로 당하므로 어려움을 당하게 됩니다. 이것은 천복지재(天覆地載)를 훼손하게 되는 것이라 파국(破局)이 되는 시기입니다.

▶ 근황

29세 정유(丁酉)년에 축(丑)년생과 인연이 되었습니다. 그런데 어려움에 처해져 다음 달에 남편과 캐나다로 도망갈 계획입니다.

12 식상입고는 진로좌절이니 앞길이 막히게 된다

時	日	月	年	세운44	대운39	건명
편관		식신	겁재	편재	편인	六神
丙	庚	壬	辛	甲	戊	天干
戌	辰	辰	酉	辰	子	地支
편인	편인	편인	겁재	편인	상관	六神

▶ 사/주/분/석

임진(壬辰)은 동주고(同柱庫)인데 진진형(辰辰刑)이고 진술충(辰戌沖)이므로 그 앉은 자리가 크게 흔들리는 구조입니다. 이런 구조는 천간이 갑경충(甲庚沖)을 당하던지 혹은 지지가 자유파(子酉破)를 받게 되면 병임충(丙壬沖)과 그로 인해 진진(辰辰)의 형동(刑動)이 일어날 수 있다는 점입니다. 따라서 이 사주는 임수(壬水) 식신의 위태로움을 알려주고 있습니다. 그런데 식신(食神)은 여자에게는 자녀(子女)가 되겠지만, 남자에게는 행동(行動), 진로가 될 수 있습니다. 즉 남자의 식신(食神)이 위태롭다는 점은 진로(進路) 좌절을 경험할 수 있다고 보면 됩니다. 그 원인으로는 천간의 병화(丙火) 때문인데 병화(丙火)가 칠살(七殺)이므로 병임충(丙壬沖)이 일어나면 임수(壬水)가 고(庫)에 입고(入庫)가 발생합니다. 곧 관(官)을 취하려다가 충(沖)으로 관동(官動)하면 임수(壬水)가 입고(入庫)당하는 것입니다. 그런 즉, 무자(戊子)대운에는 무토(戊土)가 임수(壬水)를 극하는 와중에 자수(子水)대운으로 진입하는 시기에 자유파살(子酉破殺)이 일어나니 갑진년(甲辰年)에 갑경충(甲庚沖)으로 진진형(辰辰刑)이 유발(誘發)하게 되었습니다. 고로 진진형(辰辰刑)이 일어나면 임수(壬水)는 입고(入庫)를 당하는 것이니 식신 입고됩니다. 곧 진로 좌절로 극단적 선택일 수 있습니다. 결국 이분은 갑진년(甲辰年) 44세에 스스로 생을 마감하였습니다.

13 동주묘에서는 중관(重官)인가를 자세히 살펴야 한다

時	日	月	年	세운49	대운47	건명
정관		정관	편재	식신	상관	六神
丁	庚	丁	甲	癸	壬	天干
丑	申	丑	寅	卯	午	地支
인수	비견	인수	편재	정재	정관	六神

▶ 사/주/분/석

이 사주는 정관(正官)이 2개가 되어 중관(重官)이므로 말하길 "중관(重官)을 범하면 격이 떨어진다"라 보고 흉해야 하는데 현재 4급 서기관이라 합니다. 그 이유가 궁금합니다.

한 마디로 설명한다면 정축(丁丑)은 동주묘(同住墓) 자리로 힘이 약한 겁니다. 만약 정관(正官)이 힘이 없으면 도와야 합니다. 재자약살(財滋弱殺)이면 오히려 칠살을 도와야 하는 것이다.

그런데 이 명조는 정축 2개의 상(像)은 분명합니다. 이런 경우의 해석은 이 사람은 전혀 다른 보직(補職)을 경험했을 수 있다고 추정하고 물어 볼 수는 있습니다. 즉 지금은 행정처 근무지만, 과거에는 세무관련 등에서 근무할 수 있다는 것입니다. 이런 것이 중관(重官)을 해석하는 표상이 됩니다.

만약 이게 아니라면 아직 50세이므로 앞으로 전혀 다른 보직에서 근무할 수 있게 됩니다.

이 사람이 작년부터 직장의 갈등이 일어난 이유는 대운의 정임합(丁壬合)에 있습니다. 즉 임(壬)대운에 정임(丁壬)합반(合絆)인데 자세히 세운을 보면 임인년(壬寅年)에 정임(丁壬)합거(合去)가 되고 다시 계묘년(癸卯年)에 정계충거(丁癸沖去)이므로 만약 이게 중관(重官)을 제거한다면 발전이 따라야 하는데 오히려 갈등이고 퇴사 고민으로 이어지게 만든 계기가 되었으므로 이 구조는 중관(重官)이 아니라는 반증(反證)이 되는 것입니다.

고로 정관 하나를 제거하는 경우에는 정관이 맑아지긴 하겠지만 정축(丁丑)은 역시 동주묘(同住墓)라 잘못하면 퇴사(退社)로 진행하는 겁니다. 따라서 정화(丁火)가 힘을 받는 오화(午火) 대운이 시작되면 발전이 있습니다. 그러므로 을사년(乙巳年), 병오년(丙午年)에 발전합니다.

▶ 근황

작년 계묘년(癸卯年)에 직장 내에서 인간관계로 퇴직을 할까 말까로 심한 갈등이 있었고, 일반 회사로 들어갈까도 많이 알아 봤으나, 포기했는데요. 어떨까요?

14 재성을 탈재(奪財)하여 재자약살을 파괴하는 시기에 파재가 되었다

時	日	月	年	대운41	건명
상관		겁재	편인	편재	六神
壬	辛	庚	己	乙	天干
辰	酉	午	亥	丑	地支
인수	비견	편관	상관	편인	六神

▶ 사/주/분/석

비록 월령(月令)이 오화(午火) 왕지(旺地)이지만, 금(金)이 많아 오화(午火)가 회화(晦火)가 되고 토(土)가 관설(官洩)하며 또한 임수(壬水)와 해수(亥水)에 의해 오해(午亥)암합(暗合)으로 묶이므로 제살태과(制殺太過)의 상(像)이 됩니다. 따라서 재자약살(財滋弱殺)이 되어야 구제(救濟)받는 명조이므로 재성(財星)을 만나야 발전이 있게 됩니다.

그런데 무재(無財)사주이고 또한 해중(亥中) 갑목(甲木) 정재(正財)는 오중(午中) 기토(己土)와 갑기(甲己)암합(暗合)하므로 갑목(甲木)이 제 역량을 발휘하기 힘들게 되어 버렸습니다. 따라서 인묘진(寅卯辰) 동방(東方)에 재성운을 만나니 재자약살(財滋弱殺)이 됩니다. 곧 묘목(卯木)은 해묘(亥卯)가 합기(合起)하고 인목(寅木)은 인해(寅亥) 합기(合起)하므로 목왕(木旺)해지는 시기이므로 오화(午火)를 생하고 병정화(丙丁火)는 칠살을 살리게 됩니다. 그런데 을목(乙木)대운에 들어서는 을경합거(乙庚合去)되므로 재성(財星)을 제거하였으므로 곧 겁재(劫財)가 탈재(奪財)하는 상(像)이 되는 것입니다. 곧 탈재(奪財)는 파재(破財)로 이어지므로 재자약살(財滋弱殺)의 파국(破局)이 되니 을축(乙丑)대운 중, 을목 대운(41~45)에 도산하여 가족과 외국으로 떠났게 되었습니다.

15 간담은 갑을목의 소관(所管)인데 특히 간(肝)은 묘(卯)를 관장한다

時	日	月	年	세운48	대운40	건명
편인		정인	편재	겁재	상관	六神
庚	**壬**	**辛**	**丙**	**癸**	**乙**	天干
戌	**申**	**卯**	**申**	**未**	**未**	地支
편관	편인	상관	편인	정관	정관	六神

▶ 사/주/분/석

이 남자분은 간(肝)이 안 좋다고 하는데 특별히 간(肝)에 대한 질병을 어디서 알 수가 있을까요? 명리학의 질병론(疾病論)에서는 간담(肝膽)의 영역을 갑을(甲乙)목이 담당한다고 하였습니다. 특히 간(肝)은 묘(卯)에 속하고 담낭(膽囊)은 갑(甲)에 속하게 됩니다. 그러므로 이 사주에서도 월지의 묘목(卯木)이 간에 해당하므로 간(肝)이 처해 있는 상태에 대해 연구해 보면 알 수가 있습니다. 신묘(辛卯)에서 월지 묘(卯)는 신(辛)이 덮개처럼 누르고 있는 환경이니 이를 개두(蓋頭)라 하였는데 개두(蓋頭)가 된 묘목(卯木)은 쇠지(衰地)에 떨어진 오행으로 보고 병약(病弱)하다고 판단을 하였습니다. 두 번째로는 묘신(卯申)암합(暗合)의 상태인데 암합(暗合)이 되면 묶이는 것으로 두 개의 신금(申金)으로 암합(暗合)이 번갈아 발생하므로 묘목(卯木)은 암극으로 시달리게 됩니다. 곧 병약(病弱)한 묘목(卯木)이 신중(申中)의 경금(庚金)에 의해 을경(乙庚)암합(暗合)으로 더욱 합극(合剋)을 당하게 되는 것입니다. 그러므로 이 분은 간(肝)이 좋지 않았는데 묘(卯)의 실령(失令)으로 간(肝)이 나빠질 수밖에 없는 것입니다.

▶ 근황

부인과 함께 식당을 하고 있는데 본인은 간(肝)이 좋지 않으며 현재 약간의 우울증 증세가 있다고 합니다.

육 친 론

사주간명의 열쇠

▶ 참고문헌

滴天髓闡微 적천수천미 중화민국 무릉출판사유한공사
滴天髓徵義 적천수징의 중화민국 무릉출판사유한공사
滴天髓補註 적천수보주 중화민국 무릉출판사유한공사
淵海子平　연해자평　중화민국 무릉출판사유한공사
窮通寶鑑　궁통보감　중화민국 무릉출판사유한공사
命理正宗　명리정종　중화민국 무릉출판사유한공사
命理約言　명리약언　중화민국 무릉출판사유한공사
神峰通考　신봉통고　중화민국 무릉출판사유한공사
自平眞詮　자평진전　중화민국 무릉출판사유한공사
滴天髓　　적천수　　중화민국 무릉출판사유한공사